映像で学ぶ
舞踊学

―多様な民族と文化・社会・教育から考える―

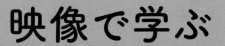

Dance Studies:
Exploring Ethnic Diversity, Culture,
and Education through Dance;
A Critical Video Study

監修：遠藤保子

編著：弓削田綾乃・高橋京子・瀬戸邦弘・相原 進

大修館書店

まえがき

　遠い宇宙のどこかの星で、"地球学"なる学問領域があり、「"地球の舞踊"について報告せよ」という課題が出されたとしたら、どのような報告がつくられるのだろうか。地球学の初学者ならば、地球の舞踊があまりにも多種多様であることに驚くのではないだろうか。そして、そうした多様性がどこからくるのか、さらに調べたいと思うことだろう。人類の歴史とともに歩んできた舞踊という現象も、社会の複雑化に伴い、いまや多彩な展開がみられる。このような現状を受け、舞踊学という学問領域に機軸を置きつつ、人類学、社会学、教育学、工学等々、さまざまな領域を横断し、多様な方向から問いかけ、考えていくことを試みたのが本書である。

　本書で一貫しているのは、現代もどこかで営まれている舞踊をとりあげた点である。目の前にある舞踊は、その瞬間に存在するものとしては、唯一無二のものだ。そうした唯一無二の舞踊に、「何をみるか」「何を知りたいか」という明確な「問い」をもって、執筆者は対峙した。多種多様な素材が、さまざまな味付けに仕上がっていることを楽しんでほしい。そして、情報過多と言われる現在、私たちは世界で起きている事柄を瞬時に知ることができるが、けっして「受け身」にならず、さまざまな情報を活用しつつ学びを深めていくことに役立ててほしい。舞踊を探究することが、人間とは何か、どこへ向かうのかを考えるきっかけとなり、あなた自身を見つめなおす機会になれば望外の喜びである。

　本書の大きな特徴は、文字情報と映像情報とを併用できることである。第1章で、現代で舞踊学を学ぶ観点を示した。第2章では、各論として、世界の多様な舞踊をみていく。第3章では、教育現場での民族舞踊の指導法を提案した。そして第4章では、デジタル社会に対応した舞踊研究の動向と活用を探り、具体的なコンテンツを紹介する。各節は、文章と映像のどちらからみてもわかる構成になっている。極端に言えば、文章のみでも、あるいは映像のみでも、ある程度の情報は得られるだろう。しかしながら、ぜひ両者を併用し、より深く舞踊学の世界に入り込んでもらえたらと願っている。

　最後になりましたが、本書で提供する映像は、たくさんの方々のご協力がなければ成立しませんでした。そのお名前・団体名を各映像内に表記し、深謝いたします。また本書は、日本の舞踊人類学を牽引してこられた立命館大学名誉教授・特任教授の遠藤保子先生監修の下、完成に至りました。折に触れ、舞踊学の過去・現在・未来について語り合う場を共有できたことは、編著者冥利に尽きます。そして大修館書店の松井貴之氏には、企画立ち上げから根気よくお付き合いいただきました。編著者一同、心から感謝申し上げます。

2020年　春
編著者を代表して　弓削田綾乃

［目 次］

○本書の映像資料や紹介したデジタル教材については、こちらの特設サイトから
　視聴できます。

　（https://www.taishukan.co.jp/item/dance_studies/book/index.html）

本書で学ぶ・旅することができる舞踊の国々

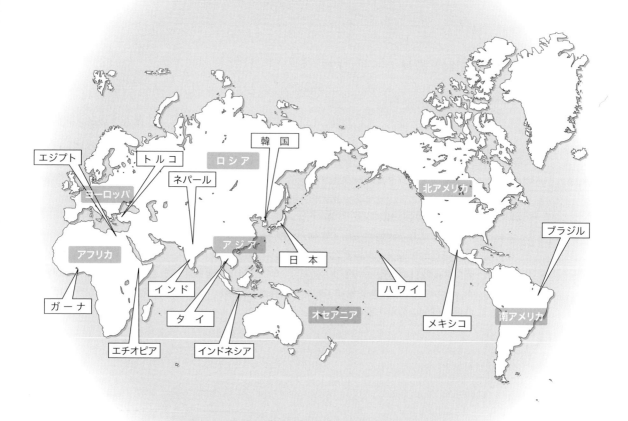

エジプト　トルコ　韓　国　ロシア　ネパール　北アメリカ　ブラジル　ヨーロッパ　アフリカ　アジア　日　本　ハワイ　ガーナ　インド　タ　イ　メキシコ　南アメリカ　エチオピア　インドネシア　オセアニア

日本—韓国—タイ—インドネシア—ネパール—インド—トルコ—
エジプト—エチオピア—ガーナ—ブラジル—メキシコ—ハワイ

第 **I** 章

グローバル社会と舞踊

　本章のねらいは、多彩な民族舞踊と文化・社会・教育とのかかわりをみていくにあたって、ベースとなる舞踊学の視座を論じることにある。そこで、舞踊学を取り巻く今日的な問題をいくつかピックアップし、可能な限り横断的に捉えていく。

　めまぐるしい発展を遂げてきた人類と常に共にあった舞踊、躍動感あふれる生のリズムを体現してきた舞踊。「舞踊を学ぶ」と、舞踊そのものの豊かさだけでなく、舞踊が人類の営みと深くかかわってきた事実に気づくだろう。

　本章では、まず「舞踊と民族・文化・社会」という大局的なテーマで、歴史や今日的課題なども含めた視点を提示する。次の「民族舞踊と芸術舞踊」では、両者の間にある表面的な相違と深層の共通点を探る。さらに「民俗芸能の保護」では、国内外の動向を論じ、災害研究としての観点を示した。また「舞踊と身体」では、舞踊の根幹をなす身体に焦点をあて、踊る身体とは何かという問いに迫っていく。そして、「舞踊と教育」で、Society 5.0 を軸にした新しいダンス教育の方向性を探る。最後に、現代社会で多様な人たちが共に舞踊を創る意義と可能性について、「舞踊と共創」で考えていく。

　「舞踊を学ぶ」とは、どういうことなのだろうか？　どのような観点で、何に着目すれば、舞踊と文化・社会・教育を包括するダイナミクスがみえてくるのだろうか？　そうしたことの手がかりを、本章で探していこう。

第1節

舞踊と民族・文化・社会

人類誕生から舞踊が普遍的に担ってきた役割を考えるとともに、現代社会における民族舞踊の特性と、それに着目すると何がみえてくるのかを考えていく。瞬時に世界とつながることが可能になった今、かつて民族の個性を表象していた舞踊が、新たな脈絡をもち、多様に展開する姿を目にするようになった。その一方で、さまざまな要因により元来の意味が変容したり喪失したりする事例もあるだろう。文化・社会と深くかかわる民族舞踊のダイナミクスを探る。

1. 舞踊を探求するとは

舞踊:
舞踊を表す言葉としては、「踊り」「舞踏」「ダンス」などがあり、本書では、いずれも同義の言葉として用いている。ただし、民族舞踊の教材化を試みる第Ⅲ章では、学習指導要領や現場の状況を鑑み、主として「ダンス」という言葉を用いていることを断っておく。

人間にとって、**舞踊**とは何だろう？ 踊る行為、踊りを見る行為が、どれほど人間の生死にかかわるだろうか？ 栄養をとるために食べたり、心身を休めるために眠ったり、子孫を残すために出産・育児をしたりといった、生命そのものを左右する行為とはいえない。それにもかかわらず、民衆によって伝えられてきた数え切れない舞踊が地球上に存在するのはなぜだろう。舞踊がいつから存在していたのかは、誰にもわからない。なぜならば、文字による伝達手段が生まれる前から存在していたからである。

たとえば、フランスのラスコーやトゥロアフレール、スペインのアルタミラの洞窟には、旧石器時代の人々が描いたと考えられる"踊るシャーマン"や"ハンター"などの姿を捉えることができる。また、古代エジプトの壁画にも、王の前で踊る女性たちが描かれている。これらについて、舞踊人類学者の遠藤保子は、舞踊が人々の生活に定着し、重要だったとした上で、「人間の力の及ばない偉大な自然に畏敬の念をあらわし、神や先祖に踊りを奉納し、踊ることによって神々と交わろうとした」[1] という考えを示した。

(1) 遠藤保子（1991）「民族と舞踊」, 舞踊教育研究会編『舞踊学講義』大修館書店, p. 25.

日本にも、舞踊が要となる神話が伝わる。人が国を治める以前の、天照大神（あまてらすおおみかみ）の岩戸隠れの神話である。大神が洞窟に隠れてしまい世の中が暗闇に陥った時、天鈿女命（あめのうずめのみこと）の踊りによって大神が姿を現し、めでたく光が戻ったという話である。この踊りとは、巫女舞、すなわちシャーマニズムの儀礼に連なるものと考えられ、記録（神話）に残された日本最古の舞踊とされている。共同体の儀礼における舞踊について、民俗学者の西角井正大は「神に心身をゆだねることだ」とし、人間とは「地域的に存在し、精神的に存在している」と指摘した [2]。古代の壁画も日本の神話も、それらの舞踊がどのような場面で、誰によってなされたのかを推測することができる。そしてここからは、人間が共同体の秩序に従い生きていた事実だけでなく、超自然的存在を共有する媒体として、舞踊が重要な役目を果たしていた状況が垣間見える。

(2) 西角井正大（1979）『民俗芸能入門』文研出版, p. 22.

人間が生活するところには社会が生じ、多様な人々が共に暮らすための秩序が創

られ、よりよく生きようと工夫を施すことで文化が生まれる。つまり文化とは、同じ時代の同じ社会に生きる人々による、幸せの希求の産物と考えられる。そうした文化的産物のひとつが、舞踊だったのだろう。このように考えると、舞踊とは「人間の生命の維持」ではなく、「人間としての生命の在り方」に深く影響するものなのである。それゆえ、舞踊をみると、それをとりまく民族・社会・文化の在り様もみえてくるのだろう。

　もちろん民族舞踊の目的は、信仰のみとは限らない。たとえば共同体の円滑化、国力顕示、観光資源など、さまざまである。また古典とコンテンポラリーのような時代性によっても異なるし、専門家か民間かという伝承者の専従・非専従によっても異なる。これらの相違はあるにしても、舞踊を探求するということは、舞踊をとりまく情報をパズルのピースのように集め、あてはめていき、その時代を生きてきた人々の「生命の在り方」に思いをめぐらすことに他ならないだろう。

2. 民族舞踊と民俗舞踊を論じることで何がみえてくるのか

　ところで皆さんは「みんぞく」と聞いて、「民族」と「民俗」のどちらの漢字が頭に浮かぶだろうか？　学問としてみると [3]、一般的に「民族学」の英訳は「ethnology」で、おもにヨーロッパ大陸で培われた、文化・社会を通文化的・横断的に研究する領域を指す。これは19世紀後半からおもにアメリカで展開した文化人類学と同義の領域でもある。一方「民俗学」の英訳は「folklore studies」で、日本ではおもに国内の歴史風俗を研究する領域を指す。「自文化を客観視した学問」と言い換えてもいいだろう。民俗学は1930年代に柳田國男を中心に確立し、その範疇にある舞踊を「郷土芸能」とも呼んだ。どちらも歴史・文化を緻密にみていく学問であるが、民族・国家単位の「大きな歴史・文化」が民族学であるのに対し、身の回りの暮らしを扱う「小さな歴史・文化」が民俗学という見方もできる。

　それでは、「みんぞく舞踊」について、例を示して考えてみよう。たとえば日本の夏、盆の時期に全国的に行われる盆踊りは、民族舞踊だろうか？　民俗舞踊だろうか？　現在全国で踊られている盆踊りの中には、室町時代から始まったものもあれば、戦後に始まったものもある。本来の盆踊りとは、この世に帰ってくる精霊を迎え、また送り出す風習の中で発生した、神送りの行事の一種であると考えられており [4]、平安時代の**念仏踊り**にまでさかのぼることができる。その一方で、大名の統治下で地域文化が花開いた江戸時代には、多種多様な曲目が創られ踊られるようになった。この時代の盆踊りについて舞踊学者の郡司正勝は、古代の歌垣のあとを認め、一種の性開放を伴う側面があったと指摘している [5]。そして現代に目を向けると、民族舞踊学者の本田郁子が、盆踊りの「自由で創造性に富み、個性豊かでノリのよい」という特性を挙げ、「生涯体育のすぐれた手本である」[6] と述べる。それゆえ、教育現場で教材化され、**運動主体の健康支援**として推奨され、共同体のコミュニケーションツールとしても活用されているのだろう。

　このように、時代と地域によって求められる形が違ったため、「盆踊り」をひとくくりに定義することは難しい。しかし、盆踊りと聞いて頭に浮かぶイメージが、何となく共通しているのも確かだろう。このように考えると、日本で広く踊り伝わる舞踊として紹介しようとするならば「**民族舞踊**」であるし、ひとつひとつの地域

(3) 綾部恒雄・桑山敬己編 (2010)『よくわかる文化人類学 第2版』ミネルヴァ書房.

(4) 仲井幸二郎・西角井正大・三隅治雄 (1981)『民俗芸能辞典』東京堂出版, p.412.

念仏踊り：
平安末期の終末思想から生まれた舞踊。太鼓を叩き、念仏を唱えながら練り歩くのが、基本のスタイルだった。

(5) 郡司正勝 (1979)『おどりの美学』演劇出版社, p.75.

(6) 本田郁子 (1992)「盆踊り再発見」『女子体育』34 (7)：51.

運動主体の健康支援：
たとえば、厚生労働省の施策である「健康日本21」「健康日本21第二次」では、高齢者に適した運動として盆踊りが推奨されている。

民族舞踊・民俗舞踊：
本書は国内外の舞踊を対象に、主として文化人類学的方法で研究された論考をまとめている。そのため「民族舞踊」を基本としつつ、節によっては（特に日本の舞踊を扱う場合）「民俗舞踊」を用いることもある。これを踏まえて、本節以降を読み進めていただきたい。

性を重視するのであれば「**民俗舞踊**」ということができるのではないだろうか。

　社会の変化と共に舞踊をめぐる状況も変わっていくのは、周知のとおりである。たとえば舞踊の目的に注目すると、もともと宗教儀礼から発生した舞踊が、今や民族融和の象徴として大々的に上演されているものもある。また、農業中心の生活を送っていた民族が、都市開発によって多様な労働形態へと変わった結果、農業神への感謝を込めて踊っていた舞踊が**簡素化**されたり、**技術的側面が重視**されたりするといった例も少なくない。舞踊が、その時代を生きる人々の社会・文化に寄り添うものである以上、変容していくことは否めないのである。状況によっては、後継者不足、経費の高騰、紛争、自然環境の変化など、さまざまな要因により存続が難しくなる場合もあるだろう。そうした舞踊を取り巻く困難な状況を正確に把握し、どのように打開していくべきかを、当事者だけでなく共同体の壁を越えて考えねばならないだろう。

　なお、「みんぞく舞踊」を表す言葉は、「民族舞踊」「民俗舞踊」以外に「伝統舞踊」「伝承舞踊」「民衆舞踊」「民舞」、日本のものだと「民俗芸能」「地域伝統芸能」などがある。本書では厳密な規定はせず、各節の執筆者に一任し、特別な意図がある場合に限り、解説を付与することとした。

3.　舞踊の分析と解釈

1）舞踊の記録と分析

　舞踊は、いうまでもなく身体の律動によって成り立つ現象である。しかしその一方で、目に見える現象だけではない側面も併せ持つ。アメリカ人類学の流れを汲む舞踊人類学者のハンナ（Hanna）は、1979 年『To Dance is Human』において、舞踊とは「人間の目的のために、人間の身体で成し遂げられる、人間の思想であり行動である」ゆえに、「舞踊そのものの現象として」捉える視点と、「人間の存在の複雑に絡み合った関係の一部として」捉える視点とを併せ持つことの重要性を説いた [7]。そして舞踊の律動を、空間・リズム・力動・身体の型（パターン）に分けた上で、個人・社会・身体・歴史との相関性を読み解きながら解釈した。この律動の概念は、ラバノーテーションの概念を基盤としている。

　ラバノーテーションとは、舞踊研究者である**ラバン**（Laban）が 1920 年代以降に発案した**舞踊の記譜法**を指す。動作を時間・空間・力性に分け、一定の法則に従って記号化し、身体の各部を並列して時間的構成を明示するというものである。それは、舞踊の記録・解析・再現などに活用できる点が広く支持されてきた。1980 年代にラバノーテーションの発展に貢献したハッチンソン（Hutchinson）の言葉を借りれば、「地域差による言語の壁を超えた一種の国際言語」と評される [8]。実際、ラバノーテーションは、古典舞踊と現代舞踊、民族舞踊と芸術舞踊などの別なく、音符のように、さまざまなジャンルの舞踊の記録あるいは分析に用いられてきた。その一方で、この記譜法が平易でないことは、長年の課題となっている。しかし、欧米では 1990 年代からコンピュータを用いて簡便に記譜できるソフトウェアが開発され、日本でも中村と八村の研究グループが、譜面からの再現性を追求した研究を進めている [9]。いずれにしても、舞踊の律動に着目することは、「舞踊そのものの現象」を正しく捉えることに役立つだろう。そして、機械的な動きの収集に陥る

簡素化:
たとえば共同体の大半が農業中心の生活をしていた頃、数日あるいは夜通し行っていた農耕儀礼を、現在は参加しやすさや治安等を考慮して、休日の昼間のみに短縮するというような傾向を指す。

技術的側面の重視:
たとえば舞踊大会や観光客向けの演舞などでは、高い技術が評価される傾向にある。

[7] Hanna, Judith Lynne (1979) To dance is human: A theory of nonverbal communication. University of Texas Press, p. 5.

ルドルフ・フォン・ラバン:
Rudolf von Laban（1879-1958）。ドイツとイギリスで活躍した舞踊家・振付家・舞踊研究者。

舞踊の記譜法:
これ以外にも、おもに 1950年代から 1980 年代にかけて、ベネッシュノーテーション、グラフノーテーション、フイエノーテーションなどが開発された。音楽のような一般的な記譜法がないことは、舞踊の大きな課題であった。

[8] Hutchinson, Ann（[1977] 1999）Labanotation: The System of Analyzing and Recording Movement. Theatre Arts Books.

[9] 中村美奈子・八村広三郎（2001）「ラバノーテーションとコンピュータテクノロジー——モーションキャプチャデータの舞踊教育と舞踊分析への利用」『舞踊学』24：17-22.

ことなく、ともすれば瞬時に消える舞踊そのものの現象を、共有できる形で明示する。そのうえで、多様に絡み合う周辺情報と関連づけ、ホリスティック（holistic：全体論的）なアプローチに執着することが、舞踊の探求には必要なのである。

　もちろん、舞踊を映像で記録する方法も無視できない。言葉だけの説明ではわかりにくくても、映像を見れば一目でわかったという経験は、誰しもあるだろう。しかし、舞踊と民族・社会・文化を探求しようとするときには、ただやみくもに撮影するだけでは足りない。「何を」記録したいのかを明確にし、それを貫く映像が求められる。1980年代、フランスの映像作家である**ルーシュ**（Rouch）は、師である民族学者**グリオール**（Griaule）の影響を多分に受けたドキュメンタリーを作成した。その対象となったのは、西アフリカのドゴン族（現マリ共和国内の少数部族）に伝わる「シギの儀礼」である。60年に一度、7年にわたって執り行われる儀礼を実践者の協力のもとで記録し、それが生と死の儀礼であり、世界の創世を意味する壮大な宇宙論をベースにしていることを世に知らしめた。この映像からは、非日常性に満ちた舞踊中心の儀礼が、生業・食文化・社会的階層といった日常性と深く結びついていることが伝わってくる。事前の入念な準備、撮影中の柔軟な対応、映像の振り返りによるホリスティックな解釈が功を奏したと考える。

　なお、2000年以降、急速に開発が進んだ技術として、律動をデジタル的に記録するモーションキャプチャが挙げられる。この技術の詳細と舞踊への活用、課題については、本書第IV章に記載しているので、ぜひ本項とも関連づけて考えてほしい。

2）観念的な解釈──「つなぐ」「表現する」身体

　このように舞踊とは、まぎれもなく今を生きる身体によってなされるものである。それでは、民族舞踊の身体を観念的に捉えようとする場合、どのような解釈が可能なのだろうか。例として、二つの観点で考えてみよう。

　一つ目は、過去と未来をつなぐ身体である。筆者が調査した関東地方のある三匹獅子舞には、次の由来譚が伝わる。それは、作物を食い荒らす大鹿を駆除し、その肉を食して、頭骨を奉納する神事を行ったのが始まりというものである。遺物を神聖化することで、たたりを回避し、威力を取り込む世界観が当事者らに共有されている。このことは、「獅子舞を行うと、神の守護を受けられ、共同体の生活の安寧につながる。それゆえに獅子舞は必要だ」という積極的な動機づけに寄与し、「昔からあるから」「命じられたから」などの消極的な動機づけをカバーすると考えられる。その結果、舞踊者は共同体がたどってきた道に自らの足跡を刻み、未来へつなぐ役割を果たす。これは、舞踊者のアイデンティティにも大きくかかわるだろう。

　二つ目は、表現する身体である。舞踊の伝承について教育哲学者の生田久美子は、「究極の目的は「形」の意味を自らにとって「善いもの」として身体全体で納得していきながらその「形」を自らの主体的な動きにしていくこと」と述べている[(10)]。主体的な動きとは、自らの中から生まれ、発信していくもので、「表現する身体」にほかならない。筆者がこれまで接してきた民族舞踊の伝承現場を思い返すと、経験年数が浅い者には技術の習得と向上が求められるのに対し、熟練者たちには高い表現力が求められていたように思う。たとえ数百年もの歴史があり「同じことの繰り返しにしか見えない」舞踊であっても、真に同じ舞踊は一つとしてなかったはず

ジャン・ルーシュ：
Jean Rouch（1917-2004）。文化人類学者でもある。シギの儀礼のドキュメンタリー映像は、いくつかの批判を浴びながらも、映像による記録と伝承そして比較文化研究に大いに貢献した。

マルセル・グリオール：
Marcel Griaule（1898-1956）。フランスの民族学者。翻訳書に坂井信三・竹沢尚一郎 訳（1977）『水の神―ドゴン族の神話世界』せりか書房、坂井信三他 訳（1986）『青い狐―ドゴンの宇宙哲学』せりか書房などがある。

(10) 生田久美子（1987）『「わざ」から知る』東京大学出版会, p. 43.

である。民族舞踊は、常に新鮮な生命力にあふれている。これこそが、人々を魅了してきた大きな理由なのではないだろうか。

3）分析と解釈の留意点

最後に、舞踊の分析と解釈において留意することを挙げておきたい。

第一に、「内側の視点（イーミック）」と「外側の視点（エティック）」とを極力混同しないことである。前者は、舞踊の実践者・伝承者らの視点であり、後者は、研究者・観察者らの視点である。双方の情報を収集し、整理し、ホリスティックに解釈することが求められる。

第二に、その舞踊の意味と意義とを分けて考えることである。いうまでもなく、意味と意義とは異なる。言い換えれば、「何をしているのか」と「なぜしているのか」の違いだろう。今、目に見えているものがすべてではないということである。

第三に、個別性と普遍性を見極めることである。これは、焦点を絞ることでの細部の気づきと、視点を広げることでの全体の気づきと言い換えられるだろう。

そして何よりも、多様な民族の舞踊に触れる機会をもってほしい。その第一歩として、本書を活用してもらうことを願っている。

4. グローバル社会と舞踊のボーダレス

ここで、現代的な社会の風潮に目を向けてみたい。それは、グローバル社会とボーダレスという視点である。たとえば前出の日本の盆踊りが、アメリカ、ブラジル、カナダ、スペイン、アルゼンチン、パラグアイ、マレーシア、シンガポール等で、「Bon Dance」という名称で親しまれていることをご存じだろうか。多くは、第二次世界大戦前の移民政策で海を渡った日系人らによって育まれてきたものである。100年近くを経た今、夏のフェスティバルとして地元で親しまれている。海外旅行先で東京音頭や炭坑節、郡上踊りなどを見聞きして、驚く日本人も少なくないようである。このように、民族舞踊のボーダレス化は、今に始まったことではない。

ハワイのフラ（ダンス）や、インド発祥のヨガなども、よい例だろう。フラは、もともとチャントと呼ばれる祈りの言葉を表現する舞踊だったが、19世紀中頃から末にかけて弾圧を受けた。その復興期に現代フラと呼ばれるジャンルを創造し、国内外に広めたことで、フラの実践者が劇的に増加した。その結果、ハワイのアイデンティティとしての古典フラを守ることに成功したのである。一方、ヨガは、紀元前のインダス文明にまで遡る、厳格な修行法だったものが、19世紀初頭に欧米に渡り、瞑想や身体トレーニングといった心身の修練として受容され、発展した。ニュー・フィジカルエクササイズとして世界的な広がりをもつ現在も、その根本には、自然と人間の結合・調和をめざすヨガ本来の思想が存在する[11]。このようにボーダレスと言っても、その民族舞踊・身体文化で重要視されてきた価値観をないがしろにすることは、めったにないのではないのだろうか。

そもそも舞踊自体、ジャンルによる境界がなくなっているのも事実である。2010年刊行（原著は2000年刊行）の『オックスフォード バレエ ダンス事典』の序文は、昨今の芸術舞踊の風潮として、古典的美学の中に新たな可能性を見出そうとする振付家の活躍に言及している[12]。20世紀後半の**ポストモダニズム**が生み

(11) 原田奈名子（1991）「ニュー・フィジカルエクササイズ」、舞踊教育研究会編『舞踊学講義』大修館書店, pp. 174-175.

(12) デブラ・クレイン、ジュディス・マックレル：鈴木晶監訳（2010）『オックスフォード バレエ ダンス事典』平凡社, pp. 2-3.

ポストモダニズム:
1960年代から1990年代に世界的に起こった前衛的潮流。建築や絵画、文学などさまざまな領域で展開された。芸術舞踊においては、情緒性よりも、一見すると非技巧的な日常動作を重視した実験的作品が多数輩出された。

出した折衷的な素材として、民族舞踊が注目されていたことがわかる。こうした風潮は、日本も例外ではない。たとえば1980年代、舞踊教育者で現代舞踊家でもある石黒節子が発表した「日本のおかれている文化の状況である、クロスカルチャーに挑んだ」という複数の作品には、多様なジャンルの舞踊の様式が取り込まれており、高い評価を得た⁽¹³⁾。このように異なる社会・文化の価値観を尊重しつつ、協働により新たな価値を創出していこうとする機運は、**多文化共生**が進む現代において、ますます高まることだろう。

　この状況の大きな要因として、考えられることは何だろうか。その筆頭に挙げられるのが、社会のグローバル化だろう。日本では第二次世界大戦後の経済復興の流れの中、国内外の文化的交流が盛んになった。現在はさらにIT化の影響を受け、かつては一部の研究者や好事家、もしくはドキュメンタリー番組などによって紹介されるにすぎなかった「辺境の」民族舞踊の多くを、インターネット動画で気軽に見ることができる。また、その気になれば、現地を訪れたり、来日公演に足を運んだり、実際に習い覚えたりすることも可能である。このように、急速なグローバル社会への展開に伴い、民族舞踊のボーダレスも大きく進んだと考えられる。もちろん、これ以外にも、民族舞踊に影響を与える社会要因は多々あるだろう。民族舞踊が社会と密接に関連していることを忘れずに、舞踊が置かれた状況を丁寧に探求したいものである。

5. これからの民族舞踊

　民族固有の舞踊を取り巻く状況が、おぼろげながらみえてきただろうか。現代は、インターネットやソーシャル・ネットワーキング・サービス（SNS）に象徴されるように、自己と他者との距離がグッと縮んだかにみえる。しかしそれは、生身の身体の欠落した危うさと背中合わせであることを忘れてはならない。東京スカイツリーを見上げながら、神社のご神体をのせた神輿を担ぐ。震災復興の象徴として、各地の祭礼が行われる。AI社会を迎える時代でも、人間の身体から身体へと、文化は受け継がれていくだろう。世界の現状を知るだけでなく、自らの民族・社会・文化の価値を再発見する手掛かりとしても、舞踊は今後ますます注目されるだろう。

（弓削田綾乃）

(13) 古典舞踊や民俗芸能などを現代舞踊の舞台で演じることで情景や心情等を隠喩的に表現した。石黒節子（1989）『イメージ・コミュニケーションとしての舞踊』三一書房, p.224.

多文化共生:
国籍や民族などの異なる人々が、互いの文化的違いを認め合い、対等な関係を築こうとしながら共に生きていくこと（総務省, 2006）。

理解度チェック

① 人類誕生から舞踊が担ってきた役割とは何かを考え、まとめよう。

② 昨今の急激なグローバル化は、それまでとは異なる影響を多々もたらしている。その具体例を考えよう。

さらに読んでみよう おすすめ文献

● 遠藤保子（2001）『舞踊と社会—アフリカの舞踊を事例として』文理閣.
● 宮尾慈良（2006）『比較芸能論　思考する身体』彩流社.

第 2 節

民族舞踊と芸術舞踊
―モダンとコンテンポラリー―

舞踊にもさまざまな種類がある。民族舞踊のほか、テレビに登場するアイドルのダンス、お遊戯、さらに、バレエやダンス、コンテンポラリーダンスなどである。なかでも、バレエなどは「芸術」という特別な価値を持つものとされてきた。それでは、「芸術舞踊」と民族舞踊はどこが違うのだろう。ここでは、この 2 つが、どうして区別しうるのか、そもそも区別しなければならないのかを考える。

1. 民族舞踊と芸術舞踊の関係について考えるために

民族舞踊と芸術舞踊は、明らかに異なるように見える。

バレエやダンスなどの芸術舞踊は多く、劇場で、プロまたはセミプロのダンサーによって演じられ、観客はたいてい舞踊の素人である。それに対して民族舞踊は、劇場以外の広場や宗教施設で行われ、担い手は多く、素人で、演者と観客とは必ずしも峻別されない。芸術舞踊がエリート芸術であるとすれば、各地に伝承され、自生する民族舞踊は大衆芸術と言えよう。

しかし、民族舞踊と芸術舞踊とは本当に異なっているのだろうか。芸術舞踊の典型である「バレエはヨーロッパ地方の民族舞踊」[1] だと指摘する者もいる。そもそも両者の区別はいつ、どのようにして生まれたのだろう。

以下、まず両者の表面的な相違を確かめた後（2 項）、より深層にある共通点を探る。深層構造を明らかにするためには、そもそも「芸術舞踊」というときの「芸術」がいつ、どこで、どのように誕生したかを振り返る必要がある。それによって、芸術舞踊と民族舞踊とは実は機能を等しくしていること（3 項 -1)）、また、個々の芸術舞踊も多く、民族舞踊に根ざしていることがわかる（3 項 -2)）。にもかかわらず、民族舞踊と芸術舞踊は別個の存在と見なされるが、それは近代化に伴う政治的圧力によってのことだった（3 項 -3)）。しかも、こうした考察からは芸術舞踊の根底に大きなパラドクスがあることが明らかになる（4 項）。一方、現代のコンテンポラリーダンスにおいては、民族舞踊と芸術舞踊との新たな関係が生まれつつあり、それを踏まえて、今後、いかなる展望がありうるのか、最後に考える（5 項）。

なお、「芸術舞踊」に明確な定義があるわけではない。ここでは、舞踊学やジャーナリズム、劇場関係者、演者などによって「芸術舞踊」と見なされているものを念頭に置いて論じる。具体的には、19 世紀以降のロマンティックバレエやクラシックバレエ、バレエ・リュス、モダンバレエ、また、19 世紀末以降の、イサドラ・ダンカンらの自由舞踊、ドイツ表現舞踊、日本モダンダンス、アメリカンモダンダンス、舞踏、ポスト・モダンダンス、フランスやベルギー、カナダのヌーヴェルダンス、ピナ・バウシュなどにはじまるコンテンポラリーダンスなどが典型的な **芸術舞踊** である。

(1) 乗越たかお（2010）『ダンス・バイブル：コンテンポラリー・ダンスの誕生の秘密を探る』河出書房新社, p. 236.

芸術舞踊：
「芸術」に関しては後に述べるカントやヘーゲル以降、さまざまな「定義」が試みられたが、マルセル・デュシャン《Fountain》(1917) 以来、実質的な定義は不可能であることが判明し、アーサー・C・ダントーの「アートワールド」、ジョージ・ディッキー「芸術制度論」など、アカデミズムやジャーナリズム、アート市場関係者などが容認したものを「芸術」「アート」とする手法が採用されている。本項における「芸術舞踊」の規定もそれに準じた。

2. 表面上の相違点

　民族舞踊と芸術舞踊の相違点は上記のほか、いくらでも挙げることができるように見える。ここでは、上演の目的、時空間、場の設定、観客との関係、技法、音楽という点から見てみよう。

　目的に関してほど、民族舞踊と芸術舞踊との相違が表面化する点はないかもしれない。

　民族舞踊には多く、明確な目的がある。トルコのメヴレヴィー教徒によるスーフィーやバリ舞踊、日本各地の神楽などには宗教的目的がある。その陰には、さらに、共同体維持形成機能も潜む。それを物語るのが、橋本裕之が紹介する、2011 年、東日本大震災時のエピソードである。当時、三陸の多くの地域で、芸能の道具も演者も失われ、仮設住宅避難のため集落自体が崩壊したときでも、予定されていた祭祀は決行された。「生活再建や地域再建ができてから民俗芸能なのではなく、生活再建や地域再建のために欠かせないアイテムこそが民俗芸能だった」[(2)] からである。「共同体が芸能を作るのではなく、芸能が共同体を作る」のである。

　一方、芸術舞踊は、近代芸術のひとつである以上、いかなる目的をも持ちえない。近代美学の礎石を築いたカントによれば、認識が真理を求め、行為が利益や善を追求するのに対して、芸術は目的や現実的関心をもたない（芸術の「無関心性」または「関心非依存性」）。近代美学を大成したヘーゲルによれば、芸術とは「民族精神の視覚化」、もしくは「天才」による「創造」である。

　こうした、目的に関する両者の相違から、その他の相違も容易に導かれる。

　民族舞踊は、共同体成員に共有される宗教的信仰や、共同体そのものの維持強化を目的とするのだから、共同体の生活や生産活動と切り離すことはできず、逆に、すべての生活・活動は、その舞踊を含む祭祀を基礎に営まれ、舞踊者と観客は、多く、同じ共同体に属する。祭祀には、なにを犠牲にしても参加しなければならず、上演時間も、たとえば、夏の間毎日、夜を徹して行われる宮崎県高千穂神楽に見られるように、制限をもたない。上演場所は、宗教的に聖化された場所である。民族舞踊はその地域の文化や社会と密接に関連する。

　それに対して、外部の現実と切断された芸術舞踊は、逆に、芸術以外の生活や活動と共存可能でなければならず、上演時間は自ずと限定され、上演場所も多く、舞台公演専門劇場で、宗教色は極力、排除され、専門的演者と観者は切り離される。それどころか芸術舞踊は、「芸術を理解する」エリートと理解しない大衆を分離するとさえ言える。芸術舞踊は、場所・時間・演者・美意識など、あらゆる点で、外部の現実と切り離された「純粋性」をもつ。

　一方、身体技法や演出方法、美学・美意識に関しても民族舞踊と芸術舞踊とは異なっている。

　民族舞踊の身体技法や美意識、演出手法は地域や時代ごとに多様であり、国際的に共有されることは考えられない。それに対して、芸術舞踊においては、ワガノワやチェケッティのメソード、グレアムのコントラクション・アンド・リリース、90 年代のリリーステクニックなど、同一技法が国際的に共有されうる。

　芸術舞踊においては、音楽と舞踊が明確に区別され、多くの場合、音楽にも、舞

(2)橋本裕之（2015）『震災と芸能：地域再生の原動力』追手門学院大学出版会，p. 102.

(3) 遠藤保子 (2001)『舞踊と社会』文理閣, p. 12. など。

進歩史観:
技術や社会、人類は、絶えず「進歩」し続けるという歴史観。19世紀頃、ダーウィンの進化論を人間の社会や歴史に転用することによって生まれ、近代絵画をはじめとする諸芸術ジャンルにおいても当然の前提とされた。実際には、技術、社会その他、文明が栄えた後で「退化」することもあるので、「進歩史観」は根拠のないイデオロギーに過ぎず、それが「大きな物語」に過ぎないことが暴露されることによって「ポストモダン」が生まれた。

踊にも作品名称や作家などが確定している。民族舞踊の場合、そもそも「踊り」と「音曲」を区別する名称さえない[3]。日本語の「舞踊」は坪内逍遥による造語である。楽曲の名称や同一性についても基準はなく、作家も不明なことが多い。「作家」「作品」という概念自体、18-19世紀ヨーロッパに生まれたものであることを考えれば当然である。

民族舞踊と芸術舞踊の最大の相違は、前者が伝承に基づくのに対して、後者が創造性をその存在根拠にしている点にある。19世紀末以来の芸術諸ジャンルはモダニズムを特徴としたが、それは**進歩史観**をベースにしたものであり、たとえば絵画における、アングルなどの古典派からマネ、印象派、抽象表現主義、あるいはアヴァンギャルドといった展開に見られるとおり、各作家や作品は、直前の手法を否定し、過去や他のジャンル、他の作家と差異化することにおいてのみ「芸術」として認められた。それに対して、古来の身体技法、演出、上演形態をそのまま踏襲する民族舞踊は、近代美学の基準からすれば、その共同体限定の、ローカルな宗教「儀礼」「リチュアル」にすぎず、およそ芸術の名には値しないものとみなされがちである。

3. 深層における共通点

民族舞踊と芸術舞踊の、前項で挙げたような相違点は、しかし、実は、表面上のものにすぎない。芸術舞踊を深層において見ると、「無目的性」「純粋性」「国際性」といった建前の陰にはまったく別の力学が潜んでおり、しかもそれは民族舞踊と通底していることがわかる。

1)「芸術」の誕生

現代人は、たとえば《ミロのヴィーナス》や《モナリザ》を「芸術作品」と呼んで憚（はばか）らないが、それは、現在の尺度を過去に投影する懐古的錯覚にすぎない。古代ギリシャ、あるいは、ダ・ヴィンチが生きた16世紀に「芸術」という言葉も概念もなく、誰も自分が芸術に従事しているとは思ってもいなかったからである。当時のヨーロッパでは、モーツァルトのような音楽家も、ダ・ヴィンチのような画家も、料理人や御者、大工とおなじ「職人」であり、「技術（英：art、仏：art、独：Kunst)」と、「美しい技術（英：fine art、仏：beaux art、独：schöne Kunst)」すなわち「芸術」との区別はなかった。

「芸術」という言葉は、1747年、シャルル・バトゥー『単一の原理に還元された美しい諸技術』においてはじめて登場した。その後、カント『美と崇高の感情性に関する考察』（1764年）、『判断力批判』（1790年）、またヘーゲル『美学講義』（1820/21年）などによって芸術は理論化され、先に述べた、「関心非依存性」や「天才」など、現代でも広く芸術理解の根底にある考え方が登場する。

とはいえ、芸術が一部知識人だけではなく、一般市民にまで浸透したのは、芸術が制度化されたことによる。芸術の制度化は、美術館、大学における「美術史学」講座などの設置、関連学会の創設と学会誌の刊行、美術批評などを掲載したジャーナリズム、ギャラリーなどにおける美術品売買、さらに、初等中等教育における「美術」「音楽」教育といった形で19世紀以降、進められた。たとえば「美術史学」が、現在、私たちが想定する、絵画彫刻の分類とその「精神史的」研究として登場した

のは 19 世紀半ばのことである。

　だがどうして、こうした大規模な制度化が生じたのだろう。バトゥーやカント、ヘーゲルらの活動は個人的なものにすぎないが、美術館や美術音楽教育整備には膨大な資金が必要である。初等中等教育で美術音楽を教えるためには、それぞれを研究教育する大学教員をまず整え、教科書を作り、小中高等学校の教員を育て、全国に校舎を揃え、子供たちを通わせなければならない。それは国家事業、すなわち国民の税金を投じた事業としてのみ可能である。

　ところが、税金の用途を決めるためには内閣や議会、財務官僚、ひいては国民の同意が必要である。どうして、19 世紀ヨーロッパ諸国では、芸術の制度化のためにかかる膨大な予算編成が承認されたのだろう。「芸術が高貴で貴重だから」、ではない。芸術に巨額国費が投じられた背景には大きく三つの、きわめて政治的な事情があった。

　第一に、美術と音楽は、19 世紀の欧米諸国、やがて日本において、体育とならんで、兵士養成の基礎訓練装置だった。軍隊の基本は行進だが、全員の動きを揃えるためには、右手と左脚、左手と右脚を同時に動かす「マーチ歩行」が必要であり、マーチ歩行は、小学校に入学するや否や教え込まれる [4]。音楽は行進に必要なリズム感を養成するため、美術は偵察兵が敵陣を的確に写し取るために必要とされた。

　第二に、外交上の理由がある。首都に豪奢なオペラハウスや美術館を持つことは、その国が文化大国であることを諸外国に誇示し、国としての威厳を高めるために必要だった。岩倉具視が 1881（明治 14）年、欧米視察から帰国直後に能楽堂を設立したのは、オペラハウスの外交機能に気づいたからである。

　しかし、もっとも決定的だったのは次の、第三の理由だ。19 世紀ヨーロッパ諸国で芸術の制度化が急がれたのは、芸術あるいは文化が国民統合原理だったからである。

　たとえばフランスでは、革命後、政教分離原則（laïcité）が立てられたが、その結果、「キリスト教が国家権力から離反した空隙を埋める」必要が生じた。そのために「近代国家によって生み出されたのが……“国家宗教”……であり、あらたな……“神々”として祀られたのが“芸術”“歴史”“文化”“科学”である。そしてそれらの神々を祀る新しい国家神殿がミュージアムなのである」[5]。「芸術崇拝の思想」[6] が生まれたのは、芸術が国民統合原理として必要だったからである。

　一方、ドイツでは、文化芸術の政治的必要性が一層、深刻だった。30 年戦争（1618-48 年）で焦土と化し、長く中世の水準にとどまっていたドイツは、19 世紀になっても 400 以上の小邦分立状態で、不安定なままだった。近代国家は通常、国民国家、すなわち、「一民族、一言語、一文化、一国家」を原則とする。たとえば、「フランスは、フランス語を話し、フランス文化を身につけたフランス人が作った国だ」というわけである。ところが、ドイツの場合、言語も「民族的」血統もオーストリアやオランダ、ポーランド、スイスの一部に分布し、現在のドイツ国境とは一致しない。唯一、残された統合手段が文化だった。こうして、ベートーヴェンやゲーテ、シラーなどを「文化的英雄」とする、「ドイツ人」としての国民意識が確立される [7]。「ドイツを代表する」芸術家を称揚・教育・普及・誇示のために巨額の国費が投入されるのは、こうした状況下では当然である。

(4) 田中聡（2003）『不安定だから強い：武術家・甲野善紀の世界』晶文社，p. 63.

(5) 松宮秀治（2008）『芸術崇拝の思想』白水社，pp. 54-55.

(6) Fumaroli, M., (1999), L'Etat culturel: une religion modern, LGF.（天野恒男訳〈1993〉『文化国家：近代の宗教』みすず書房）

(7) 岡田暁生（2010/2014）『クラシック音楽』はいつ終わったのか？　音楽史における第一次世界大戦の前後』人文書院，p. 96.

近代芸術は、芸術以外の現実、とりわけ政治とは無関係に、それ自体で価値あるものとされているが、その根底には、国家の統合維持という政治機能、すなわち民族舞踊における共同体維持形成機能と、ほぼ同じ目的が隠れている。

2）「芸術舞踊」の誕生

民族舞踊との紐帯は、個々の芸術舞踊の成り立ちを見ても明らかである。

バレエは、宮廷舞踊にその根があるが、宮廷舞踊は、その機能、内容、いずれにおいても民族舞踊に根を張っていた。

宮廷舞踊は、15世紀イタリアで、メディチ家などの都市貴族宮廷に生まれ、16世紀にフランスに移植され、17世紀、ルイ14世の宮廷において最盛期を迎えた後、1670年頃、突如、消滅した。ところで、1653年《夜のバレエ》などにはルイ14世その人も登場したが、それは、ただの名人芸披露のためではなかった。この作品には、その直前まで、ルイの政敵だった人物が登場し、国王に額ずく場面がある。それは、ルイが政敵を屈服させ、権力を一手に握ったことを宮廷中に周知し、それによって王権を確立維持強化するための政治儀式だった。共同体の確立維持という、民族舞踊と同じ目的である。

レパートリーや技法の点でも宮廷舞踊の根は民族舞踊にあった[8]。メヌエットなど、そのレパートリーはほとんどすべて12世紀以来の農民舞踊からとられた。しかも、実は、キリスト教会が支配した中世ヨーロッパには存在しなかった韻律や恋愛詩、舞踊、バイオリンやギターなどの楽器は、11世紀、イベリア半島を支配したアラブ文明からもたらされたものだった。もともとアラブにあった舞踊文化がヨーロッパの農民に受け継がれ、それを宮廷舞踊が採用した結果、生まれたのがバレエなのである。

とはいえ、バレエ自体が芸術として扱われるようになったのも最近のことであった。19世紀末に至るまでバレエの客層は、現在のように女性ではなく、ブルジョワ男性だった。彼らはバレエダンサーのパトロンになることを目的に劇場を訪れ、パリオペラ座などには、愛人契約交渉専門の部屋（「ホワイエ・ド・ラ・ダンス」）があった。バレエ会場は、どちらかというと猥雑な場所と見なされていたのである。

バレエが芸術となったのはロシア・バレエ団の貢献による。ディアギレフは、ストラヴィンスキやドビュッシー、サティなどの作曲家、マティスやピカソなどの美術家との共同制作によって、バレエが芸術であることをアピールした。とはいえ、その代表作である《春の祭典》《結婚》などは、ストラヴィンスキが故郷のロシアで幼時に体験した民間習俗のリズムが元になっていたという。バレエは、その起源である宮廷舞踊においてのみならず、それが芸術として聖化された瞬間においてさえも民族舞踊との紐帯を断ち切ってはいなかった。

一方、ロシア・バレエ団が登場した19世紀末は、新たな芸術舞踊として、ダンスが登場した時期でもあった。イサドラ・ダンカンなど、バレエの技法や美意識に囚われない「自由舞踊」が登場し、ドイツにおける表現舞踊、日本やアメリカにおけるモダンダンスがそれに続く。ところが、ダンスを生み出した「揺籃」となったのは、当時、パリやロンドンなどのキャバレー、ヴァリエテ、ミュージックホールなど、大衆文化だった[9]。

(8) 三浦雅士（1995）『バレエの現代』新書館, p.51.

(9) 副島博彦（2012）「ドイツのダンス」、鈴木晶編著『バレエとダンスの歴史』平凡社, p.189.

事情は日本でも変わらない。古典的芸術舞踊である能は13世紀に、民間の田楽や猿楽から生まれ、歌舞伎の起源である出雲阿国は綾子舞の出身とされる。日本モダンダンスは、ドイツ表現舞踊とほぼ同時、アメリカンモダンダンスよりはるかに早く生まれたが、その始祖である石井漠、高田夫妻らに、日本の伝統的舞踊文化とは異なる考え方や訓練方法、興業形態を教えたのは、帝国劇場の初代ダンス教師ヴィットリオ・ローシーであった。ローシーが主に活動していたのは、ロンドンのアルハンブラ劇場、エンパイア劇場といった、大衆娯楽劇場である。日本モダンダンス誕生の背景にも、やはり、ロンドンのキャバレー文化があった。

3）「芸術舞踊」と民族舞踊の分断

　芸術舞踊と民族舞踊とは、その目的に関しても、出自に関しても通底している。にもかかわらず両者があたかも、互いに縁もゆかりもない存在であるかのように語られるのは、芸術の神聖化、ならびに、近代における民族舞踊の抑圧ゆえのことだった。

　近代初頭、ヨーロッパでも日本でも、伝統的な民族舞踊の大規模な抑圧・弾圧・排除が行われた。日本では、明治初年、銭湯における混浴などとともに、盆踊りなどが禁止された。ヨーロッパでも、たとえばイギリスでは、1655年以降、民間のメイ・ポールダンスなど、古くからの民間祭祀が清教徒によって禁止され、フランスでも同種の試みがあった。

　一方、民族舞踊の近代的改鋳も行われた。1920年代、柳田國男らは、各地に派遣した弟子たちの情報をもとに、各地の盆踊りなどを復元するが、そのとき、それぞれは、単なる地域の祭祀ではなく、「日本の心」を伝えるものとなった。一方、ヨーロッパにおいては、たとえば、特定地域の民族舞踊が「ポルカ」と命名されてポーランドの国民意識のもとになるなど、民族舞踊が国民統合原理となる[10]。

　古いものが後になって懐古的に再構築されるのは、近代芸術に関しても同様である。芸術にとって、規範的作品群である「古典」は欠かせない。能に関してはすでに江戸初期、喜多一平太が、将軍秀忠の前で、従来の倍の時間をかけて能を演じ、能を古典化した[11]。歌舞伎が古典となったのは、江戸中期、市川團十郎が歌舞伎十八番を制定してからである[11]。「クラシック」音楽が成立したのは、19世紀に「ドイツ音楽史」が発表され[12]、また、ブライトコプフ社などの出版社が楽譜とその目録を出版したからである。現在でこそ古典音楽の代表者と見なされているモーツァルトだが、その作品は没後数年で忘れ去られようとしており、ケッヘルが作品目録を作ったことによってはじめてその全体像が確定され、「偉大な作曲家」として顕彰された[13]。クラシックバレエは、ロシア革命によってロシアのバレエ教師が世界各地に離散し、各地におけるバレエ教育の基準となったために、「クラシック＝規範、お手本」となった。

　古典は、あらかじめ存在したものでも、現在、古典とされる作品や作家が登場したときに生まれたのではなく、伝承され、場合によっては、ほぼ散逸しかけたものが、リスト化され、作品名が固定され、レパートリー化され、さらに、初演されたときの文脈とは切り離されたとき、はじめて「古典」として成立する。

(10)Paolacci, C., (2017) Danse et musique, Fayard. (西久美子訳〈2017〉『ダンスと音楽　躍動のヨーロッパ音楽文化誌』アルテスパブリッシング, p. 160. など)

(11)渡辺保（2009）『江戸演劇史』講談社.

(12)吉田寛（2015）『絶対音楽の美学と分裂する〈ドイツ〉』青弓社, p. 13.

(13)小宮正安（2011）『モーツァルトを「造った」男：ケッヘルと同時代のウィーン』講談社現代新書, p. 143. など.

4. 「芸術舞踊」のパラドクス

　ところがここにひとつのパラドクスが生まれる。民族舞踊と芸術舞踊の違いは、前者が伝承に依拠し、後者が革新を生命線とする点にあると先に述べた。一方、芸術が芸術であるためには、基準となる作品群、すなわち「古典」が必要だった。ところが、今述べたとおり、古典はレパートリー化によって可能になる。レパートリー化とは革新を否定し、基本的に、同じことを繰り返すことである。それは、「作者」という、過去の天才に捧げられた儀礼・リチュアルにほかならない。芸術は革新であることによって芸術になるはずなのに、その一方で、芸術は古典によってのみ可能となり、古典はリチュアルとしてのみ可能となる。実際、典型的な芸術舞踊であるクラシックバレエは、どこの国でも、ほぼ20作品ほどのレパートリーの反復からなっている。ここに芸術のパラドクスがある。

　それどころか、ジャンルを問わず、およそあらゆる芸術はリチュアルであると、アメリカの美術史家キャロル・ダンカンは指摘する。アメリカ合衆国、フランス、イギリスなど、どこの国でも美術館は、市街地よりも奥まった特権的場所に設けられ、古代ギリシア神殿を模したファサードを持ち、人びとは沈黙の内に、「あらかじめ示された順路に従い」、過去の「名画」を「鑑賞する」が、それは「祈りを繰り返し、物語を思い出し、その場所の来歴もしくは意味に関係のある物語を体験する」儀礼的パフォーマンスにほかならない[14]。

(14) Duncan, C., (1995), Civilizing Rituals: Inside Public Art Museums, Routledge.（川口幸也訳〈2011〉『美術館という幻想　儀礼と権力』水声社、p. 38.）

　しかも、このことは芸術が国家統合と国民意識形成の原理であることと符合する。美術館を訪れるほとんどの人は、十分な審美眼や教養は持たないが、にもかかわらず、自分が美術館を訪れているという事実には満足している。それは、自分が一人前の市民であることの証だからである。自国の首都に立派な美術館があることによって各自は、自分にそのような満足と誇りを与えてくれる自分の国への忠誠心を掻き立てられる。それは、劇場にオペラやバレエを訪れる市民にも共通のメンタリティである。

5. 今後の展望：コンテンポラリーダンス

　民族舞踊と芸術舞踊とは、一見、大いに異なっているように思われ、しかも、民族舞踊はローカルな儀礼で芸術の名に値しないものとみなされていた。ところが、実は、いずれも共同体維持形成という同一の機能と目的があり、個々の芸術舞踊は民族舞踊に根を持ち、それどころか、近代芸術自体、実は国家の統合に捧げられたリチュアルであった。

　しかし、1980年代、西欧、カナダ、そして日本で生まれたコンテンポラリーダンスは、現在、アフリカやアジア、豪州、中南米、北東南欧など、世界各地に拡散し、「ワールドダンス」の様相を呈している。そこに民族舞踊と芸術舞踊との新たな関係を読みとることが可能である。

　第一に、マギー・マラン《BiT》（2014年）、クラウディア・カステルッチ《Esercitazioni ritmiche》（2015年）、サイモン・マイヤー《SunBengSitting》（2015年）、北村明子《Cross Transit Project》（2016年〜）など、近年のコンテンポラリーダンスには、ヨーロッパの農民舞踊や東南アジアの伝統武術などの技法や美意識が取

り入れられている。

　第二に、現在、ヨーロッパの劇場やフェスティバルはアフリカ系ダンサーや振付家、カンパニーなくして成立しないが、Fatou Cissé など、アフリカ系ダンサーの作品には、ポリリズム、関節の柔軟性、手脚の各部位の独立性など、あきらかにアフリカの民族舞踊で培われた技法が充満している。

　第三に、芸術舞踊においてはプロと素人が峻別されるが、ジェローム・ベルやグザヴィエ・ルロア、また近藤良平などコンテンポラリーダンス作品においては、ダンスの素人や障がい者などが登場する。

　第四に、芸術舞踊が、天才＝作家が創造した作品を観者が受容するという、ヘーゲル的モデルに基づくのに対して、コンテンポラリーダンスは、居合わせた全員が共鳴し、「観客との間に何かを起こす」ことを目的とする点、民族舞踊と同じ原理に根ざしている。

　それは、芸術舞踊が民族舞踊を取り込む動きであると同時に、近代欧米における芸術舞踊が各地の民族舞踊の中に解消していく動きであるかもしれない。

（貫 成人）

理解度チェック

[1] 民族舞踊と芸術舞踊の関係について、従来はどのように考えられてきたかを振り返ってみよう。

[2] 両者の関係について、本節のように、芸術という制度のあり方を掘り下げることによってどのようなことが明らかになったかを話し合ってみよう。

さらに読んでみよう おすすめ文献

● 三浦雅士（1994/95）『身体の零度：何が近代を成立させたか』〈選書メチエ〉講談社.
● 海野弘（1999）『モダンダンスの歴史』新書館.

第3節
民俗芸能の保護
―文化財保護法および無形文化遺産保護条約の理念から災害研究へ―

学習のねらい

わが国は、民俗芸能に関する研究および行政的保護措置において長い歴史がある。さらに近年では、ユネスコが無形文化遺産という枠組みにおいて世界規模で民俗芸能を顕彰し意識喚起を促してきた。その民俗芸能が、東日本大震災における復興過程で人々の意欲に良い影響を与えたことにより注目された。私たちは、国の内外におけるこの民俗芸能の価値の再認識とその有用性を学ばなければならない。そしてそれは、民俗芸能の保護が災害対応において事前の次善の策となることを学ぶことになる。

1. 民俗芸能の保護を考える

民俗芸能の調査研究をしていると、「民俗」と「芸能」の研究の角度の差を認識する機会が多い。

本田安次は、これら二つの立場を理解しながら、次のように記述して、はからずも芸能史研究者としての自身の立場を露呈している。

「民俗芸能の特色の一つは…（略）…聚落や町村がこぞってそれに携ることが多いことで、それは神事に密着しており、当然祭祀組織の中にもとり入れられている。」[1]

つまり民俗芸能という芸能が、神事と密着しているのであり、祭祀組織の中にも取り入れられているのである。神事と密着してはいるが神事の中に民俗芸能が組み込まれているという立場ではない。

民俗学者は、民俗の諸現象の中の一つに民俗芸能があり、生活者として人々の環境および社会から諸現象を考え、その考えを基盤として時代により変形を免れないという立場である。とはいうものの民俗芸能も、生活者の視点から社会的および宗教的に研究されなければならないことは自明である。もちろんそれなくしては、民俗芸能を理解し明らかにすることはできない。

民俗芸能の定義は、三隅治雄によれば「芸術としての意識を伴わず、民俗として伝承された芸能」[2]であり、「日本人が、昔からそれぞれの生活の中で維持伝承してきた芸能で、まだ芸術と呼ぶにふさわしくない状態にあるもの」[3]である。前者の「民俗として」の意味するところが、ただちに後者の「生活の中で」に直結している。

いうまでもなく本田安次は、民俗芸能の原型保存を提唱した人物である。地方の風俗慣習の中で長い間伝承されてきた民俗芸能の芸能的価値を認め、移り変わる民俗的要素とは別の枠組みとして、芸能の諸要素の形態をなるべく原型のまま保存しようとした。

この民俗芸能を、わが国は文化財保護法で保護しようという行政措置がかなり早

(1) 本田安次（1979）『日本の民俗8　芸能』有精堂, p.1.

(2) 三隅治雄（1978）『日本民俗芸能概論』東京堂出版, pp.5-6.

(3) 三隅治雄（1978）前掲書, p.6.

い段階で取られてきた。また近年ユネスコにより、無形文化遺産という世界規模の枠組みの中で民俗の芸能は、保護の対象となった。東日本大震災の際は、復興過程において民俗芸能は被災者に対して有意味をもたらし、大きく注目された。民俗芸能は、諸局面においてなくしてはならない芸能として保護の対象となった。

　本節は、民俗芸能の保護について、まず、わが国における行政政策に関わる文化財保護法から考え、さらに、ユネスコの無形文化遺産保護条約[4]における保護の理念を比較することによって考えようとするものである。そして、さらに東日本大震災で注目された災害研究への有益性という角度から、現実的に役に立つ人文学分野として民俗芸能の保護について、発展的に考察に至ることとする。

2. 文化財保護法における民俗芸能の保護

1）文化財保護法における民俗芸能の推移

　現在、民俗芸能は文化財保護法の「無形民俗文化財」のなかで扱われている。

　そもそも、日本における文化財の保護は、明治時代の有形文化財の保護から始まり、1881 年「古器旧物保存方」に始まる。これは、「当時の行き過ぎた西欧化や、廃仏棄釈等の反省によったものであった。」[5]

　その後、1897 年「古社寺保存法」が公布されたのち、複数の保護に関わる法律が公布され、1950 年現在の文化財保護法が公布された。しかし、当初民俗芸能は、「無形文化財」に含められていた。民俗に関わる物件は、「民俗資料」という名称で有形文化財のみであった。「民俗芸能」の語が登場するのは、1975 年の改正を待たねばならない。そして民俗資料ではなく、「有形文化財」「無形文化財」と並列的に「民俗文化財」と改称された。その下位分類に有形と無形が設定され、ようやく「民俗芸能」が記述されることになった。以後、民俗芸能は、民俗文化財の枠組みにおいて行政による指定行為、選択行為の対象となり、現在 159 件が指定されている[6]。

　それでは、1950 年に文化財保護法が施行されて以来の概念規定を確認しよう。

　「有形文化財」と「無形文化財」には「我が国にとって歴史上又は芸術上価値の高いもの」と価値の高さが求められ、民俗文化財には現在に続く「我が国民の生活の推移の理解のため欠くことができないもの」と規定されている。この規定は、この後各次改正においても継続されるが、注目すべきは 1975 年に民俗芸能が移管された点である。

　1954 年の改正時は、実はまだ民俗芸能は「芸能」の視点から無形文化財に含められていた。大島暁雄はその経緯を知るものとして、「不特定多数が伝承する民間伝承と、専門家の保持する芸術的に洗練された古典芸能とを、同一に価値付けすることへの反発があったため」[7]であったと吐露している。

　その後 1975 年の改正で、民俗文化財が設定され、従来の有形の民俗文化財と民俗芸能等を含めた無形民俗文化財の枠組みが取り入れられ、民俗文化財の保護は充実していくこととなる。つまりここで、民俗芸能は「民俗」の枠組みに移管されることになったということである。そして、2004 年に、民俗文化財は、「風俗慣習」および「民俗芸能」に「民俗技術」が加えられて今日の制度として整備されていくことになる。

(4)正式名称は『無形文化遺産の保護に関する条約』（Convention for the Safeguarding of the Intangible Cultural Heritage）2003 年採択された。以下、見出し以外の本文では、『無形遺産条約』または『無形文化遺産条約』ということにする。

(5)大島暁雄（2007）『無形民俗文化財の保護』岩田書院，p. 13.

(6)詳細については、下記のURLを参照のこと。https://kunishitei.bunka.go.jp/bsys/categorylist.asp（2019年4月14日 閲覧）

(7)大島暁雄（2007）前掲書，p. 19.

民俗芸能は、伝統芸能等を意味する無形文化財から変化を容認する民俗文化財へ移され、法的措置として、芸能ではなく民俗として保護されることになったのである。

2) 文化財保護法における民俗芸能に関する保護の理念

それでは、行政は無形民俗文化財のどの価値を重用して民俗芸能に対する保護措置を行っているのであろうか。これは、民俗芸能の存在意義及び概念規定さらに行政措置の理念に関わることである。なぜ、公費を使って民俗芸能を保護するために行政措置を行うのかということである。

第1条では下記のように謳われている。

第1条　この法律は、文化財を保存し、且つ、その活用を図り、もって国民の文化的向上に資するとともに、世界文化の進歩に貢献することを目的とする。

記録保存により保護を諮り、公開することによって活用し、国民相互の新たな文化的発見または自文化の自他双方による再認識によって誇りと自信、さらにはそれらの再構築の契機とすることによって意識向上につなげるためである。なお、わが国の文化財に関する研究と行政行為の蓄積は、世界的にも先進的であり、特に無形文化財（無形民俗文化財を含む）の分野における世界貢献は明らかに大きいことはいうまでもない。

ただ、民俗学は、国民の生活様式や慣習のような社会一般の人々が伝承しているものは、自然的に発生し、消滅していく性質を有しているので、そのままの形で保存するということは意味のないことであるという。だからこそ無形文化財から移された芸能としての民俗芸能は、消滅を食い止めるための保護として記録保存という方法が適切であろうと考えられた。

1975年の法改正で、無形民俗文化財に指定制度が導入された際、大島はこのあたりの経緯を「無形の民俗文化財の保護は、『記録保存』による手法が行政的施策の中心である」[8]と述べている。すなわち、「指定」という行為が中心的理念ではないと再確認しているのである。あくまでも大島は「記録保存」のために指定するという意見である。この解決として、民俗芸能の指定は、もともと置かれていた無形文化財の性質が有する固有の「型の伝承」を対象に指定するという考えのもと、保護の対象を、個人ではなく、その「特定の型」を具現化していると認定される保持者あるいは保持団体とすることとした。民俗芸能の民俗ではなく芸能的性質に型を認め、保存会等を設定したのだ。無形文化財から民俗枠に移行しておきながら、古典芸能の舞踊の型と類似した民俗芸能の舞踊動作の型を、ある一定の伝承すべき舞踊動作の型とするというものである。身体的技術や熟練の技という考え方を、民俗芸能にも認めた。

大島は、もう一つ「心の伝承」についても述べており、それは従来の民俗学としての、伝承者の信仰心および祈願の心である。民俗学における心意伝承である。したがって、民俗芸能は、文化財保護法により民俗と芸能の二相により保護されているといえる。

(8) 大島暁雄 (2007) 前掲書, p. 13.

3. 無形文化遺産保護条約における民俗芸能の保護

1) 無形文化遺産保護条約とは

　無形文化遺産条約の「無形文化遺産」とは、ユネスコが提唱した世界標準としての概念である。世界規模で無形の文化遺産の価値を認識し、保護するため 2003 年「条約」という法的効力のあるものとして誕生した。これ以前にユネスコは、有形のいわゆる世界遺産条約[9] を発効させており、本条約はそれをモデルにしている。有形と無形が別個の条約となった点は、日本の文化財保護法と相違する点である。

　本条約採択までの経緯として、まず 1989 年の「伝統的文化及び民俗伝承の保護に関する勧告」[10] が直接関連のあるものとして挙げられよう。実はこの勧告において、すでに民俗伝承について世界的に保護の必要性が提言されていた。付言するとすれば、この段階において保護すべき民間伝承の定義項目をみると、言語、文学、音楽に続き「舞踊」が記述され、世界規模での民間伝承に舞踊が項目として記述されていた[11]。民俗芸能は、主にこの舞踊を核とした総体的ジャンルである。なお世界遺産条約ですでに無形の文化遺産が議論されたが、実際の条約には盛り込まれなかった経緯もある。本勧告は条約と違い法的拘束力のないものであるが、爾後無形遺産保護のための国際世論の喚起に役に立ったのは事実である。

　この勧告後、ユネスコは、1997 年「人類の口承と無形遺産の傑作の宣言」という事業計画を決定し、その後 2001 年、2003 年、2005 年の 3 回実施され、延べ 90 件が傑作として宣言された。筆者はこの 90 件の案件を分析し、舞踊に関わる案件の多さを報告した[12]。世界規模における芸能の多くは舞踊を意味すると言っても過言ではない。

2) 無形文化遺産保護条約における民俗芸能とは

　それでは、本条約の中で、民俗芸能がどのように扱われているのだろうか。定義の条文第 2 条第 1 項の前半に次のように説明されている。

　　　「無形文化遺産」とは、慣習、描写、表現、知識及び技術並びにそれらに関する器具、物品、加工品及び文化的空間であって、社会、集団及び場合によっては個人が自己の文化遺産の一部として認めるものをいう。（政府仮訳）[13]

　ここで注目すべきは、後半に示されている「社会、集団及び場合によっては個人」である。これは、この遺産を守る人々、つまり伝承者の認定を要件としている意味である。ここに本条約と世界遺産条約との大きな相違がある。そもそも無形文化遺産保護条約は、世界遺産条約をモデルにし、当初たぐいない価値のもと前述の傑作宣言まで行ったが、その後一転して、世界遺産の「真正性」や「たぐいない価値」といった基準を排除した。人びとの生活、そこから創出される文化はすべて等価値であるという考えに準拠し戻し、伝承者等つまり「社会、集団及び場合によっては個人」という主体性が重要視されることとなった。これが無形文化遺産保護条約では、各案件の保持団体である「社会、集団及び場合によっては個人」の存在とそれに対応する案件との関係性が強く問われる所以である。

　このことは、同条文の中段にさらに明確に謳われている。

(9) 正式名称は、『世界の文化遺産及び自然遺産の保護のための条約』（Convention Concerning the Protection of the World Cultural and Natural Heritage）1972 年採択された。本文では『世界遺産条約』と表記する。

(10) 正式英語表記は次のようである。
"Recommendation on the Safeguarding of Traditional Culture and Folklore"

(11) 詳細については、下記のホームページを参照のこと。
http://portal.unesco.org/en/ev.php-URL_ID=13141&URL_DO=DO_TOPIC&URL_SECTION=201.htm
（2019年4月14日 閲覧）

(12) 一柳智子（2011）「無形文化遺産の枠組みにおける舞踊」、遠藤保子・細川江利子・高野牧子・打越みゆき 編『舞踊学の現在〜芸術・民族・教育からのアプローチ〜』文理閣, pp. 129-146.

(13) 原文等詳細については下記のURLを参照のこと。
https://ich.unesco.org/en/convention（2014年4月13日 閲覧）

この無形文化遺産は、世代から世代へと伝承され、社会及び集団が自己の環境、自然との相互作用及び歴史に対応して絶えず再現し、かつ、当該社会及び集団に同一性及び継続性の認識を与えることにより、文化の多様性及び人類の創造性に対する尊重を助長するものである。(政府仮訳)(13)

ここでは継続的な時間性、保持団体、アイデンティティーの3要素により無形文化遺産の性質に言及し、この3要素により文化多様性や人類の創造性へとつながるということが述べられている。有形の文化遺産の場合は、それを創造した社会および集団ははるかな時間の彼方へ後退し、現在とのつながりは見いだせない。ところが、無形文化遺産は、長い時間の経過の末、今、生きている集団の人々によって過去との同一性に裏打ちされた自己実現の価値を有したものであるのだ。

(14) 七海ゆみ子 (2012)『無形文化遺産とは何か』彩流社. p.66.

　七海ゆみ子は、「再現し」に注目した。これは、recreate であり、政府仮訳では「再現し」となっているが、彼女は、これを「更新」の意であると解釈している(14)。今を生きている人々によって常に無形文化遺産は、創りなおされていくものであるという解釈である。ここに、日本の民俗学的認識に通底するものを認めることができる。

　上記の定義のあと第2項が続き、そこにある5種の分野のなかの「芸能」に、民俗芸能が含まれることが示されている。しかし、ここは民俗芸能のみが含まれるのではなく、歌舞伎のような伝統芸能も含む。伝統的歌舞伎の伝承は地域社会とは隔絶されたものであるが、これが含まれるのは傑作宣言の案件が一覧表に記載されたからである。無形遺産条約において、諸々の経緯の末、取り込んだ傑作宣言との微妙な関係性が見て取れる。結果的に文化財保護法では無形文化財から民俗文化財へ移管された立場であった民俗芸能が、無形遺産条約では、たぐいない価値基準の伝統芸能と同一枠組みに入れられることとなった。とはいえ、世代から世代へと伝承されていく民俗芸能のなかには、常に更新され創造されながら現在の人々の身体の中でそれぞれの文化の多様性を体現されているものがあるという点が根本としてある。

3) 無形文化遺産保護条約における民俗芸能の保護とは

　無形遺産条約以前のユネスコによる有形文化財の保護は、戦争に対する反省から生まれたものであった。なおも続く武力紛争から文化財を保護しようと世界的基準設定のための事業を継続してきたが、その後文化財から文化遺産へ概念転換した理由は保護すべき脅威の変化によるものであった。七海はその後の脅威を「グローバリゼーション」と「文化の多様性」の2点から説明している(15)。この2つは相反的にではあるが深く関係しあっている。冷戦後の政治的イデオロギーから民族アイデンティティーの時代への変遷において、お互いの文化を大切にしあいましょうという文化の多様性の尊重が叫ばれた。そして、これは2001年「文化の多様性に関するユネスコ世界宣言」へと結実した。グローバリゼーションは、世界の地域社会、文化、言語、生活等あらゆる局面において多様性を失い、画一化の方向に向かわせることである。その中でも、無形文化遺産は殊に打撃を受ける分野である。口承伝承等による知識・技巧など人間の身体を通して伝承される無形の伝承がいかに地域社会の文化にとって必要で保護しなければならないかについて、七海の言葉を借り

(15) 七海ゆみ子 (2012) 前掲書. pp.28-37.

て説明したい。

> 生物多様性が失われれば地球の自然は脆弱となると言われています。同様に、文化の多様性が失われれば、人間の社会は脆弱となる。幾度の環境変化や危機を乗り越えてきた人類の創造性の源泉が失われることになるからです。だから、文化多様性を尊重することが重要であり、そのためにも無形文化遺産を意識的に国際社会が協力して保護すべきではないかと考える…（略）…。[16]

(16) 七海ゆみ子（2012）前掲書, p. 35.

　生物多様性の重要性と、生の人間の生活から生まれる文化の表象としての無形文化遺産の多様性を「脆弱」というキーワードでつないでいる。多様な創造のかたちが存在していているからこそ危機や環境変化を乗り越えられてきたのであり、そして多様で堅固な人間の社会を創造的に維持してきた。したがって、どの文化や社会も等しく重要と考えられ尊重されることによって多様性が生まれるならば脆弱ではなくなるだろう。人間、文化、社会に序列があったらそれは生まれない。そのために、無形文化遺産を「意識的に」保護するべきである。このことは民族の誇りに連結したイデオロギーとなろう。ユネスコは、無形文化遺産の保護に関わるさらに新しい枠組みを本格化させ2003年に採択した。

　それでは、条約で「無形文化遺産を保護すること」と謳われている「保護」とはいかなる意味であろうか。それが第2条第3項にある。

> 3　「保護」とは無形文化遺産の存続を確保するための措置（認定、記録の作成、研究、保存、保護、促進、拡充、伝承（特に正規の又は正規でない教育を通じたもの）及び無形文化遺産の種々の側面の再活性化を含む。）をいう。（政府仮訳）[13]

　保護（safeguarding）の説明文の措置の中に、保護（protect）がある。保護措置に関わるprotectは、これまで、有形文化財に使用されてきた。消滅の恐れのある有形文化財を戦争や紛争等からその形のまま保存する措置に使用されてきた。それに比べてsafeguardingは、さらに積極的な行動を加え、消滅の危機に対して盾となりうる保護措置という意味において使用されたものであると七海は説明する[17]。無形文化遺産の保護を考えるにあたり、たとえばある芸能がもとのままの芸態を保存するのではなく、保持団体の認識を重要視し、更新しながら再創造する遺産というものを設定して積極的に脅威から護ろうとしたのである。

(17) 七海ゆみ子（2012）前掲書, pp. 166-171.

4. 災害研究における民俗芸能の保護と伝承
：東日本大震災における福島県の場合

　これまでに国の内外における2つの法律に基づいて、民俗芸能の「保護」を考えた。積極的に保護すべき意義のある存在として民俗芸能は有効であるというわけであるが、脅威がたとえば災害であった場合はいかなる保護となるのであろうか。

　災害研究において、民俗芸能の有効性が注目された東日本大震災ではどのように保護されて伝承は継続しているのであろう。福島県の事例で考えてみたい。筆者の調査研究対象は田植踊りである。田植踊りとは、東北地方固有に伝承のある民俗芸能である。福島県全域の祭礼行事で舞の奉納として、多くの場合獅子神楽と共に行

村上の田植踊り

われているものである。

　ここでは、浜通り地方の「村上の田植踊り」と「室原の田植踊り」の２つを事例に説明しよう。

1）東日本大震災における福島県浜通り地方の民俗芸能

　福島県の災害態様は複合的であった。地震と津波による自然災害、さらに津波による原子力発電所事故、そしてそれによる風評被害。福島県の災害復興の深刻性と長期化は明らかに後者２つの災害によるものである。

　民俗芸能の被災、復興とはどういうことかを考える場合、踊り等を具現化する人間自体をレスキューすればよいのか。

　地域社会が消滅した踊りについては、「型の伝承」[18] に従って記録保存が有効であった。「心の伝承」によって、震災直後の災害応急的初期段階を経て、へこたれ始めた復興中期段階を乗り切るための拠り所とした。そして、文化財化と民俗の意義が、両者相まって地域社会再建の心意的トリガーになっていった。

　村上の田植踊りのある南相馬市村上地区は、現在津波被災地である災害危険区域 [19] に指定され居住不能であるが、幸い南相馬市北部は、放射能による汚染地区とはならなかったため、市内での避難が可能となった。そのため、多くの保存会員は、現在同市内に居住している。基盤としての地域社会はないが、田植踊りのために集まるという意欲を有した元の地域社会の人々の活動は現在継続している。

　室原の田植踊りのある浪江町室原地区は、現在なお帰還困難区域に指定されている。しかし、「第２次浪江町帰還困難区域復興再生計画」の特定復興再生拠点区域（平成29年11月）[20] の中の整備区域のうち「住民の交流をはかる施設の整備」に「伝統的な祭事を行う場所」が明記された。住民の震災以前の地域社会が復興するためには、こういった場所が必要であるという証明であり、人々が伝統的祭事を復興させる意欲の証しでもある。

2）民俗芸能による復興とインセンティブ

　被災３県に対して文化庁は、震災後早い段階で民俗芸能の被災状況調査を立ち上げた。筆者は、福島県において震災直後から民俗芸能のこの被災調査に携わってきた。本稿の事例の２つの田植踊りは、それぞれ文化財指定等 [21] を受けたことが、震災復興過程において、復興意欲のためのインセンティブになり得たことは別稿で詳しく論じた [22]。そもそも変化を前提としている生活の中から発生した民俗芸能は、民俗として保護されたが、一方芸能として芸態を固定化保存し、文化財指定の対象になった。しかし、それはその理念の中心をなすものではなかった。

　だが、地域社会を失った民俗芸能には、芸態の保存による活用と指定によるインセンティブは、伝承者に良質な効果をもたらしたのである。

　したがって、今回の大震災の場合は、次の２点において例外であったと言えるかもしれない。１点は、指定措置が結果的に復興意欲に良質の効果をもたらしたということ。もう１点は、地域が消滅した状況下では、震災以前の芸態を保持することが継承の目的であり、震災以前とのつながりにおける自己と地域のアイデンティティー構築の土台となったということである。

（18）「型の伝承」「心の伝承」の語は大島暁雄による。詳細は、注（5）pp. 34-37を参照のこと。

（19）災害危険区域とは、建築基準法第39条に基づき、津波等による危険が著しいため、居住目的である建築物の建築に適しない場所として、市が指定した区域である。

（20）浪江町の復興再生計画の詳細については下記参照のこと。
https://www.town.namie.fukushima.jp/soshiki/2/18503.html（2019年4月14日閲覧）

（21）室原の田植踊りは、祭礼行事御遷宮祭の中で奉納される踊りである。本体の御遷宮祭は2011（平成23）年1月浪江町無形民俗文化財に指定された。

（22）一柳智子（2018）「民俗芸能の中期的復興過程における継承活動の諸相と原動力」、『震災後の地域文化と被災者の民俗誌』新泉社, pp. 111-129.

つまり、この大震災における民俗芸能による筆者の災害研究では、疑問視されてきた文化財保護法による民俗芸能の固定化と指定行為が役に立ち、さらにユネスコの提唱する伝承者の特定という視点が、地域社会消滅後もなお、もとの住民というアイデンティティー確立のために役に立ったことが明らかとなったのである。災害対応として民俗芸能は、民俗芸能の芸能自体と伝承者の特定行為という2点において役に立ったといえる。

5. 自分たちの民俗芸能を護ることは、災害対応の次善の策となる

室原の田植踊り

ユネスコは明確かつ積極的であった。わが国の文化財保護法が、その中に有形と無形の両者を混在させた理念に比較して、無形に特化したからである。

無形文化遺産を保護する意義は、生活者の伝承行為のなかに、世代間にわたる時間の継続性があり、地域社会の保持団体自身のそれに対する認識を確認し、その遺産によって地域社会とそのメンバーのアイデンティティーが確保されるという3点にあろう。もちろん文化財保護法の中にもこれらは述べられている。民俗芸能の場合、民俗に拘泥するあまり記録保存がおもで、指定行為はあくまでも中心的理念ではなかった。しかし、現実には多くの指定案件が存在し、今後も指定され記録保存され続けていくようだが、災害研究では、この指定行為と記録保存が復興意欲に大いに効果をもたらした。

災害をユネスコの言う脅威の1つと仮定すると、福島県における民俗芸能を保護する意義が上記3点にあてはまる。生活のなかで世代から世代へ受け継がれてきた民俗芸能は、地域の保護団体によって自身の文化であると認識しながら継承してきた。指定行為は、この効果の逆転を恐れたため中心とはならなかったが、今回の災害では意欲につながり危惧が徒労に終わったことを筆者は示してきた。そして、民俗芸能の中に元の地域とのつながりにおいてアイデンティティーが確保されているので、地元が消滅し元の住民が広域避難した状況下においても、それが拠り所となり得たのであろう。

文化財保護法にいう保存と活用という保護の極めて重要な手法は、予防であり防災である。そして、それは来るべき災害に対峙した際の事前の次善の策となる。民俗芸能を保護することにおいて、紛争、グローバリゼーションと脅威の内容が変容していく中、次はそれが本当に災害とならないように祈るばかりである。

（一柳智子）

理解度チェック

1 日本の文化財保護法とユネスコの無形文化遺産保護条約で民俗芸能がどのように保護されていると説明されているか振り返ってみよう。

2 災害時、民俗芸能はどのような役割を果たすのかについて話し合ってみよう。

さらに読んでみよう おすすめ文献

●高倉浩樹 ほか編（2018）『震災後の地域文化と被災者の民俗誌』新泉社.

●大島暁雄（2007）『無形民俗文化財の保護』岩田書院.

舞踊と身体
―「踊る身体」とは何か―

本節では、舞踊を成り立たせる人間の身体について考える。まず、身体には、客観的な身体と主体としての身体があること、そして人間にはこれらが共存していることを学ぶ。そして、21世紀に生きる私たちの身体がどのような状況に置かれているのかについて理解し、人間は踊ることを通して何を手放し、何を獲得しているのかについて考える。これらの考察を通して「踊る身体」とは何か、人間が舞踊するとはどういうことか、という問題にアプローチする。

1. 身体を考えるということ

　私たち人間は、身体として生きている。身体的存在である。さらにいえば、「わたし」とはこの「からだ」である。というのは、「わたし」というとき、人差し指で自分の鼻に触れたり、手のひらを自分の胸に当てたりして自分を指し示す。「このからだ」で「わたし」は生きているのである。

　このように人間は身体的存在である。しかし、私たちはふだん、そのことを忘れがちである。だから、いま一度立ち止まって、人間とは「何ものか」を思い出しておこう。身近にイヌやネコたちがいる。彼らは、その存在つまりからだ全体がイヌでありネコである。ほかの動物も皆そうである。では、人間はどうか。心とからだ、精神と身体、霊と肉などと2項に分け、心・精神・霊を優位におき、からだ・身体・肉はその下位のものと理解されたりする。しかし、人間も彼らと同様、動物であり生きものである。ならば本来、このからだ全体が人間である。人間が存在するその前提に身体はある。このことをしっかりと了解した上で、次に進もう。

　まず、鏡の前に立ってみる。鏡に映っているあれは誰？　あれは「わたし」だろうか？　否「わたし」ではない。では、あれはいったい誰か。それは「鏡に映ったわたし」である。つまり、外側から見られる身体である。他者が見ているわたしの身体と言ってもよい。観察したり計測したりできる対象としての身体である。したがって、これを「客観的な身体」と言っておこう。しかし一方、ここでこうして鏡の前に立っている、触れてみると温かい身体がある。この温かさは鏡には映らない。しかし映らないからと言って無いのではない。たしかにここにある。それは、他のだれとも交換することのできない「わたしそのもの」というべきものであり、「客観的な身体」という言い方に対して「生きている身体」と言うことができるだろう。

　踊るということにおいては、この「鏡のなかの身体」すなわち見られる身体と、「鏡に映らない身体」すなわち噴出する何かを秘めた身体が共存している。この二つの身体が発現する状況が踊り手の中で／上で起こっている。次項ではまずこれについて考えていくことにしよう。

　また、「わたし」のなかには、こうありたい、こうしなければと「意志するわたし」

と、意志や目的を持ちながらもそれにそぐわず、あるいはそれに背いて動いてしまう「生身のわたし」が共存している。前者は自分の意志が行動をコントロールしている状態、後者は意志がコントロールしきれない行動が表れる状態である。時に人間はわれを忘れて歌い、踊り、遊びに興じる。また、危険を承知で何かに挑む。人を憎み、傷つけあい、そしてまた寄り添い、愛し合う。こうした理屈通りにはいかぬ不合理な事柄の中で悪戦苦闘しながら生きる生き物、それが人間である。踊るということにおいては、「意志するわたし」と「生身のわたし」が無意識のうちに共存している。第3項ではこれについて考えていくことにしよう。

　以上の考察を通して、21世紀を生きる人間にとって舞踊はどのような可能性を開くか、「舞踊する身体」とは何か、人間が舞踊するとはどういうことか、にアプローチしていくことにしよう。

2.「鏡のなかの身体」と「鏡に映らない身体」

1）客観的な身体

　身体について知ろう、分かろうとするとき、私たちはどうするか。理解することを「分かる」というように、知るためにはまず分けてみるというのが科学的合理的思考であるとされる。そして、分けられた部分と部分をよく観察し、それらの違いを見出してそれを知るのである。自分の身体について何を知っているかと聞かれたなら、身長は何cmで、体重は何kgだとか、髪の色はどんな色で、お尻が大きいとか…そのような返答があるだろう。これが自分の身体について述べる一般的な出発点であり、まずは目に見える部分を取り上げる。身体に関する人間の欲望は目で見るだけにはとどまらない。肉眼で見えないものには顕微鏡を用い、また内視鏡で体内に分け入り、さらにCTやMRI……等々、最新機器を用いて隅から隅まで見ようとする。「腑分け」という技術がある。人間が身体について関心を持ち、もっと知りたいと考えたとき、西洋では**解剖**すなわち「腑分け」という方法を用いた。体内にはどのような臓器がどのように配置しているか、その形や色はどうで、重さはどのくらいで、どことどこがつながっているかなど、「人体」を切り開いて、よく観察し、人間の身体をそして人間を分かろうとしたのである。

　こうして、身体は「部分」に分けられ、抽出され、計測され、数量化されることになった。これが人間の身体の科学的な解明であった。つまり、身体はその人間から「切り離されて」「対象（モノ）化」されて理解されたのである。解剖に始まる西洋医学の、身体をモノとする身体理解は、その後の身体観の形成に長く影響を与え続けた。現在もなおその影響の中にいるといってよいだろう。ここで特に注意しておきたいのは、人間の身体を、そして人間を理解しようとした当初の医師たちが見ていたのは解剖台に載せられた**死体**だったことである。死体解剖から人間の身体理解は始まった。このことが、身体を物体（モノ）として扱ってしまう問題につながっていることを、今一度、確認しておこう。

　さて、現代のスポーツ領域における「身体」に関する探究もまた、この身体観に大いに影響を受けている。どのようにすればより良いパフォーマンスが可能な身体へと改造できるか。スポーツ生理学やスポーツ医学の研究成果は、アスリートの身体をより効率的に働く身体へと造り変え、競技の記録を塗り替えることに貢献して

解剖：
人体解剖学は16世紀になって盛んになった。中心的な存在であったヴェザリウスは1543年『人体構造論（ファブリカ）』を出版、その後、西洋医学は飛躍的な発展を遂げたとされている。

死体：
英語のbodyには「死体」という意味が含まれている。2014年9月、御嶽山噴火のニュースが海外に伝えられた際、アメリカAP通信社からは、"At least 50 people believed dead." と、イギリスBBCでは、"Mt. Ontake rescue teams find 31 bodies." と配信された。ここに書かれたbodyとはご遺体のことである。

きた。それが、スポーツ科学研究における「身体の解明」であった。人間をスポーツする機械とみなし、その身体をモノと考えていることにほかならないだろう。しかし、以上のような「客観的な身体」は、人間の身体の全体からすれば、一部分に過ぎない。これまではきわめて極端な一面にだけ光が当てられてきたのである。では、これまで光が当てられなかった側面とはどこだろうか。

2）生きている身体

　さて、鏡の前に立っている、この温かくてドキドキ脈打つ「わたしの身体」について語られたことはあっただろうか？　鏡のこちら側の身体についても語られなければ、「人間の身体」について十分に考え知ることにはならない。それでは次に「鏡に映らない身体」の世界へ分け入っていこう。

　まず、鏡の前で脈打っているこの身体がモノであるはずはない、と言おう。人間の身体はモノではない、と改めて声を上げなければならないほど、いま、身体をめぐる状況は悲惨で危機的である。

　マーケットには、一年中、見事な野菜が並んでいる。まっすぐなキュウリに大根、真っ赤なトマト……不揃いのものはなく、冬にも大きく粒の揃った苺が赤々と輝いている。農作物は農業技術の躍進によってこのように人間の欲するままに作り出される。そして、農業・科学・医療技術の驚異的な進歩による成果は私たち人間の身体にも押し寄せてくる。人間は、人工的に作り出された「操作された生命」を食べて成長し、そして次世代に生命をつなぐ。つながれる生命はまた操作されて再生産される。農作物が生産・製造されるのと同様の意識が私たちの身体へも介入し、身体は造り出され、強化され、また入れ替えられ造り変えられたりする。人工的な妊娠、遺伝子治療等々、それが治療行為なのか治療を越えた操作なのかを、私たちに十分に考えさせないほどのスピードで事態は急速に進んでいる。人間の生命や身体はこのように危機的な状況に追い込まれている。

　では、この危機的な状況において、私たちにできることは何か。まずは、身体をモノと見ないこと、鏡のこちら側に立っている「このからだ」で生きている動物だという認識をもつことが重要である。いま、このからだ、と書いた。「この身体」ではない。もし「この身体」と表記されていても、自分のこの身に起こっていることを述べようとするときには無意識のうちに「このからだ」と読んでいるのではないだろうか。今ここに生きている個別具体的なものは、「身体」や「生命」ではない。それは、「からだ」であり「いのち」である。

3）「主体としての身体」への着目

　「客観的な身体」を対象とした科学的探究が進むなか、もうひとつの「生きている身体」は議論の対象とされることはほとんどなかった。それは、科学的な手法によってはそのメカニズムを証明することができず、その存在を肯定することができなかったからである。しかし私たちは、身体に起こる不思議な事柄を現実にはいくつも体験している。現在の科学では説明しきれないが確かにこの身の上に起きている不思議な状況を知っている。たとえば、わずかな香りが昔の情景をありありと呼び覚ましたり、足の裏が昔歩いた道の行先を覚えていたりする。記憶は脳の機能で

はあるが、ある事柄に集中していくとき、人間が持っている原初的な身体感覚がいきいきと目覚め、その感覚は身体に書き込まれる。身体の不思議はほかにもある。アスリートが究極のパフォーマンス時に体験する「ゾーン」と言われる身体感覚や「**共感覚**」と呼ばれる特殊な才能などもそうである。

　さて、さきほど、個別具体的にこの身に起こっていることを取り上げるときには無意識のうちに「からだ」と言っていることを指摘した。身体や肉体ではなく「からだ」ということばを強く意識し、「からだ」が持つ可能性に信を置き続けた表現者に竹内敏晴（1925-2009）がいる。著書も多数あり、『ことばが劈かれるとき』『劇へ―からだのバイエル』『からだとことばのレッスン』などがある。そこからひとつ、彼の言を引いてみよう。「高度に管理される現代社会における人間の解体と生の奪還の表現のためには〈身体〉とは何か、が根底から問い返されねばならぬ。」と考えた彼は、そのために、「からだを意識によって操作される〈客体〉（もの）としてでなく、行動する〈主体〉でもある両義的な存在として、科学的心身二元論を越えようと積極的に志向……」(1)することとなった。その仕事の一つが舞台表現であり、一つが「からだとことばのレッスン」と言われる実践である。彼は、現代の身体理解に欠落している「主体としての身体」に光を当て、それを「からだ」と定位した。そして「からだ」にアプローチすることによって人間の生の奪還を目指そうとしたのである。では、竹内が「身体」と呼ばずに、あるいは、それとは異なるものとして「からだ」と言う理由はどこにあったのだろうか。

　竹内にきわめて特徴的なことは、「からだ」は「から、だ」という理解に立っていることである。「からだ」は本来「からっぽ」である、「からっぽ」であるとき、その人は十全である、と考えているのである。と言われても、えぇ？　そんなはずはないと思う人も多いだろう。からだには臓器も骨格も筋肉もたくさん詰まっている、昨日のレッスンやトレーニングの成果が筋肉に記憶され蓄積され身体能力を向上させる、それらがそう簡単に消えて「からっぽ」になってしまっては困る…そんなふうに思うかもしれない。では、竹内が言う「からっぽ」とはどういうことか？

　それは、「私」という近代的主体、自我、自我が持つ我執、こだわり、とらわれ、過去等々を手放した零の状態を意味する。そして一瞬前（それは過去であるから）の自分からも脱して、常に新しい瑞々しい自分であること、いまここに零の状態で立つことをめざす。このような状態を「からっぽ」というのである。

　ここで舞踊の情景──われを忘れて舞い踊っている状況を思い描いてみよう。「われを忘れて」とは「自分がこうしようと計らったり、ああしようと意図することなく」ということである。意図する自分、日常の自分はそこにはいない。極端に言えば、私のからだから日常の自分は出て行ってしまっている、つまりそのときは「からっぽ」、まさしく、「脱自」の状態である。非日常の時空間、深い集中のなかでは、普段の自分から「外に（ex）出る」ことや「外に（ex）在る」という状態となり、「からっぽ」になる。ここに実存・実在（existence）がある。竹内は、そのときこそ、その人がその人としていまここで生きている、というのである。

　稲垣正浩（1938-2016）は、スポーツ史を記述するための時代区分として、前近代・近代・後近代の３区分法を用い、現代を後近代と位置づけている。そして、近代的身体がモノ化していることに警鐘を鳴らし、後近代のスポーツは、モノ化す

共感覚:

synesthesia
音を色や情景や物語として受容したり、造形が音階で聞こえたりする感覚。耳は聞く、眼は見る、といった単一の機能を果たすのではない。科学が解明できない事象が個別具体的なからだの上では生じている。

(1) 竹内敏晴（1983）「身体訓練とは何か」, 倉橋健・竹内敏晴監修『演劇（映画・舞踊・テレビ・オペラ）百科』平凡社, pp. 55-56.

(2)稲垣正浩（2010）「〈21世紀の身体〉を考える—「近代的身体」からの離脱と移動」，竹谷和之編『〈スポーツする身体〉とはなにか—バスクへの問い・PART 1』叢文社，pp. 14-49.

M. ハイデッガー：
1889-1976、ドイツの哲学者。独自の存在論哲学を展開、主著に『存在と時間』。

G. バタイユ：
1897-1962、フランスの哲学者、思想家、作家。主著に『内的体験』。

西田幾多郎：
1870-1945、日本の哲学者。仏教と西洋哲学を融合。主著に『善の研究』。

る身体から離脱して、近代が排除してきた「もう一つの身体」を取りこんだ身体観へ移動することが必要であることを説く。近代的主体（理性・意識・意志）の外にはみだしてしまう「自己（内なる他者）」の存在を認めようというのである。そしてこの「もう一つの身体」とは「わたしの身体がわたしの身体であってわたしの身体ではなくなる」状態の身体であると説明し、このような状態にあるときこそ、「わたしは生きている」と言えるのであると言う(2)。つまり、**M. ハイデッガー**の言う「エクスターゼ」（Ekstase）、**G. バタイユ**の言う「エクスターズ」（extase）、**西田幾多郎**の「純粋経験」、竹内敏晴の「からっぽ」と同様に、「脱自」「忘我」「陶酔」「恍惚」という状態においてこそ、「人間は人間として生きている」と稲垣は考えている。

　舞踊においてはどうか。前述したように、舞い踊り、集中が深まっていくと「忘我」や「脱自」が生じ、陶酔状態の中に投げ込まれることがある。からだは、自分以外の誰かにあるいは何かに操られるように勝手に動いていってしまう。その驚きの中でからだの動くままに動き続けることもあるだろう。あるいは動き終わってはじめて今起きていた状態に気づき、いったい何が起こっていたのかと驚くことになるかもしれない。そして、踊ることに没入していた自分を後で振り返って、生きていると実感した、これが生きているということなんだと納得したり、このような自分がいるのだと発見したりすることになる。舞い踊ることによって「わたし」を忘れたり、自分の知らない自分になっていたりするが、しかし、これが「わたし」だ、とその存在や生を身をもって確認している。

　鏡には映らない、生きている身体において、このようなことが起こっている。たしかに有る。それは科学や合理性では説明のつかない身体の不思議な側面である。この「もう一つの身体」と言われるものこそ、その人がその人であること、人間が人間であることを支えているのである。

3.「意志するわたし」と「生身のわたし」

1）意識・意志がコントロールする身体

　身体が、モノとして対象化されて理解されてきたことはすでに述べたとおりである。そこでは人間は機械とみなされ、臓器や筋肉や骨格は機械の部品として扱われる。したがって、機械の性能が悪くなれば、その部品に原因があるのではないかと、部品の具合を見て潤滑油をさしたりねじを調整したり、それでもだめならその部品を外して取り出し廃棄し他の部品と交換して再生させる。つまり臓器移植である。人間の身体をモノとして違和感なく受け入れることができる背景には、古くから、人間は機械である、身体は意志の乗り物であり意志のままにその機械を動かすことができる、と考える人間万能の考え方が存在している。そして、意志や意識が身体をコントロールし、身体はこれらによって操作され動かされるものである考えることが正しいと長い間、信じられてきた。精神は身体という混沌として厄介なものを統御する正義であると考えられてきたのである。

　たしかに、身体をコントロールすることは身の回りに溢れている。幼児期の排泄のしつけ、食事の作法、学校での集団行動、授業態度、身体訓練、スポーツ場面でのトレーニング等々、ある規則・規律に従い、ある法則に則って繰り返し積み重ねていけば、やがては立派な成果に結びつくと考え、人間をそのように仕向ける。こ

のときには、向かうべき方向を見極める理性とそれを実行する強い意志が必要となる。この強い意志によって、身体を操作しつまりは人間を調教する。こうして近代的身体は調教されることに馴らされていく。そして知らず知らずのうちに、○○しなければ、○○あるべきだ、と自ら方向づける（自発的隷従）ことになる。こうした理性的な判断とそれによる着実な行動が、より豊かでより強靭な社会を築き上げるとして、理性的な人間をつくることばかりが良しとされた。このような社会は、意識の領域を超えて動き出す身体の存在など歓迎することができなかったのである。

2）意識以前に動き出す身体

このようにして、主体が自己の外に出るような身体は隠ぺいされ、さらにはそれらに「異常」というレッテルを貼って排除することにもなった。しかし、繰り返して言うが、身体が意識や意志の介在無しに先行して動くことがある。そういうことを、多くの人が体験しているのは事実である。誰かが転びそうになった時、ぱっと手が出る。これは、あ、転びそうだ、助けなくちゃと考えて行われた行為ではない。転びそうなだれかに気づいた瞬間に、こちらのからだがぱっと動いて「手が出ている」のである。このように、意志や判断や分析を経ずして身体が先に動くことはいくらでもある。おやつに「手が伸びる」のも、ショーウィンドウの洋服に「目が行く」のも、理由（reason）があってそうなったわけではない。理由や根拠が明確であることを「合理」と言う。こういう意味で、私たちの身体はまったく「不合理」な側面を多く含み持っている。この不合理な身体こそ、「鏡に映らない身体」「もう一つの身体」、それが、わたしそのもの、「生身のわたし」である。

4. 舞踊する身体

以上のような考察を踏まえて、最後に舞踊する身体とはどのような身体か、それは現代を生きる人間にどのような可能性を開くかについて考察していこう。

1）踊りはその身体において成立する

踊ることにおいて、身体は対象化されない。舞踊を成り立たせるのは踊り手であり、もっと言えば、踊り手の身体だからである。絵画はキャンバスに描かれながら、見る対象ともなりうる。作者はそれを見ながら描き、修正したり書き加えることができる。詩は作られ、文字として記述される。作者はそれを読み聞き味わうこともできる。これらは外に記述される、つまり対象化されるものである。多くの芸術が、その〈身体によって〉生み出され対象化されるのに対して、舞踊は、その〈身体によって〉、〈身体の上で〉生み出される。そして踊られた瞬間に消えていく。人間が自分の顔を見ることができないように、踊り手は踊っている自分を自分で見ることができない。からだ全体を運動体としてまた感覚器として全開して動く。感覚や感情が動きを生み出し導き、また動きが感覚や感情を揺り動かす。踊り手は踊るという行為の途中、その内側にあるものに衝き動かされ、あるいは外側のなにかに引っ張られたりして、自己のコントロールを超えた世界に行き踊ることになる。鏡に映った自分の踊りを見たとしても、それは踊っている自分ではない。踊っている姿を映像で見たとしても、そこで踊っているのはすでにわたしではない。過去のわたしに

すぎない。踊る身体とは、ただ一瞬の、不可逆で鮮やかな生である。

2）生の充溢は消尽によってもたらされる

　現代社会は何事においても競争を大前提とし、優勝劣敗主義、成果主義へと針路をとることになった。競技スポーツも同様である。一方、舞踊には別の可能性が息づいている。踊るということにおいては、竹内の言う「からっぽ」の状態が生まれる。踊り手はすべてを枯渇させるほどに舞い跳躍し表現する。そして、自分ではないなにものかになる。あるいはなにものでもないものとしてそこにただ立つ。これは文字通り「からっぽ」「消尽」である。これらの二つのキーワードは、現代のオーソドックスな正義——努力し成果を積み上げ、利益を得て、より良いものへと上昇していこうとする意志——の対極にある。しかし、これらには上昇志向の正義にはない豊かさがある。「日常」という世界にあるさまざまなもの——理性・節制・肩書・常識・気づかい・計らいなど——を手放し、積み上げて加算していくのではなく、捨て去り使い切ってゼロになること。からっぽになったとき同時に、新たな生命力の充溢となるからである。新たな満ち足りる体験へ、関係性へと生が開かれる。舞踊は、人間が人間としていきいきと生きるための身体文化なのである。

3）「他者たらんとする情熱」

　踊りには枠に収まりきらないエネルギーの噴出がある。踊りに集中し没入していくとき、予定し準備していたことから突然外れて、意識ではコントロール不能になるが身体は動いている、というような状況があるという。踊ることは踊り手を異空間へと誘う。踊り手の身体は日常の身体から「祝祭の身体」へと移動する。すなわち「もう一つの身体」の発現である。踊り手の祝祭の身体は、日常の現実の世界ではなく、そこから別の次元の深い集中の世界へと移動して、自分ではないなにものかになって踊ることになる。これは先に引用した稲垣の言う「わたしの身体がわたしの身体であってわたしの身体でなくなる」状態であり、「わたしがわたしであってわたしではなくなる」状態とも言える。普段、自分でこれが「私」だと思っているその外に出てしまう状況が踊ることにはつきまとうのである。

　稲垣は、**大野一雄**の舞踏に触れて、次のように述べている。「自分ではない何ものかになること、あるいは、自分の外に飛び出していくこと、はたまた、何ものでもない自分になること、そして、たえず、自分ではないものになり続けること。すなわち、至福の時間。そういう至福の時間を確保できていることの幸せ。」[3]

　稲垣は、大野一雄が舞踏を通してわたしたちに示しているのは「生きる」ということへの原点的な問い、つまり「わたしという存在」を問うことであるという。そして大野の舞踏は人間が生きるとはどういうことかの根源的な問いを表現するものであるというのである。

　本節では繰り返して「もう一つの身体」の存在を示し、踊るということにおいてはこうした身体が発現することに触れてきた。その特徴的なものには、脱自・忘我・陶酔・憑依・消尽…などがあり、それはすなわち、近代的主体の「外に（ex）出る」ことや「外に（ex）在る」状態である。そしてそこに人間の実存・実在（existence）

「他者たらんとする情熱」：
P. ルジャンドル（1930-）は、フランスの法制史家・ドグマ人類学者であり、ダンス論も書いている。そのタイトルを和訳すると「他者たらんとする情熱」である。ルジャンドル研究の第一人者である森元庸介氏は、このダンス論を解説して「演出、あるいは人間的生存の基底」とした。

大野一雄：
1906-2010、舞踏家。代表作に「ラ・アルヘンチーナ頌」「わたしのお母さん」。百歳を超えてなお舞台に立った。

(3) 稲垣正浩（2002）『スポーツ文化の現在を探る』叢文社，pp.181-182.

がある、ということは前述したとおりである。

　踊ることは「祝祭」である。持てるものを使い切り空っぽになり、非日常的な、自分の外へ、常識の外へ、決まりごとの外へ出る体験をもたらす。かつまた、それは瞬時に消えていく一回きりの体験である。群舞となれば、他者と「聖なる時空間」を共有する。他者とかかわり、他者という存在に触れ、つながる。ともにいる。そこでは、いかなる社会的な「鎧」も脱ぎ捨てた素のまま（からっぽ）の人間同士が直接的（じか）な関係をとりむすんでいく。グローバル化し情報化し身体性が希薄化したこの21世紀に生きる人間が、人間としていきいきと生きることにとって、舞踊するということ、舞踊する身体はこのように実に豊かな可能性をひらくものである。

（三井悦子）

理解度チェック

1 人間の身体をめぐる現代の状況には、どのような問題があるか、具体例を挙げながらグループで話し合ってみよう。

2 踊っている身体においてどのような状況が生じているか、言語化してみよう。

さらに読んでみよう おすすめ文献

●稲垣正浩・三井悦子編（2018）『からだが生きる瞬間』藤原書店.

●森元庸介（2017）「演出、あるいは人間的生存の基底―ピエール・ルジャンドルのダンス論から」，21世紀スポーツ文化研究所『スポートロジイ』第4号，みやび出版.

第5節

舞踊と教育
―Society 5.0 で求められるダンス教育―

AIやビッグデータなどの先端技術が、現行の教育システムの変革を促すSociety 5.0の社会が間もなく到来する。これからの教育現場は言語・論理数学的知能（IQ）に重きを置いた画一主義的な教育観を脱し、新しい社会システムに適応するための多様な資質や能力（コンピテンシー）を育む場になることが求められている。ここでは、日本のダンス教育の現状と課題を概観し、ダンス教育が育む資質・能力（コンピテンシー）とダンス教育のあり方について議論する。

1. ダンスを学ぶことの意義

「ダンスなんて役に立たん！」――2012年（平成24年）、ダンスが必修化されたその年、ある市立中学校のダンス授業を視察した際、一人の男子生徒に言われた言葉であった。その授業では、男子生徒が複数人、体育館の端に座っていた。彼らに近づき、「なぜやらないの？」と話しかけたところ、真っ先に返ってきたのが、「役に立たない」という言葉である。これに対して、「審美性を高める」「情操教育」等々これまで学んできた言葉が頭に浮かんできたものの、それらのどの言葉も抽象的であり、おおよそ彼らの心に響き、納得するものには思えなかった。

2012年前後は、テレビや雑誌、ネットなど多くのメディアがダンス必修化を取り上げていた[(1)]。その中でも、特にインターネットでは、肯定的な意見よりも否定的な意見が多数を占めていた。保健体育領域の大学教員からも、「でさ、結局ダンスって何？」というような、若干冷ややかなニュアンスを含む質問を受ける有り様だった。投げかけられた言葉はさまざまではあるが、ダンスに対する否定的な見方の根幹には、ダンス教育への「腑に落ちなさ」があるように思われた。そして、筆者はこのようなダンスへの否定的な反応に強い衝撃を受けたと同時に、はじめて「社会にとってのダンスの必要性」という本質的な問いに向き合うことになったのである[(2)]。

本節では、この「ダンスが何に役立つのか」という問いを根幹に据えながら、社会におけるダンス教育のあり方について議論を進めていく。はじめに、今後激変する社会（Society 5.0）で求められる人材像について概観する。次に、国内のダンス教育の現状と課題を取り上げて、人々がダンスへ抱く違和感と誤ったイメージの原因を検討する。最後に、これまでの国内のダンス教育の変遷を概観した上で、今後の方向性を提起したい。

2. Society 5.0 で求められる人材像

1) Society 5.0 に必要とされる資質・能力

近年、人工知能（AI）、ビッグデータ、Internet of Things（IoT）、ロボティクス

(1) 2008（平成20）年3月告示の中学校学習指導要領では、中学校1・2年生において「ダンス」を含む全ての運動領域の男女必修化が告知され、移行期間を経て2012（平成24）年度から完全実施となった。

(2) 教育効果についての説明が求められる現代の日本社会において、その効果を数値で明示しにくいダンス領域の有用性をいかに説明していくかは重要な課題である。これは国内のみならず、国外においても文化芸術的な領域に対する国の助成がもっとも削られやすいという動向に現れており、世界共通の課題でもある。

等の先端技術が新聞・テレビ・ネットなどのメディアで盛んに取り上げられている。これらの新しい技術は、人類がこれまで経験したことのない、「非連続的」と言えるほどの劇的な社会構造の変革をもたらすものとされる。これについて文部科学省は、狩猟社会（Society 1.0）、農耕社会（Society 2.0）、工業社会（Society 3.0）、現代の情報社会（Society 4.0）に続く、人工知能（AI）を中核とする科学技術を活かした未来社会「Society 5.0」とし、第5期科学技術基本計画として提唱している（2016年1月22日閣議決定）。

　Society 5.0は、科学技術によって多様なニーズへの細やかな対応（個別最適化）が可能となり、人々にとってより豊かな生活を実現する社会とされる。一方で、人工知能（AI）を中核とする科学技術の発展スピードが凄まじく、その変容は予測困難とさえ言われる。これまでの常識が通じない、予測し得ない課題が次々に立ち現れる中で、個々人が試行錯誤の中で「正解」を見出さなければならない時代を迎えるのである。そしてこうした社会的変化に伴い、育むべき人材像も変容を遂げつつある。

　これからの社会で重視される資質・能力の一つは、刻一刻と変わりゆく状況の中で自らを適応させていく「状況適応力（または、状況に応じた表現力）」であり、想像力・創造力を駆使して、それぞれの状況に応じた「最適解」を導いていく能力である。精緻な作業を得意とするAI時代の中で、創造していける力、状況に応じて自ら選択し、新たな「正解」に向けて試行錯誤していける力こそがもっとも重視されるべき能力となる。二つ目は、「正解」を自己内で完結するのではなく、他者と共有する力、他者と接する中でイメージを深め、場合によってはより良い「正解」に向けて修正していけるコミュニケーション能力である。失敗することを恐れて他者と同調するような会話や、一方向的な独り言の応酬ではない、真に人とつながっていける能力に重きが置かれる。そしてこうした資質・能力を育むべく、教育システムの早急な改革が求められている[3]。

2）ダンス教育の教育的価値

　ここで、激変しつつある社会構造や教育システムの改革と関連づけて、国内の保健体育教育におけるダンス教育的価値を再考してみる[4]。正解がないものに対し、他者と協働しつつそれぞれの異なる「解」を見出していくというプロセスは、まさに長年ダンス教育で求められてきた「探求型学習」（課題解決型学習）の思想と合致する。人類は科学技術の発展によって、他者に気軽にアクセスできるという高い利便性を手に入れた一方で、直接的なコミュニケーション力はむしろ後退しているという矛盾に陥っている。身体性の希薄化によってもたらされるさまざまな問題が指摘される中、身体による他者とのリアルな交流を促すダンス教育は、言語だけではなく非言語的な「対人コミュニケーション能力」を高める領域でもある。

　一般的にコミュニケーションといった時に言語的なコミュニケーションが想起される傾向にあるが、対人関係において情報を伝達する場合、その多くは非言語的コミュニケーションによって行われている。その中でも表情や視線、姿勢や身振り、動作など身体的な要素は大きな割合を占めている。ダンス学習では、言語のみならず身体による非言語コミュニケーション力が不可欠であり、必然的に他者と協働し

(3)正解にたどりつくためのはやさ（処理能力）や記憶力の重視から、他者と協働しつつ主体的に問題解決ができる能力に、より注目が集まっている。アクティブ・ラーニングへの取り組みの推進や、2020年度からの大学入試改革に見られるように、従来の正解偏重主義を脱し、思考力重視へと急速にシフトしつつある。

(4)教育的価値には、①学習領域がそれぞれもつ文化的蓄積を体験する「〜を味わう」と、②学習領域の学びを通じて、資質・能力を身につける「〜を通して身につける」があるとすると、ここでは主に②にフォーカスする。

ていく上で必須である非言語コミュニケーション力が養われる。その意味において、学校教育においてダンス教育はきわめて重要である。しかし、ダンス学習に対して、教育現場では戸惑いと混乱が起き、さらに決して好意的とはいえない見方をされてきた。

3. ダンス教育の現状と課題

1) 学習者のダンスへの否定的態度

　筆者は教員養成に携わっており、毎年100人以上の学生を対象に、必修としてダンス授業を教えている。この授業では学習の前後、また形成的評価の一環として感想を記述することを課している。3分の1の学生は、学習前の段階で、表現運動・ダンス授業についての記憶がなく（近年の学生は必修化後中学校で授業を受けているはずにもかかわらず）、「何を習ったかわからない」と述べる。さらにその他の中学校以降の授業履修経験者も、ほとんどがあまり好ましくない印象をもっている。つまり半数以上の学生が、筆者のダンス授業を必修なので仕方なく授業を履修する状況となっている。幸いにも授業後のダンスに対する印象は好転することが多く、またそれゆえに授業後の感想には、学習前のダンスに対するイメージについての本音が垣間見える。以下、典型的な学生の感想のパターン（1・2・3）を抜粋して紹介する。

　①パターン1〈「技能の達成度が求められる」ダンス・イメージ〉

　　「今まで私の思い描いていた表現運動は、運動会のダンスのようにゴールの決まった振りつけをみんなで合わせることだと思っていた。」

　②パターン2〈「身体を晒す」ダンス・イメージ〉

　　「できないから人に見られるのが恥ずかしいし、人前でやるなんて無理だと思っていた。」

　③パターン3〈不明瞭なダンス授業経験に基づく否定的感情〉

　　「［中高生のときに］曲を渡され無理やり創ったが、何をやったら良いかわからず楽しくなかった。」

　①**パターン1**　TVやインターネットでは多くの歌手やダンサーによる、「見せるための（エンターテイメントとしての）振り付けダンス」の情報が溢れかえっている。これを受けて、全国の表現運動・ダンスの授業ではエンターテイメント系ダンスが盛んに取り上げられている。問題は、それらのエンターテイメント系ダンスの多くは、「きちんと」「しっかり」「ちゃんと」という言葉で指導される、フォルムが揃っていることの均整美、技能の達成度が求められるものであるという点にある。

　②**パターン2**　パターン1と関連して、エンターテインメント系ダンスは技能の「できる／できない」が明確になることから、できない児童・生徒にとっては、〈ダンスを主体的に見せている自己〉というより、〈晒されている、嘲笑の対象となっている自己〉という感覚が生まれる[5]。成長期で心身の揺らぎが大きい時期に、身体を晒して恥をかくということは、ダンスへの否定的態度や拒否反応を引き起こす大きな原因となり得る。

（5）「恥ずかしさ（羞恥）」は、表現運動・ダンス授業の阻害要因として長年議論されてきた。

③**パターン3**　中学校や高校の授業において、映像資料による既成作品を模倣する習得型・模倣型の学習に終始し、本来あるべき探求型の学習になっていないという問題が指摘されている。創作をするとしても、たとえば音楽を指定し振りを自分たちで考えて発表するなど、その実態は教師が関与しない〈自由という名の放置〉の学習形態になる傾向がある。つまり、児童・生徒は、表現運動・ダンスについて系統的な学びが得られにくい状況にあり、そのことがダンスへの否定的感情につながっている可能性が高い。

＊

エンターテイメント系のダンスが周知されたことによって、ダンスが世間一般に認知されたというプラスの面がある。しかし留意すべきは、そのプラスの面を凌駕する勢いで、ダンスへの強い拒否反応をもつ人を大量生産している点であろう。大学生になったときのダンスへの否定的態度の背景には、こうした過去の表現運動・ダンス経験の学習内容の不明瞭さと、メディアを通して流れ続けるダンス・イメージが深く関連していると考えられる。

2) 教員の戸惑い

ダンスに対する苦手意識は、学習者だけではなく、指導者側にも強く見られる。体育領域の中でも、特にダンス指導に不安を抱える教員が多いことは、これまでにも先行研究において指摘されてきた[6]。筆者は、こうした教員の意識が生じる背景を探るべく、男性教員を対象として聞き取り調査による質的研究を実施した（酒向・竹内・猪崎, 2016）。その結果、ダンス指導に必要な役割として「学習者の気持ちを解放させるための雰囲気づくり」「ゴール・フリーへの対応」「ダンスの演示」等が浮き彫りとなった。その一方で、「規律・規範の厳守」「卓越した技能」からなる体育教師に求められる役割意識を強く抱き、特に〈「管理・規範」対「自由・解放」〉という、相反する方向性の狭間で葛藤を抱いていることが明らかとなった。調査から前景化されたのは、教育現場における「ゴール・フリー」という特性そのものの受け入れ難さという、より本質的な学校教育の問題であった。

従来の学校教育では、「正解」に向けた効率性を重視する正解主義に基づく学習が行われてきた。これは体育領域の運動学習においても同様であり、基本的に「正解（＝合理的かつ効率的な運動実践の獲得）をめざす」という基本構造がある。この構造に照らすと、ダンスの「表現の自由性」というイメージや正解のない「ゴール・フリー」であるという特徴は、教員に不安や戸惑いをもたらすものであることが分かる。体育教師にとってダンス指導での振る舞いは、その仕方ひとつで、今まで「体育教師」として積み上げてきたアイデンティティーを崩す可能性があるということである。

「ゴール・フリー」を特性とするダンス領域で生じてきた課題は、正解偏重主義からの脱却の難しさを、先取り的に映し出してきたとも言える。教員の不安を和らげ、従来の体育における学習観と相性がよいものとして、正解が明確（「評価しやすい」）[7]と思われがちな定型ダンスが難なく教育現場に受け入れられたのも、必然の流れであったと考えられる。

(6) 寺山（2007）は、千葉の小学校教員139名を対象にした調査結果の中で、授業中に感じる困難として「学習者への対応」「動きの引き出し方」「指導言語」を、授業外に感じる困難として「教材準備」「学習者の実態」「指導者自身の悩み」「単元および領域」「時間数の確保」「学級経営に関すること」などを挙げている。

(7) 舞踊教育における評価の問題は常に指摘される重要な課題であり、根本的な問題を孕むものである。紙幅の都合上これを今回論じることができないため、別の機会で取り上げたい。

4. ダンス教育の変遷と今後

1) ダンス教育の変遷

　ここで、改めて日本の舞踊教育の変遷を見てみよう。片岡は『舞踊学講義』(1991)において、日本の舞踊教育の変遷を3つの時期に区分している。それらは、(第1期)行進遊戯や唱歌遊戯等の既成作品の習得が主な学習内容とされた明治から昭和初期、(第2期)戦後の教育改革の中、松本が主導する形で「創作ダンス」が採り入れられ、学習内容が「創作ダンス」と「フォークダンス」の2つの柱に舵を切った1945〜1970年代始めの時期、(第3期)生涯教育としてのダンス(「ダンス・フォア・オール」)の実現のために、ダンス学習カリキュラムの拡充が目指された1970年代以降である。

　片岡がこの3つの区分を提唱した後、1998(平成10)年の学習指導要領改訂で「創作ダンス」・「フォークダンス」に「リズム系のダンス(小学校では「リズムダンス」、中・高等学校では「現代的なリズムのダンス」)」が加わり3本柱となった。また、1990年代には「ジェンダー」の用語が広く浸透し、1989(平成元)年から2008(平成20)年の学習指導要領改訂を経て、制度上ダンスの男女共修の基盤が確立された。1990年半ばから2010年代は、インターネットの普及に見られる情報技術の高度化によって到来した情報社会(Society 4.0)でもあり、特に2000年以降の、Youtubeなど動画投稿サイトの認知度の高まりがダンスを取り巻く環境を一変させたといっても過言ではない。身体表現の専門家による教材開発が活発化し、また教員間でも指導教材の共有サイトを通じて情報を共有するなど、ダンスに関する膨大な情報が溢れるようになった。

　Society 5.0の主な特徴は、高度な科学技術を用いて分野横断的な連携をすることにより、細かなニーズへの対応を可能にする点である。これに伴い、教育現場では、一斉一律の授業スタイルの限界から抜け出し、個人の進度や能力や適性に応じた「個別最適化」した学びの場になることが求められている(文部科学省「Society 5.0に向けた人材育成に係る大臣懇談会」2018年6月5日発表)。片岡が提起した第3期をSociety 4.0を背景とした〈ダンス学習カリキュラムの「多様化」〉と見なすと、Society 5.0の方向性が示された2010年半ば以降からは、〈多様性を土台にした「個別最適化」〉をめざす時代(第4期)に入ったといえるかもしれない。

2) 今後のダンス教育の在り方

　上述した激変する時代の流れの中で、今後のダンス教育の方向性をどのように考えるべきであろうか。筆者は、主に2つの方向性があると考える。

○最新テクノロジーを活かしてダンス教育を充実させる方向性

　1つめの方向性は、ますます高度化する科学技術を用いた教材・指導法を開発し、教育現場に適応させる形で活用していく方向性である。最新のテクノロジーを活かして、ダンス学習を支援するという、〈新たなコンテンツの開発→教育現場への導入〉という流れである。本書第4章で取り上げる、デジタル教材の活用もその一つである。

○現状のダンス学習の課題の克服を目指す方向性

　2つめの方向性は、本稿で触れた現状の問題をできる範囲から変化させ、ダンス学習を充実させる方向性である。国内の教育システムは大きなパラダイム・シフトが求められているものの、問題は山積しており、急激な変化は難しいのが実状である。このような状況を踏まえて、今ある課題の解決を目指す方向でダンス学習を豊かにするという方向性は、一つの選択肢であろう。たとえば急速に広まりつつあるリズム系ダンスの学習内容と指導法を、模倣型から探求型という、本来あるべきダンス学習へと変化させることなどが挙げられる。

　一例として、筆者が2014年以降より推進してきた、リズム系ダンスのための新しい支援教材（CD & DVD）の開発と普及啓発を行うプロジェクト（「白桃ダンスプロジェクト」）⁽⁸⁾を取り上げてみる。このプロジェクトで新たに開発したダンス教材の主要な基本コンセプトは、①エンターテイメント系ダンスのイメージに基づく学習者の羞恥心や抵抗感を下げること、また、②ダンス指導に困難を抱える教員の心理的負担の軽減に貢献することにあった。以下は、主要な工夫のポイントである。

- イメージの工夫：リズム系ダンスは、単なる音楽的曲調に合わせた運動になりがちである。これを防ぎ、学習者が楽曲のイメージを楽しみ、その中で楽しめるような工夫として、「はくとん」（吉備山白桃君、の略称）というイメージ・キャラクターを創出した。歌詞・動き・映像（PV）全てが、イメージ・キャラクターの世界観で創られている（図1-1）。
- プログラム構成の工夫：「白桃ロック」は、Aサビ（薄い網掛け部分）とBサビ（濃い網掛け部分）が各3回繰り返されるため、それぞれを一回覚えれば、比較的早く全体を踊れるようになる（図1-2）。教員の負担を減らし、学習者が覚える

（8）白桃プロジェクトについての詳細は http://hakuton.jp を参照のこと（2019年6月閲覧）。
白桃ダンスは、「白桃ロック」と「White Peach Rap」の二つがあり、ここでは「白桃ロック」を取り上げる。プロモーション映像、指導映像などのコンテンツは動画投稿サイト（YouTube）でもすべて見ることができるようになっている。

図1-1　白桃ダンス（白桃ロック）

5つの足型		足の動き
1		両足踏み切り、両足着地
		2 → 2　　Two to Two
2	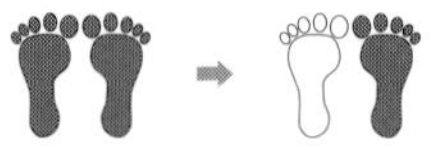	両足踏み切り、片足（左 or 右）着地
		2 → 1　　Two to One
3		片足（左 or 右）踏み切り、両足着地
		1 → 2　　One to Two
4		片足（左 or 右）踏み切り、同じ足着地
		1 → 1　　One to One
5		片足（左 or 右）踏み切り、反対の片足着地
		1 → 1　　One to the Other

図1-2　白桃ロック──歌詞・構成

退屈な EVERY DAY
覚醒めを誓う EVERY NIGHT
待っているだけじゃ変わらない
傷だらけの身に　降る雨の冷たさは
優しさの在り処　探る様

滴るほど甘く　見とれるほど白く
蕩けるほど柔く　されど固い信念
美しさの中で　くすぶってる愛に
もう一度火をつけろ
Hey, Let's Dance!!　A

熱い体　とめどなく溢れる声
踊れや　燃え尽きるまで
遥か彼方浮かぶ太陽が
照らした僕らの未来

ここはイツワリの桃源郷
そびえる壁ぶち破れ
君にこの声が届くまでは
立ち止まらない　B

(間奏A)

貫けよ EVERY WAY
全力で舞う EVERY TIME
誘いのメロディ　聴こえる？

痺れるほど甘く　恋するほど白く
弾けるほど硬く　されど意志は磐石
美しさの中で　くすぶってる夢に
何度でも火をつけろ
Hey, Let's Shout!!

熱い願い　天啓を受けし者よ
踊れや　燃え尽きるまで
刻む鼓動が呼ぶ太陽が
照らした僕らの未来

あれはホンモノの桃源郷
目指すはそう晴れの国
君にこの声が届くまでは
歩みを止めない

(間奏B)

滴るほど甘く　見とれるほど白く
蕩けるほど柔く　されど固い信念
美しさの中で　くすぶってる愛に
もう一度火をつけろ
Hey, Let's Dance!!

歌も踊れ　革命の鐘を鳴らせ
大きな実を結ぶまで
夢は強く信じれば叶う
諦めないで

さぁ踊れ　翼を持たぬ天使よ
いつしか笑顔の花を咲かせ
大切なモノを守れ
悩んでる暇なんてない

行こうホンモノの桃源郷
目指すはそう晴れの国
いつかこの夢が叶うまでは
振り返らない

図1-3　白桃ロック──5つの足型

より踊る時間を長く確保するために、覚える箇所を少なくするように工夫した。
・動きの工夫：「定型」・「再構成」・「即興」の三つの要素から成り立っている。

「定型の動き」として、エンターテイメント的振付を体験したい学習者用に、定型振付けセクション（A）を作った。この振付けセクションは、覚えやすいように、歌詞と関連づけた簡単なジェスチャー、動作で構成されている。それ以外にも、覚えなければならない動き全てを、手拍子・歩く・走る・スキップなど、練習しないでできるレベルのシンプルな動作で行えるように工夫をした。

「再構成の動き」とは、演者が自由に組み替えたり、選択することが可能な動作のことを表す。セクション（B）の「5つの足型」がそれに該当する。このプログラムでは、リズム系ダンスが重視する「全身で弾むこと」の具体的な学習内容として、「5つの足型」(図1-3)という人間の弾み方の基本が学べるようになっている。「5つの足型」とは、「踏切と着地の組み合わせよって、人間の弾み方（跳び方）は全部で5つ」とする、ルドルフ・ラバンの身体運動理論を基に構築された LOD 理論 (Language of Dance：「ダンス言語」の略称) [9] の考え方である。日本の伝承遊びの一つ「ケンパー遊び」をイメージしてもらうと分かりやすい（たとえば「片足から片足」は「ケン・ケン」、「片足から両足」は「ケン・パー」など）。幼児期から可能な動作であり、組み合わせ方を工夫しやすいという点から採り入れ、本プログラムでは振付定型セクション（A）と並び重要なセクション（B）としている。

「即興（即興的な閃き）の動き」として、「白桃ダンス」の世界観の中で、個々人に即興的な動きを求める箇所が随所に散りばめられている。

(9)世界で最も知られた動作記譜法ラバノーテーション研究の第一人者である、アン・ハッチンソン・ゲストによって考案された運動形態理論。身体教育現場での実践的な活用を目的として発展し、固有の記号システムを確立している。基礎的な身体の動きを、「動詞」・「副詞（動きの質）」・「名詞」等に分類し、「言語」として体系化されている。

- 空間：演者の空間配置が、定点の、正面を意識した「対観客」という構図ではなく、散逸、常に流動に変化し、散らばるように構成されている。これは、「見る─見られる」という、観客と演者の関係性をくずし、演者が羞恥心を抱かないようにするための工夫である。演者が「他者に見せる」のではなく、全体を通して、「他者と関わる」ことを重視したプログラム構成となっている。
- 時間：スローモーションなど、リズムが突然変わる部分があり、学習者と教員が即座に対応しやすいように、楽曲の中に歌詞（セリフ）として指示が入っている。

　上記のように、「白桃ダンス」プロジェクトでは、これまで生じて来た課題を多角的なアプローチによって克服し、まずは〈楽しい〉という感情を引き出すことに主眼を置いた支援教材である。動画投稿サイトなど SNS を通して、学習者のみならず教員も個別に学べる環境を整えている。

　多くの教育現場においては、表現運動・ダンス学習は運動会での作品披露を目指し、作品練習によって授業時間を消化している状況にある。これからの社会を見据えたときのダンス学習の本質的な価値を認識し、運動会作品の内容を、より即興的な部分を増やすなどの工夫から、より創造的なものへと改善していくのも現実的な方向性の一つであろう。

　教員は、今後あるべき教育の方向性と現状の狭間で悩ましい思いをしている。分野を超えた横断的な「つながる」時代を迎えつつある今、教員や身体表現教育専門家のみならず多くの専門分野の人々と連携しつつ、チームとしてダンス学習の課題に取り組み、さまざまな学習法や教材を探求していくことが望ましいと考える。

（酒向治子）

理解度チェック

1 国内のダンス教育の主な問題点について説明しなさい。
2 これからの社会において、ダンス教育が必要な意味について述べなさい。

さらに読んでみよう おすすめ文献

- アン・ハッチンソン・ゲスト，ティナ・カラン．森田玲子・酒向治子訳（2015）『ダンスの言語』大修館書店（原著：Guest, Ann Hutchinson, Curran, Tina. Your Move. New York: Routledge, 2008.）
- 日本学術会議・文化人類学民俗学研究連絡委員会編集（2003）『舞踊と身体表現』ビュープロ.

おすすめDVD

- 酒向治子監修・振付・演出（2014）『リズム系ダンスのための新しい支援教材①〜白桃ダンス〜』（ダンス教育プログラム DVD & 音楽CD）
- 酒向治子監修・振付・演出（2015）『リズム系ダンスのための新しい支援教材②〜白桃ダンス〜』（ダンス教育プログラム DVD）

[引用・参考文献]
・青木眞（2005）「体育における学びとそのパラダイム」，山本俊彦・岡野昇編『体育の学びを育む』伊藤印刷，pp. 1-11.
・片岡康彦（1991）「舞踊教育の思潮と動向」，舞踊教育研究会編『舞踊学講義』大修館書店，pp. 112-121.
・酒向治子・竹内秀一・猪崎弥生（2016）「中学校保健体育科の男性教員のダンスに対する意識─語りの質的検討─」『スポーツとジェンダー研究』14：6-20.
・寺山由美（2007）「『表現運動』を指導する際の困難さについて─千葉県小学校教員の調査から─」『千葉大学教育学部研究紀要』55：179-185.
・中村恭子（2015）「中学校の実態調査：ダンス男女必修化に伴う変容と課題」，猪崎弥生・酒向治子・米谷淳編『ダンスとジェンダー─多様性ある身体性─』一二三書房，pp. 102-119.
・松本千代栄編（1980）『ダンス・表現学習指導全書─表現理論と具体的展開─』大修館書店.
・村田芳子（2007）『最新 楽しい表現ダンス』小学館.
・村田芳子・高橋和子（2009）「新学習指導要領に対応した表現運動・ダンスの授業」『女子体育』51（7・8）：6-7.

第 6 節
舞踊と共創

学習のねらい

2000 年代半ばからコンテンポラリーダンスの周辺では、それまで比較的舞台芸術の世界とは関わりの少なかった、障がい者や高齢者との共創が徐々に盛んになってきた。この節では振付家・ダンサーである筆者が、その流れの中で行った 2 つのプロジェクトで取り組んだ試みと、それを踏まえて取り組んだその後の展開をみながら舞踊と共創について考える。

1. 障がい者や高齢者と関わった私自身の変化

NPO法人DANCE BOX：
神戸の新長田にて、劇場「Art Theater dB 神戸」を運営するNPO。
https://db-dancebox.org

循環プロジェクト：
障がいのある人・ない人の境界線を舞台表現を通じて、クリエイティブに越える試みとして 2007 年始動。作品「≒2」は日本国内6カ所で上演。

劇団ティクバ(Theater Thikwa)：
1990年、障がいのある人・ない人もパフォーマーとして鍛錬される場として発足し、今日までベルリンの舞台芸術シーンに一石を投じる役割を果たしてきた。以降、40以上の作品を演出家や芸術団体等との共同作業によって制作され、国内外で上演を重ねる。

劇団ティクバ＋循環プロジェクト：
障がいのあるなし、の境界線を超えて舞台表現と向き合うこの2つのプロジェクトは、2009年から2012年にかけて行われた国際共同プログラム。2009年ベルリン、2011年神戸、2012年京都で作品を発表。

筆者はこれまで振付家・ダンサーとして主にコンテンポラリーダンスという舞台芸術のジャンルで創作を行ってきたが、2007 年以降は障がい者や高齢者とも関わりながらワークショップや舞台創作を行う機会が増えた。その中でも **NPO 法人DANCE BOX** が企画した **循環プロジェクト**と**劇団ティクバ**と協働しながら展開した「**劇団ティクバ＋循環プロジェクト**」や、特別養護老人ホームグレースヴィルまいづるの入居者と作った「**とつとつダンス**」が、それまでの自分の活動を見直す大きなきっかけとなった。

今これを読んでいる皆さんは障がい者や高齢者という言葉を聞いた時に、まずどういうイメージを抱くだろうか。ケアが必要だったり、健常者や若者と比べるとどこか劣っているというイメージを持っていないだろうか。筆者はダンスで彼らと関わるまで、そういうイメージを少なからず持っていたように思う。しかし、実際に彼らとダンスの創作で関わってみると、それまで考えていた姿からは思いもしなかった側面と出会い、考えを改めていくこととなる。たとえば、ダウン症や自閉症の人とのリハーサル現場でのこと、彼らと舞台進行上の約束事を決めても次のリ

図 1-4 劇団ティクバ＋循環プロジェクト（写真：以倉里江子）

ハーサルで決めた通りに動くかどうかは、その日のコンディション次第ということが多かった。とにかく彼らは自分の内側のイメージに対して素直に反応して動くことを大切にしていた。あるダウン症の方とのリハーサル現場では、こんなにも動かずにいられるのかと思うくらい、その場でじっと動かずにいることがあった。その姿があまりにも美しく、仮に舞台上での決め事があったとしても自分の身体に対して素直であっていいのだということを教えられた。また、義足の人は決してゆっくり歩こうとしているわけではないのだろうけれど、彼らと一緒に歩くことで、ゆっくり歩くことから発見できる時間感覚や空間感覚に気づくこととなり、それはひるがえって無自覚に何かに追われて動いている、自分自身の身体に気づくきっかけになった。そして認知症の人との創作では筆者が持っていた固定観念をさらに崩されていくことになる。当たり前だが、認知症の人は振りを覚えられない。ただ、それは認知症の方が踊れないという訳ではない。彼らの傍らで踊ると、反応を返してくれるので気持ちよく踊り続けることができた。そんな彼らと関わり続けることで、一瞬で生まれては消えてしまう、凝縮した時間が流れる世界が確かに存在するのだと強く実感させられた。私たちとは異なる次元で存在している認知症の方と関わり続けていくと、認知機能に問題がないとされている私の方がさまざまなことに囚われて動いていることに気づいていく。筆者が舞台でご一緒したある認知症の女性は上手く踊りたいとか、こう見せたい、動きたいということには一切囚われずに舞台に立っていて、囚われから自由になるといった自分にはできないことをいとも簡単にやってしまうその姿を美しく思った。

　このように障がい者や認知症の方と関わることで、筆者の踊る身体に対する考え方は大きく変わった。それまではダンスを踊る身体というのは、バレエのようにめざすべき規範があり、日々厳しい鍛錬を積み重ねてこそ表現できるのだと思っていた。しかし、そのままの身体でいて、その身体でしかできないことの中にもダンスは存在しうるのだと考えられるようになった。自分の身体そのままで生きることを肯定する、シンプルだが、それゆえになかなか見えづらいダンスこそ筆者が探し求めているダンスなのだということを障がい者や高齢者から教えられた。

　彼らとの出会いを経て、表現に対するさまざまな囚われに気づいた時、舞台を創

とつとつダンス：
舞鶴赤れんが倉庫を拠点に、地域の魅力を掘り起こすアートプロジェクト「まいづるRB」（代表：森真理子）による企画。高齢者と子供たちとが2009年12月より約4ヶ月間、ダンスワークショップを継続的に行い最終的に成果発表として、舞鶴赤れんが倉庫にてダンス公演を行った。

図 1-5　とつとつダンス part 2──愛のレッスン（写真：森真理子）

望月茂徳：
筑波大学大学院システム情報工学研究科コンピュータサイエンス専攻単位取得。博士（工学）。独立行政法人情報処理推進機構より「天才プログラマー／スーパクリエイタ」認定。立命館大学映像学部／映像研究科准教授。

西川 勝：
20代からを精神病院・人工血液透析・高齢者介護の臨床現場でナースとして働く。40代になって大阪大学の臨床哲学活動に参画する。2005年4月から2016年3月まで大阪大学コミュニケーションデザイン・センターの特任教員として「デイスコミュニケーションの理論と実践」「認知症コミュニケーション」などの授業を担当。現在は臨床哲学を社会に展開するために活動中。

伊達伸明：
京都市立芸術大学美術学部大学院工芸科修了。学生の頃より楽器や音に関わる作品制作を始め、2000年より「建築物ウクレレ化保存計画」を開始。各地での展覧会の他、大阪新世界、総社市、舞鶴市、豊中市、仙台市などで地域資産再発掘型プロジェクトの企画構成に関わる。

中島那奈子：
ダンス研究者、ドラマトゥルク、日本舞踊師範。ドラマトゥルクとして国内外の実験的舞台作品に関わり、近年のプロジェクトに「ダンスアーカイブボックス＠TPAM2016」、「イヴォンヌ・レイナーを巡るパフォーマティヴ・エクシビジョン」京都芸術劇場春秋座がある。編著に "The Aging Body in Dance: A Cross-cultural Perspective"（Routledge, 2017）、『老いと踊り』（勁草書房、2019年）。2017年北米ドラマトゥルク協会エリオットヘイズ賞特別賞受賞。

る側も舞台という世界に囚われていない人を招き入れ、固定概念を飛び越えるような発想で舞台づくりをしていきたいと思うようになった。

「劇団ティクバ＋循環プロジェクト」では、インタラクティブメディアの**望月茂徳**氏が参加することで車椅子の車輪を回すと音楽が流れ出す装置を考え出したり、「とつとつダンス」では臨床哲学の**西川勝**氏に舞台上で哲学カフェを再現してもらったり、本来は美術家として活躍している**伊達伸明**氏にウクレレを演奏してもらうなど、それまでの筆者ならば決して取り入れなかった試みを繰り返すことで、舞台とはこうでなければと硬直していた考えを緩めることができた。そして舞台とは実験の場であってもよく、専門性を絶対とせずさまざまな価値観が混在しているということを、多くの人と共有する場にしていきたいと考えるようになっていった。

そしてこれらの活動は社会的にも広く認知されることとなり、「劇団ティクバ＋循環プロジェクト」は2012年6月、ドラマトゥルクで関わった**中島那奈子**氏が企画し、ベルリン自由大学が主催した国際ダンスシンポジウム「踊りと老い―欧米と日本の文化比較における身体のエステティックスとポリティックス」へ参加、また同年9月には京都国際舞台芸術祭である**KYOTO EXPERIMENT** 2012での招聘公演が行われるなどその活動は国際的に評価された。また「とつとつダンス」の活動は、その後「とつとつダンスワークショップ」や「とつとつダンス」の続編として作られた「とつとつダンス part. 2――愛のレッスン」でも協働することとなる西川勝氏の著書『となりの認知症』（ぷねうま舎）の第2章に「とつとつダンス」としても取り上げられ、筆者の創作時に記していた「とつとつ日記」と「とつとつダンス・メモ」も同著に合わせて収められている。その他にも哲学者である鷲田清一氏が連載している朝日新聞の「**折々のことば**」では筆者が認知症の女性とのダンスに付いて語った言葉が取り上げられる等、その活動は舞台芸術に携わるものだけでなく多くの人に知れ渡ることとなった。

2. シリーズとつとつ

高齢者や障がい者と関わって以降の舞台作品では、なるべく一回の舞台だけで完結させることなく、舞台をきっかけに出会った人と協働しながらダンスの意味やプロジェクトの意義を考えていくようになった。

その中でも、「とつとつダンス」はダンス公演だけにとどまらず2010年から現在に至るまで舞鶴市内にある特別養護老人ホーム「グレイスヴィルまいづる」で月に1度、「とつとつダンスワークショップ」として続けられている。それは、それまでの作品発表を目的としたものとは異なり、高齢者だけではなくそこで働く職員にも向けて開かれ、高齢者に対してケアの文脈だけでない関わり方を学びあう場として、ワークショップを行っている。同時に、身体のワークショップを行った後、そのワークがどういう意味を持つのかを言葉にしていくため、臨床哲学者の西川勝氏の哲学カフェも併せて行っている。さらに、ダンスワークショップだけにとどまらず、文化人類学者である**豊平豪**氏が介護や医療に関すること、国内外のニュース、日々の暮らしについて、解説しながら参加者と話し合える場として文化人類学カフェも開催されるようになっていった。こうして「とつとつダンス」をきっかけに始まったダンス、哲学、文化人類学の取り組みは、相互に影響し合いながら継続さ

れている。そして今ではこの活動が、施設とは直接関わりのない舞鶴市民にも開かれ、その評判を聞きつけた人たちが日本の各地から訪れるようになっている。さらに新たな展開として2018年から西川勝氏が行っていた哲学カフェは、施設の職員が主導するようになってきた。

このような展開は、施設長である淡路由紀子氏の尽力があってこそできたことである。アートの専門家ではない彼女の決断がここまで施設を変え、地域に影響を与えながら、さらにダンスや舞台芸術の意味、その可能性をも広げていることは大きく注目すべきである。視点を変えて、入居者である高齢者と施設職員がダンサーに、淡路施設長が演出家となりグレイスヴィルまいづるを劇場と見立てたら、そこで展開されていることは大きな意味でダンス作品と呼んでも差し支えないのではないかと感じ始めている。そう考えた時にダンスに携わる者は、ダンスや舞台の意味をどこまで開いていくことができるのかを、もっと考えるべきだろう。

ダンスは決して舞台芸術やダンサーのものだけでなく、むしろその世界の外側に新たに生まれ直すことで本来持っている力を取り戻していくのかもしれない。グレースで展開されている舞踊と共創の関係はダンスが日本の社会に根付いていく新たなモデルになるのではないだろうか。

3. 新たな試み

「劇団ティクバ＋循環プロジェクト」「とつとつダンス」以降の取り組みとして、さまざまな人、場所と共に創っていくということを実践している4つのプロジェクトを紹介する。

1) 猿とモルターレ ― 身体を通じて震災の記憶に触れ継承するプロジェクト ―

東日本大震災後、友人が多く暮らす仙台と一時避難所にもなっていた名取市文化会館に数多く足を運んでは友人たちや避難所生活を経験した人々から、そこで体験した話を伺う機会を何度もいただいた。そこでの出来事を聞いて私の心は大きく揺

図 1-6　猿とモルターレ（写真：瀬尾夏美）

KYOTO EXPERIMENT:
2010年から毎年秋に京都市内の劇場で開催している国際舞台芸術祭。国内外から多様で先鋭的なアーティストを迎え、演劇やダンスのみならず、美術、音楽、デザイン、建築などにまたがる作品を紹介している。

折々のことば:
朝日新聞2015年9月21日掲載。

豊平 豪:
文化人類学者、一般社団法人torindo（まいづるRB）。大阪大学大学院博士後期課程単位取得退学。文化人類学。2009年より舞鶴に住んでアートプロジェクト「まいづるRB」に参加。近年は舞鶴にとどまらずさまざまな地域のアートプロジェクトに関わっている。

さぶられ、それを語っている人々の身体と、そこから発せられる言葉に圧倒された。話を伺いながら、話を受け取った身として、そこで起こった出来事や体験された事柄を私の身体に少しでも刻印して伝えていかなければという衝動でこのプロジェクトを始めた。2013年北九州芸術劇場、2015年仙台卸町イベント倉庫、2017年茨木市市民総合センターで作品を上演。ダンス批評家の**木村覚**はこの作品をWEBマガジンである**artscape**のレヴューで「直接出来事を経験しなかった者が、その出来事をどう継承し得るか。…（中略）…踊りというものは、つながらないものをゆるやかにつないでゆく。ものすごい力技だが、踊りにはそれができる。その力を久しぶりに見たという気がした。」（『artscape』2017年04月1日号artscapeレビュー、URL＝https://artscape.jp/report/review/10133887_1735.html）と評し、また美術・舞台芸術批評の**高嶋慈**からも同じくartscapeで「声と身体を駆使した圧倒的なパフォーマンスと反復の密度によって、構成の計算高さを吹き飛ばす強度を備えていた。」（『artscape』2017年04月15日号artscapeレビュー、URL＝https://artscape.jp/report/review/10134109_1735.html）と評された。

　また、このプロジェクトは舞台作品終了後にアーカイブ・プロジェクトとしても展開され、この作品が舞台作品として成立するまでの2016年から2017年までに大阪府茨木市で取り組んだ、追手門学院高校演劇部や市民ワークショップ参加者、観客と共有した体験を映像メディアで記録、アーカイブし、震災の記憶の継承の在り方を検証する会を映画監督の**酒井耕**、映像作家の**小森はるか**、画家で作家の**瀬尾夏美**らと協働して2017年10月に大阪、2018年3月に仙台で開催した。

2）家族の模様替え

　2017年11月より老いて病を抱えた父親を持つ、ジャワ舞踊家の佐久間新氏と筆者がお互いの父親に向けたダンス・プロジェクト。会では毎回、目の見えにくくなった父親のために筆者が書いた詩に、佐久間氏が奈良県にある障がい者アートセ

図1-7　妊婦さんと踊る（写真：阪中隆文）

木村覚：
日本女子大学准教授。ダンス研究者・批評家。BONUSディレクター。専門は美学・ダンス研究。著書に『未来のダンスを開発するフィジカル・アート・セオリー入門』（メディア総合研究所）など。

artscape：
DNP大日本印刷の文化活動の一つとして、1995年にスタートした美術館・博物館と生活者を結ぶメディア。日本全国1,900館以上の美術館・博物館・ギャラリー情報をはじめ、毎月約1,000件の展覧会情報を配信。国内外のさまざまなアートシーンの動向を紹介。

高嶋慈：
美術・舞台芸術批評。京都市立芸術大学芸術資源研究センター研究員。ウェブマガジンartscape（http://artscape.jp/）にてレビューを連載中。

酒井耕：
映画監督。東京農業大学在学中に自主制作映画を手がけ、卒業後、社会人として働いたのち、東京藝術大学大学院映像研究科（監督領域）修了。修了制作は『Creep』（2007年）。主な監督作品に『ホームスイートホーム』（2006年）がある。2011年から2013年にかけて、映画監督・濱口竜介と共同で東北記録映画三部作『なみのおと』『なみのこえ』『うたうひと』を監督する。

小森はるか：
映像作家。東京藝術大学大学院美術学部先端芸術表現科修了。2011年、東日本大震災後、ボランティアで東北を訪れたことをきっかけに瀬尾夏美（画家・作家）とアートユニットとして活動を開始する。東北に移住し、人の暮らしや語り、その佇まいを映像で記録。主な作品に『the place named』（2011年）、『波のした、土のうえ』（2004年／瀬尾と共同制作）がある。

ンター「たんぽぽの家」の利用者とそこで働くスタッフと一緒にメロディーを作った歌を歌う。老いて病を抱えた親がある人もない人も、元気な親がある人も参加自由な会として定期的に開催している。それぞれの家族内だけでは抱えきれない老いや病の問題を医療や福祉の文脈とは異なって、ダンスがその問題にどう応答できるかを探る会として始めた。

3）妊婦と踊る

東京都立川市にあるまんまる助産院にて開催されているまんまるお産学校の一環として、主に臨月の妊婦を対象としたダンスワークショップを助産院から依頼を受け、2018年の9月より行っている。現代の多くの妊婦は自力で産めずに帝王切開や陣痛促進剤を使用して出産しているという。そういう状況の中で、自分で産む力を取り戻していけるように身体と心をほぐし、産むスイッチが入れられるようなイメージする身体に取り組んでもらうようなワークショップを行っている。

さらに、このワークショップをきっかけに「妊婦さんと踊る」というダンスパフォーマンスを行った。これには、妊婦とお腹の中の胎児、助産師、妊婦のパートナーを一緒に巻き込み創作した。また、この活動はワークショップデザイナーの臼井隆志氏が自身の note に「胎児がダンスを振り付ける―妊婦と踊るというフィクション」と題し、当日の模様をレポートした記事を上げ、普段は舞台芸術に馴染みが薄い層にも反響を呼ぶこととなった。

4）変身プロジェクト

このプロジェクトは2016年、父が病で倒れ二度に渡る手術の後、視力を随分失った父の発する言葉や佇まいがそれまでとは随分変わり、まるで人が生まれ変わったかのように感じたことがきっかけとなっている。生まれ変わっていく父を見て、老いや障がいを抱えるということが若さや健常の対の概念としてではなく、身が変

図 1-8　Metamorphose ──カフカの変身から考える生のゆらぎ（写真：百瀬涼）

瀬尾夏美：
画家・作家。東京藝術大学大学院美術研究科絵画専攻修了。土地の人びとのことばと風景の記録を考えながら、絵や文章をつくっている。ダンサーや映像作家との共同制作や、記録や福祉に関わる公共施設やNPOなどとの協働による展覧会やワークショップの企画も行う。主著に『あわいゆくころ―陸前高田、震災後を生きる』（晶文社、2019年）がある。

妊婦さんと踊る：
東京・三鷹駅周辺を舞台とした街中アート展「TERATO TERA祭 2018」で発表したパフォーマンス。

臼井隆志：
ワークショップデザイナー。子供向けワークショップの企画・運営。noteでは発達心理学や認知科学をベースにした「赤ちゃんの探索」、ワークショップの作り方やアートの見方についての「アート・ワークショップコラム」を連載。

note：
文章、写真、イラスト、音楽、映像などの作品を投稿して、クリエイターとユーザをつなぐことができる、新しいタイプのウェブサービス。

わっていく過程として捉えられるようになった筆者が、生きるということを、生の揺らぎの中で起こるさまざまな変身−メタモルフォーゼ＝として捉え直すことで、私たちの生に一体どのような変化が起きるのだろうかというコンセプトのもと始まったプロジェクト。2017年10月から2018年の7月にかけて信州大学でワークショップと作品制作を行い、7月にまつもと市民芸術館で発表。2019年2月に立教大学で開催された「冬のカフカ祭」に参加。また、このコンセプトに関心を持った大阪府茨木市にある茨木市クリエイトセンターが「変身ワークショップ＠茨木」として2019年2月にワークショップを開催。さらには美術界からも注目されたこのプロジェクトは、水戸芸術館にて2019年3月から始まった創作と対話のプログラム「アートセンターをひらく」のプログラムにも選ばれ、長期ワークショップを行ったのち、2020年1月に同館で成果としてのダンス作品を上演した。

改めて舞踊と共創（co-creation）とはどういうことなのかと考えてみると、それはダンスをダンサーや振付家が行うものという考えをいったん保留し、高齢者や福祉職員をダンサーに、さらにはそれまでダンスと関わりのないと考えられていたところにダンスを見出していきながら、社会にクリエイティブな場を皆でつくり、参加するといった価値転換を実践していくこととも言えるだろう。そこでは専門性へと特化することなく、自分の役割を常に変えながら、平等で対等な関係を模索する、そんな関係性のあり方が共創を可能にするのではないだろうか。そしてそれは、単なるダンスの再定義だけに留まらず社会のあり方そのものを変えていくことにつながっていくことになるだろう。すべての者が対等な関係で社会を作る、そんな民主主義の理念を否定するものは少ないが、現実の世界ではその実現には多くの困難を伴っている。そうであるならば、まずはダンスの現場において共創を実践していくことから、社会における共創をダンスの側から応答していってもよいのではないだろうか。そこでは老若男女、障がいのあるなし、そして声の小さい者を含むすべての者が対等になって共にダンスを作る関係を作っていく、その意志こそが共創の意義なのかもしれない。舞踊と共創の実践は、そんな社会実現に向けた大いなる実験になるのではないだろうか。

（砂連尾 理）

理解度チェック

1 筆者が高齢者や障がい者と踊ることによってどのような身体感覚の変化があったかを述べてみよう。
2 舞踊における共創にはどういった社会的意義や可能性があるかを話し合ってみよう。

さらに読んでみよう おすすめ文献

●砂連尾理（2016）『老人ホームで生まれた〈とつとつダンス〉：ダンスのような、介護のような』晶文社.

第 II 章

多様な民族と舞踊

　世界各地には多様な舞踊が伝承されている。本章のねらいは、世界各地におい
て伝承されてきた民族舞踊を対象に、当該地域の文化、社会、今日的状況を踏ま
えながら、多様な世界観をみていくことにある。

　本章では、日本を出発し、韓国、ネパールなどアジア各地をめぐり、中東、ア
フリカへと進めていく。そして日本の裏側のブラジルへと、世界一周旅行のよう
に各地をめぐる。

　ここに登場する国々には、文化が連綿と受け継がれている民族もいれば、そう
でない民族もいる。21世紀を迎えグローバル社会といわれる現代において、そ
れらの国々に伝承される民族舞踊のありさまは一様ではなく、多様な要素が幾重
にも折り重なっている。舞踊の担い手であったり、舞踊が実践される場であった
り、信仰とのかかわりであったり、舞踊は伝承地域の自然やそこに生きる人々の
生活に依るところが大きい人類の生きた産物である。すなわち舞踊を通して、そ
の国の文化、社会、人々の生活がみえてくるのである。

　各節では対象を絞って論じながら、舞踊の多様なありさまをみていく。人類は
太古から踊ってきた。各地の民族舞踊を学ぶことにより、舞踊が原初的形態から
現代につながっていることを知り、太古からのメッセージを垣間見ることができ
るだろう。

第1節
日本の舞踊
―舞踊表現と地域社会―

学習のねらい

日本の歴史と風土は、多彩な舞踊文化を育んできた。身体から身体へと伝承されてきた創造の現場に立ち戻ることは不可能だが、柔軟な身体を介した伝承だからこそ、舞踊表現そのものから地域社会で共有される想いを解明することが可能なのではないだろうか。6世紀半ばの伝来以降、日本の社会と文化に多大な影響を及ぼしてきた仏教を主題とした「仏舞」を事例として、そこに込められた人々の想いと、今を生きる人々にとってどのような存在であるのかを検討することで、地域社会の有り様が舞踊表現にどのように表れているのかを考える。

柳田國男:
1875-1962。普通の人々である「常民」の生き方に、日本の文化の基層を見出した。「柳田國男記念室」(長野県飯田市)では実際に著書を手に取れるが、その数の多さに圧倒される。『柳田國男全集』全36巻・別巻2巻がある。

本田安次:
1906-2001。日本の芸能研究者。論考をまとめた『本田安次著作集』全20巻、錦正社がある。

(1) 仲井幸二郎・西角井正大・三隅治雄 (1981)『民俗芸能辞典』東京堂出版.

(2) 本田郁子 (1991)「日本の伝統舞踊」、舞踊教育研究会編『舞踊学講義』大修館書店, p.32.

どのような意義:
たとえば、教育現場で活路が開かれるケースがある。2011年、小学校でダンスが必修化され、高学年の一部に「伝承されてきた日本の地域の踊りや外国の踊り」が組み込まれた。その目的は、多様なリズム、ステップで踊れるようになることだけでなく、日本や世

1. 地域で育まれる多彩な舞踊文化

　「日本の代表的な民族舞踊は何ですか?」と聞かれたら、なんと答えるだろうか。舞台で鑑賞できる歌舞伎、能、日本舞踊、宮中祭祀の舞楽などを挙げるかもしれない。これらは、どちらかというと専門家によって伝えられてきたもので、一般の人々が実践するならば趣味や習い事の域を出るのは難しい。その一方で日本には、地域色豊かな舞踊が数多く存在する。いわゆる民俗舞踊・民俗芸能・地域伝統芸能などと呼ばれるものである。これらのほとんどは、そこに生活する人々によって伝えられてきた。ここでは、専門家ではなく、地域の人々によって脈々と伝承されてきた舞踊に焦点をあて、社会と深く関わる舞踊の在り様をみていきたい。

　諸地域に伝承する日本の舞踊・芸能と言っても、単純ではない。それは、諸研究をみても分かるだろう。昭和時代初期(1930年代)に日本民俗学の基礎をつくった**柳田國男**は、東北地方から沖縄まで足を運び、文化的基層を明らかにしようと試みて、百冊を超える著書を残した。また、柳田に続く民俗芸能研究者である**本田安次**は、古代から伝わる神楽や、江戸時代に花開いた獅子舞・盆踊りに至るまで幅広く調査し、その著作が収められた全集は20巻に及ぶ。このように1900年代以降は、生きた資料として数々の舞踊・芸能が記録されてきた。こうした諸研究をもとに舞踊・芸能を分類したものに『民俗芸能辞典』(1981年)がある [1]。まず、大分類として「神楽芸」「田楽芸」「風流芸」「巡遊芸」「祭事人形芸」「郷土舞楽・延年芸」「郷土舞台芸」があり、それぞれを細目に分けている。「風流芸」を例にすると、太鼓踊・獅子舞・盆踊等々7項目があり、さらにそこから67種の芸能を類別する。このような多彩な舞踊文化をもつ理由として、日本は歴史上異民族などに伝統文化を根こそぎ破壊されることがなく、複雑な地形と風土によって文化が画一化されにくかったことが考えられている [2]。

2. 現代社会と舞踊

　日本の社会は、江戸時代(1603〜1867年)に約200年間諸外国との国交がほ

ぼ途絶えたのち、明治時代（1868〜1912年）の欧米諸国の文化の流入、1890年代から約50年にわたる参戦（日清戦争、日露戦争、第二次世界大戦）、そして1945年の戦後復興から1970年代までの高度経済成長期と、いくつかの大きな転換期を乗り越えてきた。そして現代は、グローバル化・IT化の波に乗り、多様性が容認される一方で、少子高齢化が進み、福祉・教育の充実が求められている。転勤族に象徴される流動的生活、場所や時間に縛られない自由な働き方、核家族による地縁・血縁の希薄化と個人主義の強化など、柔軟で多様な生き方は、今後ますます広がっていくだろう。このような現代社会で、地域の人々により守り伝えられている舞踊は、**どのような意義**をもっているのだろうか。

　ここでは、日本古来の思想を基盤とする舞踊に焦点をあて、「どのような表現なのか」「何を表現しようとしているのか」「現代に生きる人々にとっての役割とは」を考えていきたい。その事例として注目するのが、「仏舞」である。

界の文化に触れ、伝統的な文化を尊重する態度を育てることとされる。学校以外でも、自治体やNPO団体などが主催する文化体験事業は多々あり、文化体験としての学びが求められている。

振鼓・鞨鼓：
振鼓は、小鼓の両側に振り子をつけて柄を通したもの。鼗鼓ともいう。鞨鼓は、ここでは舞人の腹部につける腰鼓。いずれも雅楽器であり、糸崎も同様。

表 2-1　3 地域の仏舞の概要

	松　尾	糸　崎	小　國
実施日	5月8日	隔年4月18日	4月18日に近い土日
名　称	卯月八日の仏舞・卯月八日の松尾詣り	仏舞・十一面千手観世音菩薩の縁日	十二段舞楽・小國神社例大祭
実施場所	京都府舞鶴市松尾　松尾寺　堂内の畳舞台（約2×3m）	福井県福井市糸崎町　糸崎寺　堂前の屋外舞台（約4m四方）	静岡県周智郡森町　小國神社　本殿前の舞楽舞台（約5m四方）
宗派・本尊	真言宗醍醐派・馬頭観世音菩薩	真言宗智山派・十一面千手観世音菩薩	大己貴命
伝承者	保存会（地区住民〈2006年当時〉：男性のみ、会長は住職）	保存会（観音堂近くの清水を産湯に用いた男性のみ）	保存会（地区住民：男性のみ、会長は宮司）
由　来	・開山の威光上人が馬頭観音を感得した際に諸仏が歓喜し舞った奇瑞という解釈がある ・「歓喜の舞」といわれる	・海から現れた十一面千手観世音菩薩像を安置すると、菩薩と天女が現れ舞ったという縁起譚 ・「歓喜の舞」といわれる	・大宝元年（701年）の勅使参向時に奏楽と伝わる ・12演目中、かつては当演目のみ寺院の僧侶が舞っていた
精進潔斎	精進潔斎、丁子湯	精進潔斎、塩風呂	精進潔斎、塩風呂（塩井神社の塩水）
行道の楽曲	四智梵語（声明）	越天楽（雅楽）	越天楽（雅楽）
人数（設定）	6体（釈迦如来・大日如来・阿弥陀如来が各2体）	8体（撥仏・打鼓仏が各2体、手仏4体）	2体（日光菩薩・月光菩薩各1体）
衣裳・持ち物	・瓔珞つきの宝冠、五彩の瑞雲が描かれた光背、金色の面 ・浅葱色の上衣（紋押し）と腰衣、袈裟、黒頭巾、黄手袋、白足袋 ・大日如来：左手に**振鼓**、右手にバチ、腹部に**鞨鼓** ・釈迦如来：両手にバチ、腹部に鞨鼓 ・阿弥陀如来：なし	・輪宝型宝冠・瓔珞つきの天冠、金色の面 ・白法衣に黒法衣を重ね、白袴、袈裟、濃紺色の頭巾、白手袋、白足袋、わらじ ・打鼓仏：左手に振鼓、右手にバチ、腹部に鞨鼓 ・撥仏：両手にバチ、腹部に鞨鼓 ・手仏：なし	・日光・月光の円盤（光背）、天冠、白色の面 ・薄茶色の小袖、白〜紫色のグラデーションがある袴、黒頭巾、白手袋、白足袋 ・日光・月光菩薩：散杖2本
動作特性	・如来ごとに異なる所作（手印） ・上肢に集中 ・一定の動作の反復 ・規則的な隊形移動	・撥仏と打鼓仏が同じ所作（動きのテンポとタイミングは3仏で揃う） ・上肢・体幹・下肢が連動して弾むような動き ・一定の動作の反復 ・円形で、円周上を回転移動	・両者同じ所作 ・跳躍、前屈、後屈などのダイナミックな動き ・序から急の構成 ・2種の手印（両手で空洞をつくる形、人差し指を立てる形）

3. 仏舞とは

　人の身体で、人ではない存在を表現する——それを可能にする行為の一つが舞踊だろう。仏舞とは、人間が仏[3]に扮して舞を舞う日本の民俗舞踊である。いずれも仏に設定された仮面をつけた演者（2～10人程度）が、寺社の法会・例祭で雅楽器の音色にあわせて舞う。古来日本では、信仰の対象となる仏の姿が、様々な図像に表されてきた。仏舞は、文字通り「舞踊」を伴う形で仏の姿を表すものである。図像とは異なり、身体の動きを伴う表現が、どのように伝えられてきたのだろうか。民俗芸能の総論的な分類において仏舞は、音楽や様式等を鑑みて、仏事芸能・**舞楽**芸能などに区分され、主に寺院の法会で奉納される舞楽法会から展開したのではないかと考えられてきた[4]。

　仏舞という名称の舞踊の伝承地は、関西から中国地方、中部地方にかけて広がる。それらのうち、本論では3地域に伝わる仏舞——京都府舞鶴市松尾寺の仏舞（これ以降、松尾の仏舞）、福井県福井市糸崎寺の仏舞（同、糸崎の仏舞）、静岡県周智郡森町小國神社の仏舞（同、小國の仏舞）についてみていく。なお、演者の呼称は、現地で定着している「舞人（＝舞踊者）」「楽人（＝演奏者）」という雅楽用語を用いる。それぞれの概要は、表2-1の通りである。

4. 仏舞の舞踊表現——何をどのようにあらわすのか

1) 松尾の仏舞

①舞踊の表現特性

　京都府舞鶴市の青葉山中腹に建つ松尾寺で、仏舞が5月8日に奉納される。前夜には本堂で塔婆供養が行われ、**御詠歌**を唱和する。翌日は、10人ほどの僧侶による読経のあと、**声明（四智梵語）**が唱えられ、本尊横の幕内から釈迦如来・大日如来・阿弥陀如来に扮した6名の舞人が一列で現れる。その順番は、釈迦如来1名（＝「一の釈迦」と称す）、大日如来2名、阿弥陀如来2名、釈迦如来1名（＝「二の釈迦」と称す）となり、「一、二」と付される釈迦如来が先頭と最後尾をつとめる。

図2-1　松尾の仏舞（撮影：筆者）

仏:
ここでは、舞人が扮する対象（如来、菩薩、天人など）について、仏舞という名称に則して仏と称しているが、一般的に仏とは、仏陀や悟りを得た者だけでなく、教義において拝される存在、死者の霊、慈悲深い人なども指すことがある。それに対して、仏とは如来のことであり、松尾の仏舞の場合はこちらに該当するだろう。

(3) 佐々木宏幹（2002）『〈ほとけ〉とカ—日本仏教文化の実像』吉川弘文館.

舞楽:
5世紀後半から朝鮮半島や中国大陸などから伝わった楽舞を源流として、平安時代（794-1185）の初期に大成した楽曲と舞踊の総称。

(4) 本田安次（1983）『民俗藝能の研究』明治書院；西角井正大（1979）『民俗芸能入門』文研出版；郡司正勝（1958）『郷土芸能』創元社；水原渭江(1969)『民俗芸能における舞楽的要素の考察』オーム書店など。

仏舞:
仏舞には、舞楽系以外にも田楽・田遊び系が挙げられる。たとえば、静岡県天竜市泰蔵院、愛知県南設楽郡鳳来町鳳来寺、愛知県北設楽郡設楽町高勝寺などでは、「仏」や「仏の舞」といった演目が伝わる。田楽や田遊びとは、平安時代中～後期（1000年代頃）に発生した稲作の豊年を祈る楽舞で、新春に行われることが多く、おもに稲作作業を模倣する表現をする。なお、人間が仏に扮する地域伝統芸能として、「**来迎会**」「**練供養**」などと呼ばれる練り歩きの行事もある。

来迎会・練供養:
極楽浄土と人間世界に見立てた場所を1本の道（橋）でつなぎ、諸菩薩が練り歩きながら往復する行事。阿弥陀如来に従う菩薩が現れ、臨終の人間を極楽浄土へ導く様子を再現している。

そして2畳分の狭い舞台にあがり舞を舞う（図2-1）。舞の終わり方について、現在は全員が同時に舞い終わり退出するが、もともとは違っていたという。阿弥陀如来2名、大日如来2名、「二の釈迦」の順に退出していき、最後に「一の釈迦」が舞い納めてから退出する演出だったことが、江戸時代中期（安永7年：1778年）の舞譜に残されている。現在のような終わり方になったのは、戦後頃だと京都府の報告書に記されている[5]。

　舞踊表現の大きな特徴は、体幹・下肢の動作が極力抑えられ、上肢が強調されることだろう。釈迦如来と大日如来には、それぞれが身につけた雅楽器を奏す所作がみられ、雅楽器を身につけない阿弥陀如来は、**印を結ぶ**[6]。

　舞いは、3名ずつ二列に並んで舞われ、舞人が内向きで舞う「内舞」と外向きで舞う「外舞」とを四方位で行っていく。また、時計回りに舞位置を変えるための、斜めの位置取りを「渡り」と称している。2畳ほどの舞台となる敷物の上で、仮面をつけた6名の舞人は緩やかな所作を繰り返しつつ、正確に位置を変えていくのだ。

②伝える人々

　かつての松尾寺は七堂伽藍をそなえる大寺院であり、現在も西国第二十九番札所として巡礼地のにぎわいを残す。威光上人が草庵を結んでから1300年有余の年月において、仏舞が、いつどのように始まったのかを知ることは難しい。しかしながら、舞人・楽人らが、松尾寺周辺に住み、長らく一子相伝で仏舞を守り伝えてきたことは確かである。つまり、舞人は舞人、楽人は楽人の家が決まっており、長男のみに伝わる世襲制だったのだ。現在は、一子相伝の世襲制ではなく、臨機応変に対応しているという。

　仏舞については、「歓喜の舞」という認識が伝わる。保存会会長（2000～2006年調査時の住職と2019年時の住職）によれば、「開山の威光上人が、ご本尊を感得し供養したことに諸仏が歓喜し、舞った奇瑞」と代々伝え聞くという。長年仏舞を拝してきたという高齢女性は、「舞そのものよりも、仏様が出てくるところが一番ありがたい。そろーそろーっと歩く仏さんに、自然と手を合わせてしまう」と話していた。

③表現意図

　松尾の仏舞は、本堂内というきわめて狭い空間で舞われる。僧侶らの読経が響き、金色の面の諸如来が現れ、雅楽にあわせて抑制のきいた舞を厳かに舞い、去っていく。国内の他の仏舞をみると、登場することが多いのは菩薩であり、如来はまれである[7]。松尾の仏舞では、如来の中でも、極楽浄土の本尊とされる阿弥陀如来、密教の教主である大日如来、そして仏教の開祖である釈迦如来の3仏[8]が、しばし姿を現す。こうした仏の出現意図について、**教理的な背景**[9]を追求することも可能だろう。しかしその一方で、仏像や仏画から現れ出たかのような舞いの様相に、仏様の素朴なありがたみと安らぎを覚え、思わず手を合わせてしまうのも松尾の仏舞ならではなのではないだろうか。

2）糸崎の仏舞

①舞踊の表現特性

　福井県福井市の日本海を見下ろす糸崎寺で、4月18日に仏舞が演じられる。江

御詠歌：
仏の徳を称えた和歌に旋律をつけたもの。西国三十三所の御詠歌は、花山法皇（968-1008）が巡礼時に各霊場で詠んだ和歌とされ、その一つが松尾寺にも伝わる。

声明（四智梵語）：
声明とは仏教の聖歌で、もとは古代インドのサンスクリット語（梵語）の韻文・文法を学ぶ学問を意味していた。日本では、752年の東大寺大仏開眼供養で声明が唱えられた記録が残る。「四智梵語」は、真言宗の本尊・大日如来を讃える唄。

(5)京都府教育委員会（1983）『仏舞その他―京都府民俗芸能調査報告書』p. 11.

印を結ぶ：
仏の悟りや誓い、働きなどの内容を象徴的に示すもので、手指の組み方で表現される。

(6)佐藤定義編（1982）『詳解古語辞典』明治書院.

(7)和歌山県伊都郡かつらぎ町（旧・花園村）の仏の舞、秋田県鹿角市の大日堂舞楽の五大尊舞などにも如来が登場する。

(8)佐藤定義編（1982）前掲書.

教理的な背景：
たとえば大乗仏教の仏身観の一種に三身説があり、それぞれの仏身は法身＝毘盧遮那如来（密教の大日如来）、報身＝阿弥陀如来や薬師如来等、応身＝釈迦如来の二如来に対応するとされる。

(9)頼住光子（2010）『日本の仏教思想』北樹出版. p. 47.

戸時代までは複数の伽藍が並ぶ大寺院で、唐から来た僧侶である禅海上人によって開山された。このような大寺院では、聖性が高い奇瑞が伝わるが、糸崎寺も例外ではない。近くの浜で漁師の網にかかったのが十一面千手観世音菩薩像で、寺に安置したところ、天空から菩薩と天女が舞い降りて歓喜の舞を舞ったという。これが仏舞の縁起譚であり、十一面千手観世音菩薩の縁日に、菩薩と天女に扮した舞人8人が、本堂正面に設置された屋外の舞台で、長胴太鼓と鉦鼓にあわせて舞を舞う（図2-2）。舞人は手に持つ物にちなみ、「打鼓仏（手鼓とバチを持つ）」「撥仏（2本のバチを持つ）」「手仏（何も持たない）」と呼ばれる。なお仏舞に先立ち、観音堂での読経が行われ、その後屋外の舞台で花**和讃**が奉納される。

　舞踊表現の大きな特徴は、上肢、体幹、下肢の屈曲・伸展を断続的に繰り返し、全身で上下左右に弾むような、等速で緩慢な動作を繰り返すことである。これは、縁起譚を鑑みると、演者の身体が浮遊する様態の表現と考えられる。また、8人が中央を向いて円をつくり、その隊形を保ったまま左方向に回転する（鳥瞰的にみると時計回り）。そして定期的に円の収束と拡散が繰り返される。これらのことは、縁起譚でいうところの「いつまでも続く歓喜の舞」という永遠性、すなわち糸崎の人々の、末永い安泰が象徴されていると考えられる。と同時に、中央を聖なる空間とするエネルギーの収斂[10]にもつながると考えられよう。

②伝える人々

　幾度かの火災で大伽藍は喪失したものの、仏舞については、現在でも厳しく守られている決まりごとがある。それは、舞人の資格に関してである。仏舞の舞人はすべて糸崎地区の男性、しかも観音堂近くに湧く清水を産湯にした者のみしか資格を与えられないのだ。現代では民家での出産はほとんどみられない。それゆえ出産した病院に清水を持ち込み、産湯として使ってもらっているという。ただし、以前は長男に限っていたが、現在は上記の条件を満たせば長男以外でも資格を得られる。また、1週間前から魚肉酒色を断ち、本坊での稽古に励む。当日は、塩風呂で身を清め、同じ山にある天満神社での祈禱を経て、仏舞奉納に臨むのである。

　ところで糸崎では、面・衣装などを前日に各自が持ち帰る決まりになっている。

和讃：
仏・菩薩、高僧などの教えや徳を和語で称える讃歌。糸崎では、巡礼姿の稚児によって、子を亡くした親の思いと千手観世音菩薩の慈悲が歌い上げられる。

(10)宮尾慈良（1994）『アジア舞踊の人類学』パルコ出版, p.49.

図 2-2　糸崎の仏舞（撮影：筆者）

風呂敷に一式を包んで持ち帰り、翌日持参するわけだが、紛失の可能性が全くないわけではないのに、わざわざ持ち帰らせるのは何のためだろう。仏様からの預かり物と共に一晩を過ごすということが、家庭内に功徳をもたらすことになるのではないだろうか。それが仏舞を務める者にのみ与えられた特権なのかもしれない。

観音堂には十一面千手観世音菩薩像とともに、檀家の先祖代々の位牌が安置されている。これに関連し、伝承者が「普段からご本尊とご先祖様が一挙手一投足すべてを見ている。糸崎の発展をいつも祈ってくれていると言われて育った」「仏舞で仏様が現れて皆を見ている」と話すのを聞いた。また「観音様のご加護」を身近に感じている例は、「戦争で出兵したが生還できた」「凶悪犯罪が起きたことがない」「どんなに水不足でも水が涸れない」といった言説にもあらわれていた。そうしたご加護を失わないためにも、現在も出産時に寺の清水を産湯に使うという。

③表現意図

十一面千手観世音菩薩とは、現世のあらゆる衆生を救済する目と手を持つ仏である。このような本尊が、海という異界から現れ、それを祝す菩薩と天女が天という異界から訪れる。そうした両者の接点となるのが糸崎寺であり仏舞なのである。海と天との間にある人間界すなわち生活の場が、仏舞によって特殊な場に変化する。それは、天・地・海の交合であり、山海に面して生活する人々に大きな現世利益をもたらすものと考えられる。当初は大寺院特有の奇跡譚として発生した物語が、そのまま周辺の人々の生活に溶け込み、現代でも地域の人々が生きる規範・拠り所となっていることがわかる。そのためにも伝説の仏が、定期的に人々の眼前に現れるのだろう。

3）小國の仏舞

①舞踊の表現特性

静岡県周智郡森町にある遠江国の一宮、小國神社の例大祭（本祭は 4 月 18 日）で奉納される十二段舞楽の 1 演目として仏舞（菩薩舞）がある。演目の名称は「色香 [11]」という。12 演目は前半と後半とに分けられ、前半は稚児を中心とした舞、

色香:
この名称について、水原は日光・月光を仏教経典の「黄色黄香、白色白香」に擬し、また光を香にあてて「色香舞」としたのではないかと推測する。

(11) 水原渭江（1997）『民俗舞楽の研究—静岡県周智郡森町』大空社, pp. 31-32.

図 2-3　小國の仏舞（撮影：筆者）

後半は大人を中心とした舞で構成される。仏舞は前半部、稚児が鉾をまわして舞台を清めた直後に、大人2名の舞人によって舞われる（図2-3）。仏はそれぞれ、日光菩薩と月光菩薩とされ、小國鹿苑大菩薩として小國神社で祀られていた、いわば地域に根づいた仏と考えられている。

　舞踊表現の大きな特徴は、相対する表現の多用だろう。たとえば、天地を交互に指差す、跳躍と前屈をつなげる、上下左右を動作軌跡で直線的に結ぶ、男女の性器として認識されている手のポーズを形作る、舞人が四方を向いて舞う、などが挙げられる。また小國は、ここでとりあげた3つの仏舞の中で、もっとも舞楽の手法がみられる舞であり、それは特に隊形移動や反閇といった動作に現れている。なお性器の表現は、日本の仏教の教義上みつけることができないため、民俗的信仰に基づくものと考えられる。

反閇:
大地を踏むことにより、悪霊を鎮める呪法からくる足踏みの動作。

②伝える人々

　舞楽関係者はすべて小國神社の氏子男性であり、「舞楽の衆」と呼ばれる。合計50人ほどで、かつては集落ごとの役柄が慣習だった。また、以前は女人禁制で、食事の用意も男性のみで行っていた（今は女性も担う）。さらに1680年の資料には、当時関係の深い寺院から僧侶が参列したという記録が残っており、仏舞にあたる「色香」も僧侶が舞っていたと伝えられる。現在はこうした慣習が残っておらず、すべての演目を舞楽の衆が舞う。このように、社会の変化に柔軟に対応しつつ、地域の儀礼として重要な神事の一端を、現代まで担い続けてきたことがうかがえよう。

③表現意図

　小國の仏舞は、神社の例祭で奏上される他の11演目の舞楽と比較しても、独特の舞踊表現が用いられる。たとえば、移動運動を伴わないポーズあるいは等速の比較的緩やかな動作の合間に、躍動的な動作が挿入される。また、稚児の演目が続く前半部に、一つだけ大人の舞人による仏舞が組み込まれている。ここでの稚児は、数日前から神社の神域から出ずに精進潔斎をしてきた「神の子」である。例祭当日は、穢れを避けて、地面に足が触れることも許されない。そのような稚児舞と同列に位置づけられているのが、仏舞といえるのではないだろうか。なお、舞楽の衆は、例祭に関連した複数の神事にも参列する。

　例祭の一連の行事は「法事」とも呼ばれ、もともと仏舞の舞人が僧侶だった経緯もあわせると、小國の仏舞は、神仏混交の象徴であり、舞楽の呪術的側面を残した、神聖な舞踊であると考えられる。ところで、近隣の天宮神社にも、対となる十二段舞楽が伝承されている。このことに着目すれば、より広い視野で地域社会や歴史等を捉え、解釈することも可能だろう。

5. 今を生きる人と社会にとっての仏舞とは

　以上のようにみてくると、松尾と糸崎はどちらも、開山に際しての奇跡譚をもとにした解釈が伝わり、彼の世と此の世との境界線を越え、仏の来臨を表出するところが共通している。しかしながら、両者の舞踊表現には相違がみられた。松尾は仏教の教義により近く、糸崎は縁起譚の具現により近い。また小國は、神仏混交と、舞楽における神聖性を体現する独自性が読みとれる。このように仏舞は、数百年以上の間守り伝えてきた人々が希求し、分かち合い、育んできた想いを今に伝えてく

れているのだろう。

　もちろんそうした表現の相違には、地理・歴史を含めた社会状況（あるいは変容）が大きくかかわっていることは言うまでもない。今回みてきたいずれの寺社も、規模が大きく、各地の信仰の要所であったことがうかがい知れる。人間の身体を媒体として、神仏との交感を演出する舞踊は、日本のみならず、世界各地に存在する。長い期間をかけて、身体から身体へと伝承されてきた創造の現場に立ち戻ることは不可能だが、柔軟な身体を介した伝承だからこそ、時代性や地域性、そして人類の普遍性を読み解くことが可能なのではないだろうか。

（弓削田綾乃）

理解度チェック

1. 民族の舞踊を研究する際の着眼点には、どのようなものがあるかを述べてみよう。
2. 異なる地域の舞踊を比較すると、何がみえてくるだろうか。実際に舞踊を比較して考えよう。

さらに読んでみよう おすすめ文献

● 瀬戸邦弘・杉山千鶴編著（2013）『近代日本の身体表象』森話社.
● 大石泰夫（2007）『芸能の〈伝承現場〉論』ひつじ書房.

第2節
ウンダルーと島の記憶
―離島における無形文化の継承とそのリバイバル―

学習のねらい

ここでは沖縄県島尻郡渡名喜島におけるカシキー綱引き習俗に焦点をあて、そこで実践される歌や踊りが「島の集合的記憶」の伝承にいかに寄与してきたのかを考察する。その中でも特に古くから島に伝わる舞踊「ウンダルー」に注目する。ウンダルーは、綱引きの夜、高齢女性によって演じられていた舞踊であるが、昭和20年代を最後に姿を消してしまったとされる。一方で、その後本島ではこれまで数度にわたりウンダルーの復活が模索されており興味深い。ここでは、伝統文化の復活・継承に対する地域住民の想いと営みについて考えるものとなる。

1. 沖縄における綱引き習俗と歌と踊りの世界

民俗行事として綱引きを行う地域は沖縄に限らず、アジアの稲作地帯に多く分布が確認されている。これらの地域ではその多くが「**天父地母聖婚説**」に基づく「**二綱結合型スタイルの綱引き**」として共有され、「雄綱」と「雌綱」の二本の綱が貫棒（カニキ棒）で結合され引き合われ、その結果、当該地域に豊かな「稔り」がもたらされると云われる「農耕儀礼」のひとつである。日本においてこのスタイルの綱引きは、沖縄本島を中心とする南西諸島で多く確認されており、沖縄では県を代表する伝統文化として県内百数十か所において毎年綱引きが営まれている。ところで、これらの綱引きは特に稲作文化と結びつき、多くの地域で米の収穫時期である5月末〜7月初旬にかけて（そもそもは当該地で得られた稲藁を用いて）実施されている。

また、沖縄（琉球）は「歌や踊り」が盛んな空間であり、たとえば古典芸能と言われる琉球王府との関係の中で育まれたもの、民俗芸能と言われる島々に暮らす庶民によって伝承されてきたもの、また大衆芸能と呼ばれる明治期以降に商業演劇の中から生まれたもの、などのように時代時代にさまざまな場面で歌や踊りが創作され伝承されてきた。ここで扱う綱引き習俗に纏わる歌や踊りの世界は、庶民の生活に根差した島嶼文化のひとつであり、「民族芸能」的枠組みに属するものと言えよう。

2. 渡名喜島の概要

沖縄県島尻郡渡名喜村は沖縄本島那覇の西北54.5kmの海上に位置し、渡名喜島・入砂島の2島を合わせて形成され北に粟国島、南に慶良間諸島、西に久米島を臨む立地にある。大陸との中間点、大海原のただなかに位置する本島は、琉球史においても重要な役割を果たし、中国との貿易航路の中継地点としてその機能を果たしてきた。また、その立地を利用し本島は漁業が生活の中心にあった。特に近代化以降、昭和30（1950）年代頃までは大型カツオ船漁、港でのカツオ節の生産でたいへん栄えた島である。また、陸に目を移すと明治末期（1900年代頃）〜昭和50

天父地母聖婚説：
古代メソポタミアの神話に因る観念。一年に一回天父は地母と交わりこれを孕ませ、大地は身ごもりその年の実りが保証されることになると云われる。

二綱結合型スタイルの綱引き：
渡名喜の綱引きは「ホーイヤ」「ホーイヤサ」という掛け声とともに行われる。「ホー」という言葉は方言で女性器を指す。性器を象徴的に登場させるこの掛け声には、天父地母聖婚説に基づく象徴的性結合が意味されていると考えられる。

(1) 沖縄県教育庁文化財課（2004）『沖縄綱引き習俗調査報告書』沖縄県教育委員会.

(2) 寒川恒夫（1998）「綱引き」『民族遊戯大事典』大修館書店、pp. 128-134.

図 2-4　渡名喜島集落

(3)沖縄県渡名喜村教育委員会（1999）『渡名喜島むら並み保存推進調査報告書』.

（1970）年代までは養豚業も活気を呈しており、これらの恩恵により島は往時 1,500人を越す人口で活気に満ちていた。しかし、それらは時代の流れの中で衰退し、大型船漁や養豚業などはすでに姿を消している。現在では小型船による漁業と農業が島の主幹産業であり、農業ではもちきび、島にんじん、島らっきょうなどが生産されているが、カツオ漁や養豚などの衰退は島での生活を徐々に困難なものとし、多くの島民は島外に生活の場を求めていった。現在、渡名喜村の人口は 400 名に満たず、往時の 1/4 程度に減少し、県内で最も人口が少ない村となった。また、人口減少のみならず若者世代人口も減少し、高齢化率も高水準となっている（2019年 5 月 28 日現在）。

3. 渡名喜島のカシキー習俗と綱引き

(4)平敷令治（1990）『沖縄の祭祀と信仰』第一書房,pp.1 115.

　渡名喜村のカシキー綱引きは毎年旧暦 6 月 25 日のカシキー行事にあわせて行われている。琉球地方では 6 月 25 日に農作物の豊作を先祖に感謝するため、米やもちきびを蒸しておにぎりを作るカシキー（強飯）をトゥトゥメ（仏壇）にお供えする習慣があり、これはカシキーウイミ（強飯節目）と呼ばれる。本村ではこの習慣に加えて綱引きが行われており、本綱引きは「収穫祭」の一部を構成する。

　現在、本村のカシキー綱引きは、村役場にて購入した稲藁で綱が製作されるとこ

図 2-5　カシキーの綱引き

図2-6　ガーイの歌と踊り

ウマチー：
旧暦2月、3月、5月、6月
15日を前後に行われる。2
月は麦の穂祭り、3月は麦
の収穫祭、5月は稲や粟の
穂祭り、6月は稲や粟の収
穫祭。

チチャー：
チチャーとは「辻道」のこ
とを指す言葉。綱引きに際
しては一つの重要な空間、
境界として機能し、綱引き
勝負や歌、踊りが実践され
る場所となっている。

(5) 桃原善一（1998）『美
ら海（渡名喜島考）』美来
印刷.

(6) 渡名喜村役場（1983）
『渡名喜村史』上・下巻.

ろから始まるが、往時は村内各字で収穫した米の稲藁で綱つくりが行われており、各字で稲藁を集める役目は子供たちが担っていた。彼らは12、13歳の子供をリーダーとし「ワラクーイの歌」を合唱しながら字内を廻り、各字で綱を作ることになっていた。綱引き当日は19時を過ぎる頃、綱引きを執り行う「カニキヂ**チャー**」と呼ばれる両軍の境界に人々が参集し、20時頃になると両綱はカニキ棒にて結合され、それと同時に堰を切ったように綱引きが開始される。綱の長さや太さなどは時代によって異なり、またその決まりも存在しないが結合部分が最も太く尻尾に近づくにつれ細くなっていくスタイルとなり、最近では規模が小さくなったが雄雌をつなげると全長は100mほどにもなる。また綱引きに参加する人数や男女比、年齢比なども決まってはいない。綱引きは約5分で一勝負が決着し、約30分間2回のインターバルを挟んで合計3回戦行われる。インターバル毎に、両軍が入り乱れてカニキヂチャーにてガーイが展開される。ガーイ自体は、沖縄の綱引きにはよく登場する要素であるが、実施地域によって内容は異なるようである。渡名喜村ではチヂンのリズムにあわせ各々字の女性が歌う「綱引きの歌」の歌をバックに、男性女性の別なく両軍がカニキヂチャーで入り乱れて踊る。女性はカチャーシーに似た舞い方を、男性は明治期までは両拳を頭上に交差して組み、背中を向かい合わせて踊っていたとされる。なお、3戦中勝ち数の多いほうの字がその年の勝者となる。また、往時には綱引き後方「ウンダルーヂチャー」で高齢女性により円陣をなしてウンダルーと呼ばれる舞踊も行われていた。3回の勝負が終了すると綱からカニキ棒が外され、字毎に実施される直会「ンバニクーイ」に移行する。ンバニクーイでは、各字の成員がチヂンのリズムに合わせ「ンバニクーイの歌」を歌いながら、字内各家庭を廻り、直会用の食べ物・飲み物を集めて、宴を催すことになる。直会も

表2-2　渡名喜村のカシキー綱引きにおける歌と踊りの世界

ワラクーイ*	歌＋字内周回（綱作り用の藁を集める行事。各字の子供による）
ガーイ	歌＋踊り（綱引き時に行われる字間の示威行為。綱引き参加者による）
ウンダルー*	歌＋踊り（各字高齢女性による）
ンバニクーイ	歌＋字内周回（直会用の飲食物を集める行事。綱引き全参加者による）

＊：現在は行われていない

含めて綱引き行事によって各字の成員たちは自身のアイデンティティを再確認・再生産することになるのである。

4. 多層な文化複合体としての綱引き習俗と歌と踊りの世界

前述したように、本島の綱引き習俗には、行事の最初から「歌や踊り」が登場しており綱引き自体が「歌や踊りに包まれた世界」の中に存在するともいえる。ところで、そもそもこれら歌や踊りは各字毎に習得されるものであった。毎年6月に入ると、往時は毎夜各字毎に女性たちが集まり、若者は先輩の歌を聞きそれらを覚えていた。ところが、人口の減少など本島を取り巻く環境は著しく変化し、結果として歌練習は行われなくなってしまったのである。ところで、綱引きの歌に登場する歌詞は基本的に「島の豊かな自然や文化、豊年、豊漁への感謝や願い」など全島民に共有されるものとなる。つまり、歌で表現される世界観こそ、実はこの行事の中心に位置するものといえるのである。そのように考えると歌練習が途絶してしまうことは、継承されてきた「島の記憶」が失われることをも意味しているのである。

このように、渡名喜島の綱引きでは「歌や踊り」という身体文化、そしてそれを支える「知の体系」が、綱引き自体の意味を決定する上で重要な役割を果たしており、渡名喜島の綱引きとは綱引きを中心に据える「文化複合体」なのである。たとえば、綱引きの歌にも「…ウンダルーで負け 綱引きで負け ガーイに負けて…」というものがある。実践者のレベルにおいても、それぞれの要素は独立したレベルで認識され、その総体として綱引き習俗は存在していることになるのである。

5. ウンダルーという歌と踊りの世界

上述したように、綱引きに付随して行われていた歌や踊りにはすでに途絶したものもあるが、ここでは特にウンダルーに注目してみる。ウンダルーとは前述したように、綱引きの夜だけに、高齢の女性たちによって営まれていた舞踊である。村史が著された時期の古老たちもすでに踊ったことはないとされるが、筆者の聞き取りにおいては、戦後間もない昭和20（1940）年代頃まではウンダルーは（細々とではあるが）、行われていたようである。ウンダルーとは円陣を成して実施され、参加者は交代しながら踊っていたとされる。基本的に手拍子でリズムを取りチジンを打ち鳴らしながら舞われ、緩やかな動作、素朴な手振りの舞いであり拝み手、押し手、払い手、捧げ手、こねり手やお尻を両手で叩くといった「単純」な動作の繰り返しとされるものである。その歌と踊りはゆったりした歌と踊りの「第1部」、軽快でコミカルな「流し部」、アヤグ節の曲に載せて歌い踊られる「第2部」、"古典三題"といわれる田名節、辺野木節、東立雲節に乗って歌い踊られる「第3部」と、いくつかの歌曲の複合体として計3部の構成になっている。

ところで、ウンダルーの語義や語源に関しては、現在までその詳細は分かっていない。そのためにその出自も定かでないが、たとえば、三味線や太鼓を伴わない素朴な舞踊のスタイルは琉球の古歌謡に通じるといわれ、ウスデークやシヌグモーイとの類似性が指摘されている。また、奄美大島の「うんにゃだる節」が交易・交流の中で伝来し、ウンダルーになったという説もある。さらには、踊りの中に両手で尻を叩くユーモラスな動作が繰り返される点から、かつてカツオ漁で交流のあった

(7) 瀬戸邦弘（2018）「デイサービスというチチャーと島の記憶―現代社会に護られる伝統綱引き行事―」『立命館産業社会論集』54(1)：29-46.

「南洋諸島の踊り」の影響を受けているという言説さえも存在し、渡名喜島が海のつながりの中で多くの地域と結びつき、多様な文化の影響を受けていたがゆえの重層的に醸成された伝統文化の可能性すら認められるのである。

6. ウンダルーのリバイバルとその継承
─イメージ(画像と映像)の果たした役割─

　綱引きの夜の文化としては途絶してしまったウンダルーであったが、渡名喜村ではこれまで昭和、平成、そして現在（平成〜令和）とその時々に、その復活と継承に力を注いできた歴史がある。これらの企みは継続性・一貫性を持って受け継がれてきたものとは言えないが、その都度行われた記憶の整理と文字記録やイメージ(画像と映像)、そしてそれに携わってきた人々は、次世代の復活作業に重要な役割を果たし、結果として現在我々が確認できるウンダルー像が継承されてきたのである。

1) 昭和のリバイバル：ウンダルー復活研究グループの取り組み

　渡名喜村では昭和58（1983）年から3か年にわたりウンダルーの保存と伝承のための対策を講じている。これは村を代表する文化人であり、この時期に発行された『渡名喜村史』の編集にも中心的に携わっていた**比嘉松吉**氏の発案・奨めに端を発したものであり、渡名喜村教育委員会（桃原茂一教育長）によって進められた。村では、当時渡名喜島で唯一のウンダルー後継者であった桃原ウシ氏（当時98歳）を中心に、渡名喜村や那覇在住の高齢者に対し3か年にわたる聞き取り調査を実施した。その後、これらで得られた情報をベースとして昭和61（1986）年2月に、村教育委員会職員を中心とした「ウンダルー復活研究グループ」を組織し、村内の指導助言者と協同して復活活動を展開したのである。その結果、ウンダルーの歌の歌詞や曲調、そして踊りの振付などが紙資料として記録、保存されることになった（なお、ウンダルー第3部にあたる"古典三題"に関しては、詳細が不明であったために、沖縄本島在住の舞踊家安座間澄子氏に依頼し、新たな振り付けが「創作」されることになった）。そして、これらの活動の集大成として昭和61（1986）年

比嘉松吉：
渡名喜村出身。元渡名喜村の教員で村を代表する文化人。『渡名喜村史』の編纂にも大きな役割を果たした人物。

(8) 渡名喜村教育委員会（1986）『渡名喜村民俗芸能発表会ウンダルーの手びき』渡名喜村教育委員会.

図2-7　ウンダルーの手びき

7月14日に渡名喜村老人福祉センター（当時）にて「渡名喜村民俗芸能発表会」と題した催しを開催し、ウンダルーは村民の目の前に"復活"することになった。ウンダルーは本発表会にとどまらず、同年そしてその翌年のカシキー綱引きに際し、実際に綱引きの夜に復活・実施されており、その様子は当時の新聞記事として残っている。また、この発表会に際して『渡名喜村民俗芸能発表会　ウンダルーの手びき』が作成された。本手びきは3年間の調査・研究の総まとめとして位置づけられ、歌に関しては歌詞やその現代語訳、踊りに関しては、歌詞に付随するように一つ一つの動作が分解写真として掲載され、当時としては画期的なものであった。しかし、実は、その後綱引きにおいてウンダルーは継承されることにはならず、不思議なことにウンダルーはまたもや島から姿を消すことになっていくのであった。

2）平成のリバイバル：渡名喜伝統文化こども教室支援委員会

その後約20年、村ではあらためてウンダルーの復活・継承の機運が高まることになる。**財団法人伝統文化活性化国民協会**（当時）の平成15（2003）年度の補助事業に採択され、村では「渡名喜伝統文化こども教室支援委員会」を立ち上げ、子供向けのウンダルー教室を行うことになる。実は、それに先立ち、渡名喜村では老人会の女性たちから「ウンダルーの復活」に関する要望が寄せられており、それに応える形で本事業へ申請、採択されることになったと、当時の教育長、渡口侑眞氏は語っている。関係者の目論見では、子供たちへの指導が軌道に乗った後に村内に「ウンダルー保存会」を立ち上げ、文化の継承を常態化させていく予定であった。渡口氏は「単なる行政主導、大人主体の事業ではなく、子供世代に継承する仕組みの構築が重要である」と当時の方針を語っている。子供への文化継承が叶った後には沖縄本島で発表会を行い、渡名喜文化を島の内外に発信する予定であったという。本事業は、当初20名ほどの中学生を集めて練習を開始し順調な滑り出しであったという。しかしながら、子供たちを一定数集め指導することは難しく、結果としてウンダルー子供教室は頓挫することになっていく。2度目のウンダルー復活事業も継続性をもった活動としては叶わなかったのである。また、平成時代には、その後、渡名喜小学校の学習発表会でウンダルーを取り上げたことがあったが、こちらも継続性をもった継承活動にはならなかったようである。

その一方で、これら事業に付随して大人たちの記憶の整理は進んでいった。彼らはウンダルーの動きや手順などを確認し、映像として「遺す」作業を行ったのである。これによりウンダルーの活きた動きが後世に伝えられることになった。ちなみに、この際に協力した人々は、昭和のリバイバルの際に文化継承した若手女性たちであった。

3）平成〜令和のリバイバル：高齢者福祉空間デイサービス

現在、わが国は高齢社会を迎えるのと同時に著しい人口減少を経験しているが、渡名喜村もその例外ではない。前述したように、この村でも高齢化が進むのと同時に人口が減少し、沖縄県で最も人口の少ない村となった。わが国ではこのような状況に対応するために、さまざまな福祉事業を展開しているが、そのひとつに通所の福祉サービス「**デイサービス**」があるのは周知のことであろう。ところで、興味深

財団法人伝統文化活性化国民協会：
文化庁の外郭団体で、全国各地の伝統的な歌、踊り、工芸など伝統文化活動の支援、活性化のための普及啓発、調査研究等を通じ、わが国の文化向上に寄与することを目的に設立された団体（現在は解散）。

デイサービス：
基本的に介護保険法に基づくデイサービスを指し「要支援、要介護」の方に対するサービスを指しているが、ここでは介護予防のための通所高齢者福祉サービスも含めて当該事業者、参加者たちで共有される呼称としての「デイサービス」となる。

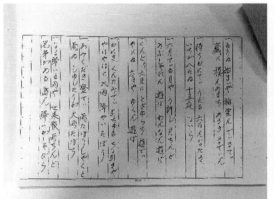

図2-8　手書き歌詞カード

図2-9　ウンダルーの練習風景

いことに、このデイサービスが本村においては伝統文化の継承に大きな役割を果たすことになっているのである。そもそも、デイサービスとは高齢者が自立した日常生活を送るための事業を提供する空間だが、その中には地域の伝統文化を活用するものがある。渡名喜村でも、村の伝統行事にまつわるサービスが模索され、平成7（1995）年6月から「カシキー綱引きの歌や踊りの練習会」が実施されている。ところで、この練習会はもちろん福祉事業の一環であるが、同時にそれは伝統文化の新たな継承空間の役割を果たしており興味深く、ウンダルーもその中に取り上げられることになっている。練習に際し、主催者である渡名喜村社会福祉協議会では練習会用の歌詞カードを作成し、歌い方や歌詞の確認を行いながら練習を実施しているが、そのために、この練習会を通して高齢者たちの記憶は介護ヘルパーたち若い世代によって抽出・記録されることになる。結果として、この練習会は単なる練習の域を超え、高齢者が共有してきた綱引きやウンダルーの記憶が確認・整理される場になったのである。このようにデイサービスという枠組みは、伝統文化を再生産する文化装置として機能するようになったのである。また、その際にはこれまで昭和や平成に実施されたウンダルー復活時に遺されたデータが活用され重要な意味を持つことになった。そして、デイサービスで綱引きやウンダルーの記憶を紡いでいる女性たちは、昭和、平成にウンダルーの復活に携わってきた女性たちなのである。

7.　時を超えて「無形文化」を護る、受け継ぐ

　ここでは、渡名喜島のカシキー綱引き習俗に焦点をあて、それに付随して生起する歌や踊りの世界、特にウンダルーに注目して考察してきた。ウンダルーは綱引き行事の中においては、すでにその姿を消してしまったが、昭和後期、平成、平成〜令和という各時代に島民の想いとともに、記憶と記録が辿られる作業が行われ、保存と伝承活動が展開されてきた。先述したように「歌や踊り」とは単なる娯楽ではなく「地域のローカルナレッジ」として重要な意味を持つものである。その意味でウンダルーは彼らにとって先輩たちから受け継ぐ重要な「島の記憶」であり、その復活・継承作業が実践されてきたのである。ところで、それらの活動は継続・一貫性を持ったものではなかったが、その時々に人々が努力し遺してくれた「文字や図像、写真、映像」などイメージデータは、次世代へと（結果的に）受け継がれるこ

時間の認識区分に関して：
インタビューの結果、渡名喜島では西暦よりも和暦（元号）において自身の歴史を理解、語る傾向がみられ、本稿はその時代の認識によって記述されている。

とになり、ウンダルーの面影が次世代に伝わることになったのである。デイサービスの女性たちや継承に携わってきた人々へのインタビューを行うといつも彼女たちは「先輩たちから受け継いだ大切な……」という意味の言葉を使い、自分たちがうまく継承できていないのではないか、と常に自戒の念に駆られている。彼女たちは常に島の文化を伝えてくれた人々への敬意と、自分たちに課された責任の重さを感じながら、真摯にそれらに向かい合っているのである。ところで、今回本稿の執筆を進めていると、彼女たちが「点」で終わったと感じていた継承活動は、結果的には大きな「線」をなしていることが判明し、それらは伝統文化を護るための「重要な一部」を果たしていたことが明らかになったのである。また、その「線」とは、渡名喜の島民たちが、いつも島の大先輩たちへの敬意と懐かしさ、その面影を想いながら、自分たちの精一杯の力で生きてきた証でもあり、「伝統」という島民の「絆」に他ならないのである。

（瀬戸邦弘）

理解度チェック

1 なぜ綱引き習俗は沖縄の多くの地域で継承されているのかについて、ここで紹介した地域の生業や文化背景から述べてみよう。

2 ウンダルーの継承・復活のために渡名喜島の人々はどのような仕掛けを考案してきただろうか。彼らのこの島への思いも含めて話し合ってみよう。

さらに読んでみよう おすすめ文献

●瀬戸邦弘（2018）「デイサービスというチチャーと島の記憶─現代社会に護られる伝統綱引き行事─」『立命館産業社会論集』54（1）：29-46.

●高橋惠子（2009）『沖縄の年中行事』那覇出版社.

第3節
韓国の舞踊
─受け継がれる伝統、そして新たな芽吹き─

学習のねらい

朝鮮半島には大韓民国と朝鮮民主主義人民共和国が存在するが、長い歴史をもつ民俗舞踊があり、国家の興亡を超えて、その伝統が脈々と受け継がれている。また、その伝統の中から新しく芽吹くものがあり、新たな伝統として継承されるようになった。『太平舞』がそれである。ここでは、その誕生の経緯を、舞踊の起源と伝統を踏まえ、現代に至るまでの歩みを辿り、その新たな伝統の意義を学ぶ。

1. 韓国について

　韓国は正式名称を「大韓民国」と言い、「韓国」は略称である。1948年8月15日に独立し、日本の北西に位置する朝鮮半島の南側にある隣国である。北緯38度の軍事境界線付近を境に、北側は朝鮮民主主義人民共和国（いわゆる、北朝鮮）の統治下にある。韓国は1960年代から1990年代にかけては、社会インフラを整備し、輸出産業を育成し、「漢江の奇跡」と言われる驚異的な経済成長を遂げ、2015年にはGDPで世界11位（人口5千万人）になるほどの経済力を有する国になった。

2. 韓国の歴史と舞踊

1）朝鮮王朝時代（1392-1910年）における舞踊
①時代背景
　この時代は、朝鮮半島の歌・舞・楽の伝統を語る中で重要な時代である。王朝が成立し、1393年に初代の王が国を初めて「朝鮮」と名付けた。4代目の大王の時代に、朝鮮独特の文字であるハングルが創設され、金属活字・鋳造術・測雨器・書籍の刊行がなされ、建築・絵画・工芸・芸術などの分野で大いに発展し、政治・社会・思想・風俗・芸術に至るまで儒教至上主義に立脚し、国の理念は儒教の「礼と楽」にその基盤をおいた。
　舞踊と音楽は「楽」と呼ばれ、一体不可分となり、王朝は楽を管轄する役所を創設し、楽を発展させようとした。その後、文化・芸術再整理事業が行われ、音楽・舞踊においては、楽器・楽曲・楽譜に至るまで整理され、朝鮮王朝時代以前の音楽・舞踊を独創的に改作し、創作に力が注がれ、さらに新たな演目を創作する動きがあった。
②宮中舞踊
　初期の舞踊は、総じて規模が大きく華やかで多彩であり、種々の舞踊が個々の特性をもっている。しかし、強い儒教的な色彩を表したことで、初期の文化は段々後退をみせ始めたが、後期の舞踊においても、初期の舞踊をそのまま受け継ぎ、形式は保たれた。
　なかでも、後期の特徴は、王の功徳や長寿を願うことを目的とし、国家や宮中の

行事のたびに創作され、舞踊の黄金期とも言われた。

その特徴は、①個人の感情、情緒表現が禁じられること、②舞踊の始めと終わり、または踊る合間に舞踊の内容や王を讃える歌が挿入されること、③ほとんどの作品が群舞で構成され、動きは曲線が重要視され、統一された調和美が強調されること、である。

舞踊動作には、王様の前で礼をする「構えの動作」などがあり、祝宴で花を持って、優雅でゆったりとしたリズムに、重みのある舞踊が構成された。一般の衣装よりは長くて幅のある衣装を着たが、その理由は、下肢動作は上肢動作の安定を助ける補助的な役割だったためとされる。反面、下肢動作は動的な機能を発揮することは要求されなかった。もう一つの理由としては、舞踊の場が地面（庭：韓国のみならず、アジアの舞踊も近代になるまで地面で演じられたと思われる）だったので観客との視線が水平に位置していて、上肢の表現がより強調されたとみられる。

③民俗舞踊

民俗舞踊とは、古来脈々として受け継がれ民間大衆の生活の中に深く根付いて、長い歴史を経て発達してきた舞踊を言う。また、記録方法も明確ではなく、発祥年代は未詳で、特定の対象によって作られ踊られたものではない。

その特徴は、①地方ごとの特徴を持っていること、②平民階級の単純で素朴な生活感情を表現していること、③宮中衣装に比べて素朴な民族衣装を着用すること、④音楽のリズムの変化が多様であること、⑤伝承・発展には巫女も重要な役割を果たしたこと、がある。その中でも仮面舞は、社会の不道徳や官僚への怨嗟など、民衆の不満の表現手段として人間社会の喜怒哀楽を風刺的、滑稽的に表現する。

2）日本統治時代の舞踊政策（1910-1948 年）

宮廷音楽を統括する複数の機関が統合され 400 年以上続いた「掌楽院」（建院 1400 年　開院 50 年　国立国楽院史：国立国楽院）が、1910 年日韓併合で日本の朝鮮総督府により李王職雅楽部と改称された。ここに雅楽生養成所が設けられ、音楽実技・音楽理論・一般学科授業を実施し、公演活動を行った。李王職は日本の皇室の業務を担当する宮内庁に属し、宮内庁の監督を受け朝鮮王族の歌舞を担当したが、実質的には朝鮮総督府の管轄下にあった。日本帝国主義に合わぬものは排除され、種々の芸術関連制度も廃止された。王室に属していた芸人たちは職を追われ、一部の人々は民間組織団体で後進を育成した。このような社会背景により、伝統舞踊は、500 年間継承された宮中舞踊と、民俗舞踊が出会い、接触するようになったのだろう。

3）大韓民国の舞踊政策

①国立国楽院

李王職雅楽部が第二次世界大戦直後の 1946 年に廃止され、国立国楽院となり、大韓民国の伝統音楽の伝承・舞踊保存と、その普及発展に関する事務を行い、高句麗・新羅・百済・朝鮮王朝時代と伝承されてきた宮中音楽を継承・保存する機関となり、各種公演、学術研究、国楽教育などを行っている。現在では SNS を活用しながら国際交流事業を推進している。そのために、国楽分野における人材育成教育

にも力を注いで、外国人との交流のための国楽講座、そして、国楽競演大会を通して継承と発展の担い手を育成している。また、各地域に支部を設立し、伝統音楽に多くの人が接する場を創り、地域伝統文化の保存伝承を基に、新しい文化コンテンツを開発し、地域文化を活性化させている。

②文化財庁

　韓国文化財（遺産）・韓国の伝統文化は**光復**（1945年8月15日）、南北分断、朝鮮戦争などの混乱と危機の歳月を経験した。政府は文化財を保存する目的で文化財庁を設立し、人類文化発展に寄与するために1962年1月文化財保護法を公布した。一人当たりの国民所得が100ドルにも満たない苦しかった時代に伝統文化

光復：
1945年8月15日の日本統治からの解放を意味し祝日となっている。

表2-3　韓国重要無形文化財に指定された7つの舞踊

演目	成立年代	指定年代	指定理由	特徴
晋州剣舞 （チンジュコンム）	およそ1700年代	1967.1	芸術性と歴史性を持っている教坊庁*剣舞として宮中剣舞の原型通りに保存。	晋州地方で伝承され宮中の宴に踊られた。女性剣舞（両手剣）として教坊の妓女たちによって伝承された。
勝戦舞 （スンジョンム）	高麗時代	1968.12	統栄の教坊庁で伝承された舞で伝承経路と系譜が比較的に正確で、宮中舞踊形式の性格と品位を持っている。	壬申倭乱（1592）当時には李将軍が兵士の苦労をねぎらい、勝利の時の祝い事で踊られた。軍隊がある所で踊られたことから名付けられた。
僧舞 （スンム）	およそ1910年代初め、妓房*から	1969.7	白い僧服を着る韓国の代表的な民俗舞踊。あやす、しめる、ほぐすなどのリズムの繊細な表現と僧舞の持つ動作の奥深さを特徴とする。	妓房から発展した一人舞として、妓女*たちによって芸術的な舞踊形式が整えられた。仏教儀式で僧侶が踊るのではなく、人間の喜怒哀楽を克服し浄化させる舞踊である。
處容舞 （チョヨンム）	統一新羅献康王（875〜886）	1971.1	處容説話を基に宮中ナレ儀式*から宴行される東洋の哲学的な視覚と儒教政治理念・伝統性・芸術性を持っている。	宮中舞踊では唯一、仮面を被って踊る。陰陽五行説*を土台とし疫病神を追い払う。五色の衣装の象徴と五つの方向を示して踊る。五方處容舞ともいう。
鶴蓮花賣合説舞 （ハックヨナデハプソルム）	高麗時代	1971.1	鶴舞と蓮花賣舞は高麗時代から伝えられ、朝鮮時代に宮中呈才として定着した内容と形式が豊富で芸術的に優れている。	朝鮮王朝時代中期には、宮中で邪気を追い払う儀式として行われた。舞台上に蓮の花の形があり、鶴の扮装をした人が踊る。鶴と蓮花賣舞が総合芸術的要素を持っている。
太平舞 （テピョンム）	およそ1930年前後	1988.12	豊年と国の平和を祈願する踊り。舞踊動作が繊細で優雅、脚動作が多様で独特、芸術的価値が高い。	王妃の衣装を着て宮中の華やかさを壮大かつ優雅に踊る。韓国舞踊の中でも、リズムの複雑さと巧みな足さばきの特徴を持つ。
サルプリ・チュム	およそ朝鮮末期（年代未詳であるが、1936年に名付けられた）	1990.10	朝鮮中期以降、庶民文化により発達。職業的な役者・芸人等によって創造された妓房チュムで、個性が強く芸術性が優れている。	白い布を持って、悪気を追い払うために、巫女がクッ*で即興的に踊った。日本統治時代にクッが禁じられ、巫女たちの一部の集団が舞踊を芸術的形態に整えた。人間の内面的な感情を表現する。

*　教坊庁（キョバンチョン）：朝鮮時代に八道に派遣された監査が職務を行う官庁が晋州（チンジュ）に設置された。ここで技女たちを養成する機関として歌・舞踊・剣舞などが行われた。1910年日本統治下に廃止された。
　　妓房（キバン）：妓生（キーセン）（日本の芸者に相当）の置屋。
　　妓女：医薬や針術及び歌舞の技芸を学んで国に必要な時に奉仕した女性。彼らは賤民階層に属したが唄舞者としての役割と自分の特殊性によって、服飾の内容と形式が多様であった。
　　宮中ナレ儀式：宮中で大晦日に行う厄除けの儀式。
　　陰陽五行：中国古代の宇宙観，世界観。陰陽説と五行説が結合したもの。五行の木・火は陽、金・水は陰、土はその中間。この五元素が互いに助長、相克しあうことで自然現象や人体を説明しようとする考え方。
　　クッ：巫女が歌と踊りと占いなどを通して神と人間を結びつける儀式。悪霊退散・幸福招来を目的とする。

を保存しようとする決意は伝統文化に対する韓国人の矜持の表れである（重要無形文化財報告書資料、1964）。

　韓国の重要無形文化財には「技能種目」と「芸能種目」の2種類がある。「技能種目」は工芸技術、飲食の2つに分類されている。「芸能種目」は音楽、舞踊、演劇、武芸、遊戯、儀式の5つに分類され、そのなかで、舞踊は7つの演目がある。

③韓国重要無形文化財に指定された7つの舞踊（文化財庁の資料に基づく）

　文化財庁の資料に基づき、7つの舞踊の概要を表2-3にまとめた。

3. 伝統と再創造—太平舞—

　太平舞（テピョンム）は3つの流派がある。ここでは無形文化財に指定された作品を取り上げる。

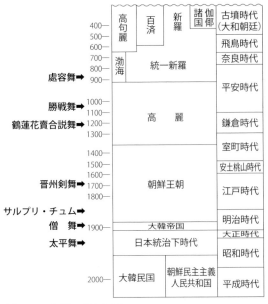

図 2-10　舞踊の成立年代

1) 太平舞の選定の理由

　7つの舞踊の重要無形文化財の一つである太平舞は、その指定理由として「豊年と国の平和を祈願する意味を持ち、他の民俗舞踊と比較してあまりにも特異で個性的であり芸術性が高い点にある。」と文化調査報告書（第181号）に記されている。その舞踊動作は、今までの伝統舞踊と異なり、繊細、優雅であり、舞踊動作、特に脚・足動作は多様かつ独特で、**チャンダン**（リズム）も他に無い複雑さをもち、芸術的価値が高いとされている。太平舞を個別テーマとして選定した理由は、日本統治下で民俗伝統文化が危機に瀕した時代に、**韓成俊**（ハンソンジュン）が数多くの作品を創出し、舞踊伝授・普及活動に大きく貢献し、その作品の中でも太平舞は、韓国民族としてのアイデンティティーが根底に根差している意義深い作品であり、伝統舞踊を受け継いだ新しい芽吹きの一つと言えるからである。

2) 太平舞の創作背景

　太平舞の由来に関してはさまざまな学説がある。王自身の踊りだったという説、巫女が福を祈るために踊ったという説、豊年を祝うために踊ったという説、才人庁（チェインチョン）から派生したという説などがある。また、宮中舞踊の一種として宮中や官庁で踊られた説などもある。太平舞の太平の意味は天下太平であり、個人の安寧でなく、民族的な次元で国家の安寧を示すものとされる。

図 2-11　韓成俊「太平舞」
朝鮮日報（昭和14年11月8日）

チャンダン（長短）：
踊り、歌、楽器などで使われる拍子・リズムを表す（リズムはチャンダンの概念と区別される。チャンダンは一つの枠で構成されていることを示すが、リズムはチャンダンを成り立たせるために、基本拍に対する変化形態を分析する時使われる概念である）。

韓成俊：
（1874-1941）太平舞の創作者であり音楽の達人。7歳から舞踊と太鼓を習う。1894年全国芸術行脚生活後ソウルに定住。1934年朝鮮音楽舞踊研究所開設。数多くの作品を創作活動。1941年モダン日本社主催の『朝鮮芸術賞』受賞（舞踊）。

才人庁：
朝鮮末期に世襲巫女、才人（芸人）、滑稽師（辻芸人）などの職業的な民間芸能人の、芸能および社会活動を行政的に管掌した組織。

3）韓成俊：太平舞の創始者

①創作の背景

　太平舞の創始者、韓成俊は、『王の舞』を再編したと言っているが、『王の舞』は王のために踊る舞踊、あるいは朝鮮の王様自身が踊ったことから生まれた昔の舞踊とも言われている。

　太平舞の創作背景について前述の朝鮮日報（1939. 11. 8）による韓成俊のインタビューによれば、

　　「巫舞の『王の舞』、『大監ノリ』は巫女が王を讃えるために踊った民族舞踊だというが、実は朝鮮王朝の王自身が踊ったらしい。勿論王は巫女のように跳び跳ねたりはしなかったでしょう。おそらく音律にのって王は腕でも挙げたのでしょう。これが今日に至り変化しつつ巫女から伝わる『王の舞』になったのでしょう。私はこの『王の舞』を『太平チュム（舞）』と名付け弟子達に教えています。従って、舞踊の名称、チャンダン（リズム）、形式も見つけ出し、古典により忠実に再現しました。」

　姜善泳（人間国宝：韓成俊の愛弟子）によれば、朝鮮時代初期に創作された宮中舞踊である《保太平之舞》・《定大業之舞》の舞踊動作を太平舞の舞踊動作に取り入れたと述べている。また、太平舞の名称も《保太平之舞》の引用であり、その背景には王と王妃が国の太平を願うために作られたが、太平という名称は、国を奪われた悲しみに対する太平盛大を願う韓成俊の望みがあったと証言している。

　姜善泳自身は、豊年と国の太平と平安を祈願する意味があり、太平舞は王様と王妃が国の太平を祈る舞踊として踊られたと言っている。これは国の太平を願う当時の王の心の表れだと考えられる。

②日本統治時代の背景

　太平舞の創始者である韓成俊による新しい舞踊への動き、考えが生まれた。前述の朝鮮日報に掲載された彼のインタビュー記事から再度見てみよう。朝鮮日報は、日本の朝鮮総督府の管理下と文化的抑圧下にあったが、韓成俊は民族と伝統舞踊の

王の舞：
巫女が王を讃えるために踊った踊りだと言われている。

大監ノリ：
大監の名称は朝鮮王朝時代の高級官員である。大監ノリの意味は、巫女が神を祭り、災難をしりぞけ福を祈る儀式ともいう。

チュム：
舞踊全般。

姜善泳：
（1925-2016）
1937年ソウル韓成俊朝鮮音楽舞踊研究所入所。1951年ソウルで姜善泳古典舞踊研究所開設。1988年韓国重要無形文化財第92号の芸能保有者（人間国宝）として指定され。1998年太平舞（テピョンム）伝授館新築開館。

保太平之舞・定大業之舞：
祖宗の文徳、武功を讃える儀式舞。

図 2-12　姜善泳
『名人に道を尋ねる』（民俗園）
太平舞：大礼服・ハンサン

図 2-13　姜善泳
「2005 年 70 周年記念公演」
太平舞：チマ摑み・足捌き

矜持を背景にした新しい考え方を、朝鮮総督府の検閲を受けないように慎重にかつ真摯な言葉で、このように述べている

「朝鮮舞踊はどこでどのように発展され、伝わってきたのか、という質問をよく受ける。しかし、私はこれに対して、おそらく私がどれだけ踊りや歴史を知っているとしても、私はただ、『人が生まれた時から舞踊はあった』のように答えてきました。もちろんこのような答えは完全な答えとは言えないでしょう。しかし私はそれをかたくなに信じて、これ以上明確な答えはできません。即ち、私たちの毎日の生活動作の一挙手一投足すべてが舞踊であり、つまり舞踊でないものは無いということです。歩くことや、座ること、横になることなど、これらすべてが舞踊であり、舞踊になれると信じています。事実私たちの日常生活において、よく見られる動作にリズムや拍をつければ、それらすべてが素晴らしい舞踊になれるということです。ですから結局私たちの舞踊の歴史とは、もちろん、それは仏教に起源しているでしょうが、もっと遡れば私たちがこの世の中に生まれながらにして舞踊は生まれたと考えるほうが、自分にとっては正しく思えます。巫女の踊った舞踊の中で『王の舞』、『大監ノリ』がありますが、この舞踊が今日にきて変化し、(中略)今にきて私は太平舞として再編しました。」

4) 太平舞に見られる伝統舞踊の再創造

1935年、韓成俊は「朝鮮音楽舞踊研究所」の発表会を西洋式舞台(一段高くなっている近代的な舞台)で行い、太平舞を初演した。日本統治下に作られた作品であるがゆえ、韓成俊はその後、弟子たちと日本に巡回公演に来た時に、太鼓の面に現代の韓国国旗(太極旗)に酷似した模様が印されてあり、それは朝鮮の独立を象徴するという理由で日本側の指示により公演が中止になった。彼は仕方なく国旗の形のような模様を消して公演した。太平舞は本来、朝鮮時代の王と王妃が服装に飾りを付け踊るものだが、日本統治下にあることを考慮し、新羅の王と王妃の服装にして、華やかさと王妃の威厳を表す装飾はすべて廃止して最大限単純化させた。ある場合には日常の**チマ・チョゴリ**だけを着て、頭に新羅王と王妃を表す冠だけを飾って踊った。

韓成俊は弟子たちに、「いつか良い時代が来るから、その時は太平舞の衣装を朝鮮時代の王と王妃の服装に復元し着用するよう」に指示した。前項の韓成俊の写真の衣装と姜善泳の舞台衣装の違いから、日本統治時代の背景が浮き彫りになっている。

韓成俊は、いつも歩くときはポケットに両手を入れて、リズムと声を合わせて出しながら歩き、またその歩に合わせてリズムを作ることが日常のようだと、姜善泳は証言している。おそらく丘を上がるときはゆっくり歩きながらゆっくりとしたリズムに、坂を下りるときは早いリズムに細かく早歩きしたことが目に浮かぶと言う。このようにリズムに乗って歩くことが自然となった。日常が舞踊になるように、日常動作と舞踊とを関連付けた。韓成俊は正に生活自体が舞踊であり、生そのものが舞踊であった。

彼は、「衰退していく朝鮮の歌舞楽をみるたびに段々沈滞していく朝鮮芸術界を悲しむ」「どうすれば、消えていく朝鮮舞踊を生き返らせるか、心に思いがあるば

チマ・チョゴリ:
チマはスカートの部分、チョゴリは上着。

かりで、胸が痛む。」と言っている。

　そして、韓成俊が亡くなる前に、太平舞の衣装を死に装束にするように遺言を残したほど、太平舞の本来の衣装を着て踊る日が訪れることを切実に願った。太平舞が創作された時期は、王権が形骸化しており、韓成俊が王・王妃の舞踊を創作する事は、伝統舞踊再創造への強い意志の表れだと考えられる。

5）太平舞の特徴

①音楽の特徴

　太平舞に使われる伴奏音楽は、他の伝統舞踊とは明確に異なる。4拍、10拍、3拍、12拍、24拍、6拍、10拍などの拍に構成され、チャンダン（リズム）が複雑な構造で展開されているため、伴奏音楽を理解できないと、太平舞を踊ることができないと言われている。さらに音楽が早くなるにつれ、2拍と3拍が複雑に混ぜ合わせて変化し、「引き締め、それを解放する」という複雑なリズムを駆使する。複雑な音楽に舞踊を構成したので、脚（足首・踵・爪先）動作が多様で複雑に構成される。前半と後半は単調な宮中音楽であり、半ばには民族音楽のリズムと巫俗チャンダン（リズム）を基本とした複雑なリズム変わる。

②衣装の特徴

　韓国伝統舞踊における太平舞は王妃の服装で踊るのが大きな特徴である。衣装は他の伝統舞踊とは大きく異なる。**ハンサン**と大礼服の着用と非着用の時の相違点が明確であり、ハンサンと大礼服を着用時は、「王妃である威厳と女性の内面を表現し」、ハンサンと大礼服着用無しの時は、「女性の雰囲気を表す」。

③下肢の特徴（脚動作・足動作・回転）

　ここで言う脚動作は下肢全体の動作、足動作は踝から先の動作を意味する。太平舞が他の舞踊と区別される点は、技巧のある脚・足動作と腕動作にある。足動作においては、足を運ぶ際に独特なチャンダンの間に構成される足運び動作であり、その動きが絶妙な味を醸し出す。

　韓国民族舞踊の代表的な作品であるサルプリ舞や僧舞は脚を挙げてから踏むときに踵から一直線で足をおくが、太平舞では足を動かすときに、半円を描きながらチャンダンを取って脚を運ばないと、複雑なチャンダンに動きが合わなくなる。その意味では太平舞の脚・足動作とチャンダンは最も独特である。その大きな理由としては、膝を屈曲してから脚運びをする際の「溜めを持つ事」が重要とされるからである。

　次に回転においては、僧舞やサルプリ舞は一回転することが原則だが、太平舞では半回転してからまた半回転する特徴がある。細かい足踏み、踵回し、軽やかな足の運び、重ね歩き、踵ふみ、そして脚で半円を描くなどの技巧がある。それでいて、せっかちでもなく、きめ細かく動く、多様で優美な脚動作もあり、踵打ち、指先打ちなどの足動作は他の韓国舞踊では見られない最も技巧的なものである。

④上肢の特徴（腕動作・ハンサン捌き）

　第一に、腕動作において、他の舞踊は耳の横か肩下の部分で腕を用いる場合が多いが、太平舞は耳の上、つまり頭部の高さまで腕を挙げる動作が多く、また腕を伸ばす時でも殆どまっすぐになるように真横に伸ばす。第二に、ハンサンを捌く際も

ハンサン:
白色の広くて長い袖に多彩な色がついている。長さは正確に決まっていないが、大概踊り手の身長の半分程である。

両手のハンサンが重なり合うようにする。ハンサン捌きでは鶴が両羽を羽ばたくようなイメージを連想させる動きが見事である。第三に、チマ摑み動作は両手でチマを摑んで軽く持ち上げるような大変個性的で、太平舞には欠かせない動作である。

6）姜善泳（人間国宝）へのインタビュー

筆者は 2007 年から 2008 年にかけて韓国で太平舞の人間国宝である姜善泳に実演指導を受けインタビューを行った（2007-2008 年海外調査研究）。場所は、太平舞伝授館・太平舞本部・自宅であった。中でも特に印象的だったのは、実演指導での足踏み動作とチマの摑み方の強調であり、最後に姜善泳自身の思い出話を述べたことである。

①足踏み動作

非常に細かい足踏み動作であるため習得が難しい。習う者が私と同じように足を動かしているかどうか自分自身で確認することが無理なので、意図的に足裏と床が接触する時に音を出すように指導している。これは指導上での工夫であったが、現在では舞台公演においても足音を出すことが正しいとされるようになった。

太平舞の足さばきは韓国舞踊の中でも最も繊細で大変特徴的な動作である。それは、韓成俊が日常生活の中において歩く際に、両手でリズムを叩きながら歩くことが太平舞の足さばきを創作した背景である。しかし、現代の人は足が弱く練習時間も足りないため、そこまで追求することができない点が残念に思われる。

> ［筆者注］太平舞における足踏み動作について貴重な示唆を得た。
> 舞台表現における変容の理由は色々であるが、難し過ぎる動作表現を比較的に簡単に
> 身に付けるための工夫が舞踊動作の変容につながった事例である。

②両手でチマの摑み方

チマの摑み方に関しては肘の位置が大事である。他の舞踊と異なりチマを膨らませるようにつかむことで肘が上がり、腕が体幹から離れる。それにより背筋が伸び視線が遠くに行き、王妃が全体を眺めているような形になる。王妃として堂々と振る舞うための所作である。

> ［筆者注］姜善泳とのやり取りの中で、言葉と動作を通して見えてくるものである。それは言葉では明確に示さなくても、姜善泳と筆者も韓国語を母国語としているので、数度のインタビューと、数回にかけて姜善泳に太平舞の実演指導を受け調査を行ったので理解できた事である。姜善泳は 2016 年他界しており、このインタビューは太平舞の特徴を導き出す貴重なものであったと思われる。

③そのほか

姜善泳は研究生の時代を思い出し、以下のように誇らしげに語った。

太平舞は、本来王と王妃が踊る。初めは師匠（韓成俊）が一人で踊ることもあった。師匠が王の役で弟子の私が王妃の役を踊った。後に韓成俊の孫が王の役を踊り、私は王妃の役を踊った。王と王妃は、前半は一緒に踊って、後半に王が座って見ている間は、王妃は大礼服を脱いで王の前で後半の最後まで踊った。

太平舞は舞踊動作もリズムも大変難しく他の研究生は途中で諦めたりしたが、私は根気強く死ぬ思いで師匠の傍から離れないで太平舞を習った。当時は日本からも数人の芸術家が師匠の元に習いに来た。私は助手であり、日本語を通訳する秘書と

しての役割もある中で、太平舞を習わざるを得ない状況にあり、師匠から最後まで太平舞を習ったのは私だけだ。

　姜善泳は太平舞の創始者の韓成俊から直接教えを受けており、韓成俊の考え方、芸術に対する姿勢、太平舞創作における情熱を直接受けることができた。現時点においては、韓成俊流の太平舞が正統な伝統として伝承されていると言えるであろう。

4. 新しい芽吹きと新しい伝統の創造

　筆者が取り上げた太平舞は、芸術分野におけるコリアン・アイデンティティーを取り戻そうとする作品であり、日本統治下の時代に、伝統舞踊から再創造され、伝統舞踊の新しい芽吹きとして捉えられる。現在の韓国人にとって、太平舞は、舞踊研究者・舞踊家・民衆の３つの視点から考えられる。

　まず、舞踊研究者の視点では、韓国舞踊の父であり太平舞の創始者とも言われる韓成俊抜きでは韓国舞踊を語れないほど、数多くの研究がされている。

　舞踊家の視点からは、太平舞は引き込まれる魅力があり、踊れば踊るほど難しく、舞踊のスケールが大きく、韓国人特有の情緒が内在していると多くの舞踊家が語っている。韓国舞踊家にとっては、必然的で人気の演目である。

　一般の韓国人の視点では、韓流ドラマに表れる朝鮮王朝時代の歴史や文化、そして王妃の衣装に憧れがあり、朝鮮王朝時代を彷彿とさせる。現代韓国の伝統衣装は、チマ・チョゴリが一般的であるが、王妃の衣装を着て踊りたいと思わせる伝統舞踊である。

　1998年姜善泳は自身の故郷であるアンソン市で太平舞伝授館を開設した。文化芸術空間として韓国伝統文化に対する正しい継承・保存と共に才能ある舞踊家を発掘し育成するために舞台を開放し、定期的に伝統舞踊競演会と伝統舞踊常設舞台を開いている。

　現在、毎年の夏・冬の間の３日間、太平舞伝授館において、合宿での講習会が行われ、海外在住の舞踊家、研究者、子供から成人まで一般人も参加している。そして韓国文化財庁の管轄で毎年伝承者資格のための試験があり、伝授システムを維持している。

　このように、太平舞の歴史は、新しい伝統の創造と伝承と言っても、過言ではないであろう。こうしたフレームワークを意識し、他国における類似事例について着目してほしい。

（蔡 美京）

理解度チェック

1 朝鮮王朝と日本統治下時代の時代背景について思うところを述べてみよう。
2 『太平舞』の伝統と普及活動についての「提言」を話し合ってみよう。

さらに読んでみよう おすすめ文献

● 鄭 昞浩（チョンビョンホ）（1993）『韓国の民俗舞踊』白帝社.
●石坂浩一・福島みのり（2014）『現代韓国を知るための60章』明石書店.

アイヌの舞踊 ―参加する舞踊から見せる舞踊へ―

「ア イヌ」は、アイヌ語で「人」を意味する民族呼称で、北海道・樺太・千島列島の先住民族である。北海道アイヌ協会のホームページによれば、北海道在住のアイヌ人口は16,786人。これは、2013年に北海道が行った「アイヌ生活実態調査」での数字であるが、その調査対象は、「地域社会でアイヌの血を受け継いでいると思われる人、また、婚姻・養子縁組などによりそれらの方と同一の生計を営んでいる人」のうちで、アイヌであると「自らが表明する人のみ」とされている[1]。「和人」（アイヌ以外の日本人）との混血化が進んだために、個人のエスニック・アイデンティティの有無が「アイヌである」か否かの判断基準となっている。

アイヌ文化は、本州や大陸との恒常的交易を通じ、中世以降形成されたと考えられている。漁狩猟採集を生業とし、河川流域に集落（コタン）を営んだが、これら河川流域の各集団の文化が、方言や舞踊等の地域差となって、今に伝えられている。信仰と結びつく生活の中で、儀礼の際にも舞踊が催されてきた。近世以降、和人の経営する漁場での労働者化が進み、過重な労働に伴う集落の空洞化、本州から持ち込まれた疫病の流行により、人口が激減した。この時期、松前藩主や漁期終了時などに行われた藩士・漁場経営者との儀礼的交換の際にも、アイヌ舞踊が披露されている。近代になると、北海道への和人の大規模移住・開拓が本格化し、生業の場を失ったアイヌに対し、19世紀後半に農業授産を主とする保護政策が開始された[2]。文化の同化・混血が進んだ反面、依然として差別や経済的格差が残存し、1997年のアイヌ文化振興法制定に至る[3]。儀礼以外にも観光地や巡幸啓等の際に披露されてきたアイヌ舞踊は、同法の伝統的文化持続施策における民族的知識、文化的表現の伝承再生・交流・普及活動の対象となり、各地で舞踊講座等が開催されている。

アイヌの伝統舞踊は、アイヌ独自の信仰に根差した歌舞で、その様式にはきわめて古態をとどめているものが多いことから「古式舞踊」と呼ばれている[4]。主な伝承地域である北海道内でも集落ごとに異なる歌舞が存在し、そのレパートリーは多岐にわたっているが、**楽器伴奏**を伴わず舞踊手自身の歌に合わせて踊るため、歌と踊りは不可分の存在であることが共通点と言えるだろう。ここでは、アイヌ古式舞踊の代表的演目、『リムセ（ホリッパと呼ぶ地域もある）』について紹介したい。この舞踊は、儀礼の前にウコウク（輪唱）を用いて演じる座り歌『ウポポ』とともに多くの地域で伝承されており、大勢が輪になって儀礼の最中に歌いながら踊る輪踊りである。リムセ（またはホリッパ）には実にさまざまな種類があるが、たとえば「ホイヤー」のような、神への捧げる言葉ともみなされる意味のあいまいな歌詞を踊り手自ら斉唱する。さらに、リムセの原義ともいわれる「ドシンという音を立てる」という儀礼的な足踏み[5]を繰り返し、それに手拍子を合わせるなどの単純な振り付けで踊ることが多い。アイヌの歌舞の多くは儀礼や日常生活の中で実践されてきたが、そのほとんどが誰でも参加可能な大衆の芸能でもあった。リムセには、歌のリズムが手拍子や足運びなどの律動となって舞踊化する過渡ともいえる「歌と舞踊が渾然一体となった様子」「儀礼行為としての舞踊」、そして、「参加型の舞踊」という特徴をみることができるが、それは舞踊の根源的な姿というべきものである。

神々への畏敬や自然との共生を中心に暮らしてきたアイヌの生活に欠かせない文化の一つであった古式舞踊は、近代以降の同化政策によって長らく危機的状況にさらされていた。ところが現在は逆に、**文化財としての評価**とアイヌ新法の影響を受けて国内外から広く注目を集め、保護すべき貴重な文化財としてアイヌの共同体を超えて受容されつつある。こうして、現在のアイヌ古式舞踊は、生活の中に根ざした「参加型の舞踊」から普及振興を目的に他者へむけて「見せる芸能」へと変化したのである。

（百瀬響・岩澤孝子）

(1) 公益社団法人北海道アイヌ協会.「アイヌ民族とは」
https://www.ainu-assn.or.jp/ainupeople/index.html
（2019年1月30日 閲覧）

(2) 1899年には、北海道旧土人保護法が施行された。

(3) 正式名称は、「アイヌ文化の振興並びにアイヌの伝統等に関する知識の普及及び啓発に関する法律」である。なお、同法は2019年5月に廃止され、現在は「アイヌの人々の誇りが尊重される社会を実現するための施策の推進に関する法律」が施行されている。

(4) 旭川市「郷土芸能 アイヌ古式舞踊」
http://www.city.asahikawa.hokkaido.jp/kurashi/329/348/353/p000231.html（2019年1月30日 閲覧）

楽器伴奏:
アイヌの伝統楽器は非常に少なく、現在主に伝承されているのは「ムックリ（口琴）」と「トンコリ（五弦琴）」の2種類である。いずれも舞踊の伴奏楽器とはしては用いられず、特に後者は樺太由来でシャーマンの祭具であった。（日本放送協会編（1965）『アイヌ伝統音楽』日本放送出版協会, pp. 514-524.）

(5) 日本放送協会編（1965）『アイヌ伝統音楽』日本放送出版協会, p.145.

文化財としての評価:
1984年に国の重要無形民俗文化財として8団体が（1994年に9団体が追加）指定され、また、2009年にはユネスコの無形文化遺産に登録された。

第4節

舞踊は社会を映す鏡
―ネワール人の舞踊劇「ガン・ピャカン」―

学習のねらい

舞踊は、その現象における無形的性質により、社会状況の鏡となりうる。
ネパールは現代、王国から連邦民主共和国へ移行し、政治だけでなく文化、経済、
宗教などにおいて激動の中にある。首都のあるカトマンズ盆地の先住民である仏
教徒ネワール族は、近現代だけでなく古よりヒンドゥー教をもたらす支配者と折
り合いをつけながら、しかし屈せず今日に至っている。ここでは、ネワールの人々
の舞踊文化の中に社会の変遷が内包されている姿をみていく。そして、ネワール
人の舞踊劇ガン・ピャカンによって舞踊の社会の反映性を考え、理解する。

1. ネパールの変わる国のかたち

　インドと中国に挟まれたヒマラヤ山地の小国であるネパールは、近年国家体制の
著しい変化を遂げている。ネパールにおける王国としての国家体制は、18世紀中
葉シャハ王朝がカトマンズ盆地（直径約20-25km、標高約1,300m）の先住民で
あるネワールの人々を支配下においた時期から始まった。現在のネパール国家の領
域は、19世紀初頭イギリス東インド会社との戦争によりほぼ確定されたと言われ
ている。ただし、山地民にとっては、長い間ネパールと言えばカトマンズ盆地を指
し、それ以前からネワールの人々が築き上げてきたマッラ王族による3つの小王
国を指してきた。

　従来からこの地を支配してきた王朝は、ヒンドゥー王国を標榜してきており、カ
トマンズ盆地のネワール族の人々を懐柔しながら支配してきた。そして近現代に至
り、1990年に民主的な新憲法が導入された。山間部、非都市部の人々が担い手と
なったマオイスト反政府活動などもあったさなか、2001年の王族射殺事件[1]と
いう衝撃的な事件が起きた。その後王政復古されたが、再び2008年王制が廃止さ
れ、その後やっと2015年に新憲法が発布された。その憲法において、多民族、多
言語、多文化が規定され連邦民主共和国となった。ネパール国家として初めて、憲
法に特段の指定宗教のない世俗国家となったのである。ネワールの人々は、この「多」
の中に包摂されるかたちで組込まれることになった。

(1) 2001年6月1日、首都
カトマンズ市内王宮におい
て、当時のディペンドラ王
太子が父ビレンドラ王ら9
名を殺害し、自らも自殺を
図った事件。

2. ネワール族の舞踊文化とその意義

　チベット・ビルマ系言語を母語とするネワールの人々は、印欧系言語であるネパー
ル語を母語としヒンドゥー教をもたらしたマッラ朝、シャハ王朝等の下にありなが
ら、なお彼らは自らの文化を維持し続けてきた。彼らの仏教文化は、カトマンズ盆
地の先住の民としての自らの文化であり、それは今日当地における文化的基層に位
置している。たとえば、彼らのマッラ朝、シャハ朝以前の建築物等の文化は歴史的

建造物群として、1979年にユネスコの文化遺産に登録されており、また、仏陀生誕の地ルンビニも1997年世界遺産一覧表に記載された⁽²⁾。

(2) しかし無形文化遺産は2019年現在登録されていない。

　ここでは、ネパールの首都があるカトマンズ盆地の先住民であるネワールの人々に焦点をあてる。現在、ネワールの人々は、ヒンドゥー・セクションと仏教セクションに分かれている。これも先住民と支配者の攻防の反映と言えるだろう。そのうちの仏教に関わる諸伝承に注目し、宗教性の高さを認識しうる舞踊劇ガン・ピャカンを事例として、それが内包する社会の変容の要素を考えてみたい。

　この舞踊劇によってネワールの人々は、社会の変遷のなかで何を護り続け、またその変化に対する対応の結果を、どのように小規模で部分的変容を加えながら折り合いをつけてきたのかについて考えてみたい。それは、外部からの支配に対して、革命的な変化を望まず、可能な限り折衷案を模索しがちな人々の穏やかな生活が成り立ってきたことの彼らの一つの宗教的表現なのかもしれない。

3. ガン・ピャカンに関わる祭礼行事とネワール仏教

1) 大祭ダサイン

　まず、舞踊劇ガン・ピャカンの内容をみていく。カトマンズ盆地は、1年中祭礼行事が多い地域である。ガン・ピャカンの実施される祭りは、大祭ダサインであり、カトマンズ盆地パタン市⁽³⁾で踊られる。大祭ダサインは、またドゥルガ・プジャとも呼ばれている。ドゥルガ女神は、農業の神であり、したがって豊穣祈願を行う祭りなのである。期間中、行政機関、銀行などは休みとなり、王国時代は、王様が旧王宮バルコニーに出御するなど、カトマンズ盆地における最も盛大な祭礼行事である。アシュウィン月（西暦9月後半頃〜10月前半頃）に約2週間行われる。ヒンドゥー教の祭礼行事ではあるが、仏教徒（ネワール仏教、チベット仏教等）その他国内のあらゆる人々も楽しみにしている祭りである（図2-14、図2-15、図2-16）。

(3) 現在の行政的名称はネパール語で「ラリトプール」を用いているが、ここでは、ネワール語の「パタン」を使用する。

図2-14　パタン市の旧王宮（2018年に筆者撮影）
2015年ネパール大地震後の旧王宮復興事業により現在も足場が組まれている。

図2-15　パタン市の通り（2018年に筆者撮影）

図 2-16　パタン市ゴールデン・テンプルでのプジャの様子（2018 年に
筆者撮影）
右端の白い幕には、中国との友好のプジャである旨が書かれている。

2）ネワール仏教

　ネワール仏教とは、「ネワール族の仏教徒セクションによって担われた出家教団
を持たない在家仏教である」と定義される[4]。

(4) 田中公明・吉崎一美
(1998)『ネパール仏教』春
秋社, p.5. したがって、ネ
ワール族のヒンドゥー教セ
クションの人々も多数いる。

　ネワールの人々は、先にも述べたが、カトマンズ盆地を根拠地として都市を築き
上げ、独自の文化を継承してきた。ネワール語は、現在ではデヴァナガリ文字を使
用しているが、独自の文字文化も形成していた。ただし、今日でも仏教儀礼で使用
されるのは、インド後期仏教の伝統をよく残す史料として研究者が高く評価してい
るサンスクリット語である。

　出家しないで剃髪せず、妻帯、飲酒、肉食が許されており、出自によって継承さ
れてきた。しかし、歴史的にヒンドゥー教と混交し、ネワールの人々の内部にもカー
ストが存在している[5]。儀礼の内容はヒンドゥー教と習合しており、厳密な区別
は難しい。

(5) 14世紀スティッティ・
マッラ王時代、当時のカト
マンズ盆地の産業、交易の
実質的担い手であったネ
ワール人の社会にカースト制
を法制化した。そして、
それまで以上にヒンドゥー社
会の中に組み込まれて発展
することとなった（立川武
蔵, 1991『仏教の受容と
変容3 チベット・ネパール
編』佼成出版社, p.192）。

　元来、仏教はカーストのような身分によるヒエラルヒーを持たなかったが、ヒン
ドゥー教の浄・不浄の概念受容以来、特異な形態で存続してきた。

4．舞踊劇「ガン・ピャカン」

1）「ガン・ピャカン」とは[6]

(6) 本稿における舞踊劇ガ
ン・ピャカンの全体像は、
1981、1982年筆者の現地
調査の内容による。詳細は
一柳智子（1985）「ネパー
ル舞踊劇の世界」『日本人
原風景1』旺文社；一柳智
子（1986）「ネワール族の
儀礼的舞踊ガン・ピャカン」
『Sambhāsā9』；一柳 智子
(1988)「ネワール族の舞
踊ガン・ピャカン」『民族
藝術』4他を参照のこと。

　ガン・ピャカンは、ネワール語である。「ガン」はサンスクリット語で神々の集
まりという意味であり、「ピャカン」は踊りの意である。「神々の集まりの踊り」と
いう意味の慣習的呼称である。正式名称は、「バイラブ・チャクラ・アシュタマートゥ
リカ・ゴンノ・ヌリッティア」という。「バイラブを中尊とした円形の八母神の踊り」
と訳せるだろう。これらのほとんどの神々は、ネワールの仏教徒だけでなくヒン
ドゥー教徒によっても守護神として崇拝されている。この舞踊劇の起源は、16 世
紀マッラ時代にまで遡ることができ、時のパタンの王シュリ・ニバース・マッラ王
の時代に彼によって紹介された。したがって、数百年の歴史があることになる。王
は、観音菩薩の熱心な帰依者であった。この王の夢の中にこの舞踊と音楽が登場し
たのを現実化したものであると言われている。それを継承した僧侶の一人に、登場

人物のバンドゥダッタ・バジュラチャールヤがいる。筆者のインフォーマントのア
シャカジ・バジュラチャールヤは、子孫であるという。儀軌は僧侶が執り行うが、
舞踊劇の伝承は、特にそのうちのシャキャ[7]が行っている。ダサイン祭のパタン
市における祭礼行事全体の宗教的儀軌全般はバジュラチャールヤが統括している。
元来、ヒンドゥー教徒の支配者が仏教徒との融合を図るために仏教徒の僧侶階級の
人々を取り込んだ記述がみえる[8]。

2）登場人物

　登場する人物は、大別すると神々（乗り物としての動物を含む）、実在人物の2
種類である（表2-4、表2-5参照）。

　中心的な神格であるバイラブは、シヴァ神の忿怒の化身とされ、カトマンズ盆地
では密教的存在としてあまねく信仰の対象となっている。

　登場するのは、中心格のバイラブとその息子であるガネーシャとクマール、そし
て八母神[9]、そして、バイラブの乗り物であるシンンギニーとビャンギニーの合
計13人である。

　八母神とは、ヒンドゥー教の七母神にマハラクシュミ（吉祥天）を加えたもので
あるが、カトマンズ盆地では、後期仏教のタントリズムにおいてこの八母神の方が
中心的に崇拝されている。

　実在人物であるバンドゥダッタ・バジュラチャールヤは、前述のようにガン・ピャ
カンの起源に関わった人物である。グナダッタはその弟であり、スチャリターは妻

(7) シャキャとは、「釈氏」を意味する。シャキャ・ビクシュ（釈氏の比丘）とも称され、本来は比丘であったといわれるが、現在は妻帯し、仏像鋳造、鍍金などを生業としている。シャキャ・ヴァンシャ（釈氏の系統）とも呼ばれるのは、彼らが、コーサラ国に滅ぼされたブッダの一族、シャカ族の末裔とされるからである（田中・吉崎, 1998, pp. 5-6）。

(8) P. V. Ashakaji Bhajratyarya (1981) The dance of Astamatrika: Introduction II.

(9) ブラフマヤニー、ルドゥラヤニー、クマリ、ヴァイシュナビー、ヴァーラーヒ、インドゥラヤニー、チャームンダー、マハラクシュミの8人の女神たち。

表2-4　登場神と動物の属性

	名称	身体の色	形態	持ち物
主神	バイラブ	青	忿怒相	
男神	ガネーシャ	白	象	
	クマール	赤		剣
八母神	ブラフマヤニー	黄		
	ルドゥラヤニー	白		
	クマリ	赤		
	ヴァイシュナビー	青		
	ヴァーラーヒ	薄い赤	猪	
	インドゥラヤニー	橙		
	チャームンダー	薄い赤		剣
	マハラクシュミ	赤		剣
主神の乗り物	シンンギニー	白	ライオン	
	ビャンギニー	黄	トラ	

表2-5　実在人物の名称と関係

バンドゥダッタ・バジュラチャールヤ	兄
グナダッタ・バジュラチャールヤ	弟
スチャリター・バジュラチャールヤ	バンドゥダッタの妻
パタシンハ	手伝い
ポー	兄・漁師
ポー	弟・漁師

である。パタシンハは、彼らの行う修行・プジャ（供養）の補助を行う人物である。ポー兄弟は、不可触民とされていて身分差別に関して疑問を投げかける役割で登場する。

3）舞踊場面と演劇場面

この舞踊劇の全場は、舞踊動作の展開場面と演劇的、言語表現による展開場面とに分けられる[(10)]。

ここでは便宜的に前半を「舞踊場面」、後半を「演劇場面」と呼ぶことにする。

全8場31景に分けられ、全演目で約4時間[(11)]程度行われる。

主として舞踊場面は第1、2、4、6、7、8場であり、演劇場面は第3、5場[(12)]である。しかし、近年この演劇場面の大部分が削除され、プジャのシーンだけが残った。ここでは、1982年調査の全場面を提示する。

①第1場

全員立ち上がり輪になって中心を向き、両手は手印を結びながら全身を震わせている（図2-17）。そして、両上肢を上方にてゆらゆら揺らめかせる動作（ここでは、この動作を「天上界を表す動作」と呼ぶことにする）を行う（図2-18）。この間ヌリテーシュヴァラ[(13)]の幕（以下、N幕と呼ぶ）が張られている。その後、バンドゥダッタらが神々全員に対し、これからの踊りのためのプジャをそれぞれに行う。

②第2場

バイラブがシンギニーとビャンギニーを引き連れて登場する。その他の神々は、バイラブに向かって順次立ち、「天上界を表す動作」を行う。各神が登場する際は、シヴァ神の世界を表すために、N幕が張られ、天上界を表す動作が始まると、取り除かれる。登場順は、神々の序列による[(14)]。

③第3場

この場は演劇場面である。台詞は次項で述べる。

④第4場

ガネーシャの場面である。ガネーシャを称えるように八母神がガネーシャの回りを3周巡る。

(10) この舞踊劇は、円形の閉じた空間で行われる。

(11) 1981年調査時の収録データによる。本稿において音楽に関しては、分析の中心には扱わないことにする。使用楽器はポンガと呼ばれる管楽器とパンチャバジャと呼ばれる打楽器、ターと呼ばれる極めて小さい打楽器状のものが使用されている。

(12) アシャカジ・バジュラチャールヤ氏へのインタビュー内容と、1981年調査データとの齟齬がある。1981年データでは、アクシデントによりこの場面は通常通り行われなかった模様である。したがって、内容は、インタビュー内容によった。

(13) ヌリッティア・シヴァの意で、踊りの神であるシヴァ神を表している。つまり、踊りの神シヴァに向かって踊る設定である。「ヌリテーシュヴァラの幕」とは、踊りの場が踊りの神であるシヴァ神の世界という意味を表すためにはられる幕である。

(14) 八母神の序列は、まず、ヒンドゥー教の神ブラフマンのパートナーであるブラフマヤニーとシヴァ神の妃であるルドゥラヤニーが登場し、次にクマールのパートナーであるクマリとヴィシュヌ神の妃であるヴァイシュナビー、次にヴィシュヌの化身であるヴァーラーハの妃であるヴァーラーヒとインドラ神の妃であるインドゥラヤニー、そして最後に、ヤマ（閻魔）神の妃チャームンダーとマハラクシュミが登場し天上界を表す動作を行う。

図2-17　両手で印相を示しているシンギニー（ライオン）（1982年に筆者撮影）

図2-18　天上界を表す動作（1982年に筆者撮影）
両上肢を高く上げ揺らめかせる動作。

⑤第5場

この場は演劇場面である。台詞は次項で述べる。

⑥第6場

バイラブが世界のためにプジャを行う。米を四方向（西→北→東→南）に撒く動作を行う。この場では、シンギニーとビャンギニーは左右に控えることは無論であるが、チャームンダーとヴァーラーヒが並び立つ点が特徴的である。

⑦第7場

バイラブが、登場するすべての神々に供物を与えるためのプジャをする。神々の順序に従って登場するが、チャームンダーの番で、マハラクシュミが先にプジャを行ったことに怒り、バイラブの後を追いかけ回す。最後に、平和的な音楽が入り、チャームンダーは安寧な気持ちとなり両神は和解する。この場面は、ネパールの国に平和をもたらすことを象徴している。

⑧第8場

最後に神々全員が登場し、バイラブが中心となり大団円となる[15]。

4）演劇場面の内容

①第3場第1景

人々のためにバンドゥダッタの禅定・プジャが行われる。ネワール仏教の伝統とカースト制への疑問等の経緯を、僧侶として、あえて観衆に向けて表現する。

内容を要約すると以下のようである。

バンドゥダッタは、金剛乗[16]のための修業としてヨガを完成させて、マントラ（真言）とタントラ[17]の力を成就させて、神通力を得るための仕事をしなければならない。そのために、バイラブと八母神を観想し、殺生をせずにプジャを完成させなければならない。バンドゥダッタは、スチャリターに月の位置で時間を報告させる。時間になったので、バンドゥダッタが、儀軌に則って神通力を得るためのプジャを行う。神通力を得るのは、人々を助けるためである。しかし、それを妨害するためにダーキニー（荼枳尼）[18]がやって来るので、金剛棒で追っ払えと、2人に言う。

②第3場第2景

ここでは、低いカーストの漁師のポー兄弟（図2-19）が、自分たちの現世の生き方に対する疑問を投げかける。八母神をお守りするという善行をして、来世への期待をかけるという内容の場面である。要約すると以下のようである。

我々は八母神の祠を守って生きているが、前世の悪行の果て、人々からひどい差別を受けている。魚を捕まえて殺して得るような仕事をしなければ生きていけない人生である。魚を捕まえて、売って家族を養っているが、そのお金で布施をすれば、少しは徳が得られよう。殺した魚を自分で食べないで、売ることにしよう。しかし、この魚を買って食べる人の方は罪にならないのか。

そうは言っても、もう殺してしまったのだから売るしかない。我々は、八母神の堂を守っているので、来世はポーとしてではなく、より良い生に生まれ変わりたい。

すると弟が兄に問う。確かに我々は、魚を殺生することによって生きている。しかし、プジャの手助けの時に、人々がプジャのために持ってくる様々な供物の中に

[15] 最後は、仮面を取り外すための動作が儀式的に行われ終了する。それは、3回飛び上がり3回目に最も高く飛び、頂点の所で補助の人に支えられながら自分の両手で仮面をとるという動作である。

[16] バジュラ・サットバ。金剛乗とは、真言密教の別名。

[17] 自己に目覚めるための知識を身につけ、人間がもって生まれた精神的な力を引き出す方法（アジット・ムケルジー著、松長有慶訳1980『タントラ 東洋の思想』新潮社, p. 27）。

[18] 血の奉献を望み、人肉を食う恐ろしい女神。荼枳尼天の崇拝は日本に入って、たとえば、豊川稲荷に見られるように稲の神への崇拝と狐崇拝とに結びついた（立川武蔵, 1987『曼荼羅の神々』ありな書房, p. 107）。

図 2-19　ポー兄弟の一人（1982 年に筆者撮影）
魚を獲る網を持っている。

あひるや山羊もいる。それを我々に殺せという。殺さなければならない我々も殺生の罪はあるが、殺せと言って持ってくる人々も殺生の罪があるのではないか。我々の倍の罪があるのではないか。しかし、そのような人々が来ないと我々は生きていけない。魚も殺さないと家族を食べさせていけない。いずれにしても、八母神をお守りして生きているのだから、来世はきっとより良く生まれかわるであろう。

③第 5 場

　バンドゥダッタは観想している。そこへ、スチャリターがダーキニーに化けて、火のついた棒を持って登場する。ダーキニーはグナダッタの前でその火に油をかけて、大きな炎でグナダッタを嚇かす。しかし、グナダッタは金剛棒でダーキニーの頭を打とうとしたが、ダーキニーは逃げ出してしまう。そして、スチャリターに戻って現れる。何もなかったかのようにバンドゥダッタの隣に座る。バンドゥダッタは、スチャリターにダーキニーが来たことを話して聞かす。スチャリターは、自分がダーキニーとなって 2 人の禅・ヨガの修行の力をためしたと白状した。その後、4 人は、バイラブから順に登場神すべてにプジャをしてまわる。

5）動作特性

　舞踊場面の動作特性は、全身を震わせる動作、天上界を表す動作、印相 [19] の 3 点が抽出できる。登場神は仮面をつけていることもあり、台詞はなく動作のみで展開されている。神々の属性に従った個別の動作もある。神へのトランスの導入とその維持のための全身を震わせる動作を通して行われ、具体的な天上界を表現する動きはきわめて舞踊的である。印相は宗教的意義の象徴である。すべてが、神々の世界の表象としての舞踊動作であると言える。

　ガン・ピャカンはパタン市内の主に 2 か所で実施される。その場所は、この舞踊劇の本拠地の寺院であるナクバヒ [20] と、そこから移動してパタンの旧王宮である。移動の際、単に移動の歩行行為を行うだけでなく、神々となった踊り手は、両脇に補助役を従え、本編の舞踊劇の中で行う全身を震わせるという特徴的な身体作法で道行する。

(19)主に仏像が両手で示す象徴的な動作または形。ここでは、施無畏与願印（片手を上げ、手のひらを前に向けた印相ともう一方の手は下に下げ手のひらを上に向けた印相）に類似している。

(20)パタンの寺院は、19 のバハと 25 のバヒ等がある。僧侶によって儀礼が維持されている。ナクバヒは「バヒ」であり、バヒのシャキャがバハのシャキャと対比させて伝統を守っている（田中・吉崎, 1998, p. 53)。

5. 舞踊劇「ガン・ピャカン」の意義と伝承

1) 舞踊劇の意義

　以上のような舞踊劇の特色をまとめると次のとおりである。

　まず、シヴァ神の忿怒の化身である主神バイラブの密教的存在性である。カトマンズ盆地におけるバイラブ信仰はきわめて特徴的である[21]。本国インドでは絶えてしまったが、ネワールの人々による後期仏教の姿をよく残していると言われる信仰形態を舞踊的に象徴したものといえる。

(21) 立川武蔵（1990）『女神たちのインド』せりか書房，pp. 174-178, 191-240.

　次に、八母神への信仰が挙げられるだろう。仏教的神格の女神を加えることによって、八母神というユニットが誕生することになり、カトマンズ盆地では、バイラブ信仰と共に深く信仰対象となっている。

　最後は、演劇の内容である。今日混淆が進み区別がかなり困難な状況ではあるが、主たるパンテオンがヒンドゥー教出自である神々を、仏教徒が称える舞踊的展開のなかで、仏教徒としての主張や疑問を挿入し言語で表現している。カースト等のヒエラルヒーはあったものの演者と観客の関係は言語文化を共有している。そういった人間間では、具体的でディテールにわたる言葉による投げかけが可能であったのだろう。

　これら3つのネワール的特性を歴史との関係から考えると、ヒンドゥー教徒によるカトマンズの地への征服という関係と切り離せない。被征服の証明としてヒンドゥー教の神々を称えた。征服者は懐柔策として彼らの宗教を容認した。この舞踊劇は、すでに歴史的にその移り変わりの姿を内包したネワール人の表現であった。

2) 伝承意識と内容に関わる変容

　ネパール政府は、各種祭礼行事に対して補助金を拠出している。ユネスコ無形文化遺産登録のための国内一覧表作成への機運もあり、さらに意識喚起のための地方自治体レベルにおける会合が近年多く実施されている。言うまでもなく、ガン・ピャカンに対する国からの補助金は、調査時も現在も国家は拠出し、保護団体は受給している。ただし、ガン・ピャカンを含んだ祭礼行事運用のための必要経費全額でないことは、日本の制度と類似している。

　この伝承意識が、近年変容している。踊り手には子供が適しているという考えが現れた。筆者の調査データでは、各役柄は誇りを持って各家で伝承されていたため、踊り手の年齢に共通点はなかった。踊り手の年齢は、踊り手の資格に対する条件ではなかった。制限事項と言えば、出自のみであった。代替わりしていない家は、父親世代が踊ったし、代替わりして子供が踊っている家もあった。しかし、現在は、成人男性ではなく男児が踊りの担い手として適当であるという認識が生じていたようである[22]。

(22) 2018年2月、2019年3月の調査による。この発想は日本の少子高齢化および都市化による担い手不足に対する対応策と単純に比較できない。今後の調査テーマである。

　次に、演劇場面が縮小あるいは削除された点である。バンドゥダッタらの起源に関わる実在人物は、プジャのために登場するが、以前のような台詞による演劇場面を担当することはほぼない。この後半のポー兄弟の登場シーンは、カーストというヒエラルヒーに対する疑問として重要であった。もともとカーストのような身分差別のなかった仏教徒たちがヒンドゥー教のカースト概念に組み込まれた際の仏教徒

からの訴えであった。それが、この部分の底意とされていたのだが、王制から現代の連邦民主共和国となり、伝承者本人あるいは観客にいかに解釈される対象となったのであろうか。あるいは、カースト的ヒエラルヒー撤廃の現在において、ポー兄弟のような疑問は消滅したのであろう。

6. 舞踊劇「ガン・ピャカン」はネパールの社会変容を内包している

　ネワールの人々は、長い歴史において、支配者の有したヒンドゥー教の受け入れとそれとの混淆という折り合いで自分たちの置かれた現実を解決してきた。それは、ヒンドゥー教のパンテオンを仏教化しつつ、演劇場面はネワール仏教的であった。世俗国家となり多様性が確保され、国民の中のヒエラルヒーが社会的集団の個性へと変遷している現在を迎え、カーストへの不遵守が社会的問題ではなくなった。したがって、演劇場面のような内容の疑問は前時代的となり不要となったのだ。旧来のカースト的ヒエラルヒーからの解放が法的に保証され、人々の文化的伝統に対する考え方も変容を余儀なくされた。伝承意識も、芸能の宗教として高い実践意欲から義務的意欲へと変容した。旧習から脱却し、演劇場面の台詞内容に内包されたことは不要となった。しかし、神々の場面を天上界を表す動作で称え踊るという舞踊は残った。したがって、言語的表現は削除されたが、舞踊動作は、担い手が子供中心になってもほぼ変容しなかった。ガン・ピャカンは、古の被支配者が支配者に対する折り合いと反抗の象徴を乗せる器であったが、今や自分たちの伝統的な文化の毅然たる顕現となった。ということは、演劇場面のカーストに対する疑問の提示は不要となった。多言語、多民族、多文化国家として多様性をあわせ持った本来のネワール仏教文化が具現化された文化財になったといえる。その時々の社会と伝承者たちの関係が、舞踊劇の諸要素に内包されているのである。つまりガン・ピャカンを通して、映された社会を鏡のように見ることができるのである。

（一柳智子）

理解度チェック

① ネパールが王制から今日の世俗国家までの国家体制の転換によって何が変化したのか述べてみよう。

② カトマンズ盆地の先住の民であるネワールの人々は、ガン・ピャカンで何を主張したかったかについて話し合ってみよう。

さらに読んでみよう おすすめ文献

● 立川武蔵（1987）『曼荼羅の神々』ありな書房.
● 名和克郎編（2017）『体制転換期ネパールにおける「包摂」の諸相』三元社.

病と舞踊

医療舞踊という言葉をご存知だろうか。人類がこの地球上に誕生した時から、私たちは舞踊と共に生きてきたといっても過言ではない。なぜならば舞踊は、風土、性別、年齢とかかわって踊られたり、生活行動とかかわって踊られたりするからである [1]。生活行動とかかわる舞踊の中には、誕生を喜び、死者の霊をなぐさめ、食料獲得や病気治癒を願った舞踊がある。この病気治癒を願い踊られる舞踊を総じて医療舞踊と呼ぶ。ここでは医療舞踊についてお話ししたい。

疱瘡（天然痘）は、世界各地で猛威をふるい、かつては不治の病として恐れられ、1980年WHO総会で撲滅が宣言された病である。その病を治す手段として、人類が疱瘡を神格化し崇めたのが疱瘡神信仰である。日本では、疱瘡神は祟り神と守り神という相反する性格をもつと捉えられていた。そのため家に入れないよう呪符を軒先に貼ったり、呪物を吊るしたりする一方、大晦日に年神様と一緒に疱瘡神をまつる疱瘡棚の習俗もあった。鹿児島県では踊り好きな疱瘡神のために疱瘡神の来訪を喜び、踊ってたたえようとした。これが現在も鹿児島県の薩摩半島側で伝承される疱瘡踊りである。疱瘡踊りは、江戸時代末期が起源で、現在は主婦を中心とする女性のみによって踊られる。歌詞には、疱瘡神が踊り好きで、踊りを踊れば疱瘡が軽いという他に、お伊勢参りに関する歌詞も共通してみられる。疱瘡踊りが踊られた江戸時代は、お伊勢参りが盛んな時代で、伊勢の神についても言及したとみられる。疱瘡踊りでは、「まねき手」という特徴的な動作で、めでたい状況をもたらす伊勢の神を招き、疱瘡神を招き、最終的には疱瘡神に隣村へ行っていただくために払ったと考えられる。

さて、疱瘡神信仰について日本以外の国々にも目を向けてみよう。インドではケーララ州に伝承されるテイヤム儀礼の中で、ある特定の人間が疱瘡神となり、人々の前に姿を現す（第Ⅱ章第7節参照）。アフリカのナイジェリア、オグン州のヨルバ族では家族経営の舞踊集団によってオバルワイェという舞踊が伝承されている。笑顔で歌いながら、両腕を前に突き出したり、戻したりという動作をする。オバルワイェという神は男神で強力な性格をもち、招くと疱瘡を与えないため、招くことをアピールする動作なのだ。日本と同様である。オバルワイェは涙を流すのを嫌うため、楽しみながら、ありがとうと歌い踊る。歌詞は、健康、金銭、長生きなどを懇願する内容である。オバルワイェとは、本来はサポンナという名前だが、日中は用いず、代わりにオバルワイェやババアグバ（年長者）を用いる。というのも、本来の名前を呼ぶと、神がこちらに来てしまうからである。ブラジルのカンドンブレの中にも、オモルという疱瘡の神がいる。カンドンブレとは、占い、人身御供、癒し、音楽、舞踊、精霊の憑依を含んだアフリカ系ブラジル人の宗教のことである。カンドンブレでは、オモルと結びつけられた、霊的な清めを意味するポップコーンが分け与えられる [2]。

さらに芸術舞踊に目を向けてみよう。1950年代から60年代にかけて日本で暗黒舞踏を始めた土方巽（1928-1986）は、1972年『疱瘡譚』という作品を発表した。この作品の中で土方は、疱瘡のかさぶたに覆われたまま、立ち上がることができず、地を這いまわる衰弱した姿で登場し、衝撃を与えた [3]。

このように世界中で疱瘡治癒を祈願して、疱瘡を神格化し、舞踊を用いて崇める傾向が伝承されている。土方においては、疱瘡は身体を通して表象される対象ともなった。疱瘡は特異な経過をたどる。一度罹患すれば二度とかかることがなく、病気の経過が規則的で、表面に痕跡が残ることなどから、たとえ治癒したとしても非常に恐れられていたと想像できる。こうした疱瘡の特異性が舞踊を生み出すことになったのではないだろうか。病は人類にとっては重大な問題であり、医療の発達した今でもそれは変わらない。接点があったとは思えない地域を横断的にみてみると、民族を問わずに訪れる病に対し、舞踊という共通した手段で対処しようとした人類の姿が見えてくる。

(高橋京子)

(1) 遠藤保子（1994［1991]）「民族と舞踊」片岡康子著者代表『舞踊学講義』大修館書店，pp. 22-31.

(2) Matory, J. Lorand. 2005 Black Atlantic Religion tradition, transnationalism, And Matriarchy in the afro-Brazilian Candomblé Para Inglês Ver Sex, Secrecy, and Scholarship in the Yorùbá-Atlantic World, Princeton University Press, pp. 201-202.

(3) 國吉和子（2006［2004]）「土方巽と暗黒舞踏—見出された肉体」，川崎市岡本太郎美術館・慶應義塾大学アート・センター編『土方巽の舞踏　肉体のシュルレアリスム　身体のオントロジー』pp. 8-13.

第5節
タイの民族舞踊
―舞踊と信仰を結ぶ師匠―

学習のねらい

伝統的に舞踊は娯楽や儀礼などの場で、共同体における人間関係および秩序の強化という役割を担ってきた。特に儀礼の文脈において舞踊家は、聖なる存在との交流を可能にする媒体、シャーマンでもある。神霊の代弁者であり、また、呪術を操る師であるがゆえに、舞踊家自身も信仰の対象となることがある。タイ王国（以下、「タイ」と記す）では、舞踊の「師匠」が霊的な力を持つと信じられ、ある種の信仰体系が形成されている。ここでは、タイ舞踊、特に南部地方で伝承されるノーラーという芸能を事例として、師匠という概念によって体系化される舞踊と信仰の関係について学ぶ。

1. 君主制と舞踊の関係

(1)現在は立憲君主制をとっており、元君主はラーマ10世（在位：2016〜）。

　王制廃止の傾向が強まった20世紀以降、王室・君主を有する国家はそれほど多くないが、タイは現在も君主制を維持する国家の一つである **(1)**。タイは13世紀中庸に興ったスコータイ王朝（1238-1448）Sukhothai にはじまり、アユッタヤー王朝（1351-1767）Ayutthaya、トンブリー王朝（1768-1782）Thonburi、そして現王朝であるラッタナコーシン王朝（1782-）Ratanakosin へと続く4つの王朝からなる歴史を有する。国王という絶対的権力が伝統芸能の発展に影響するのはタイに限ったことではないが、タイ舞踊の中心的存在である古典舞踊劇が、王を頂点とする宮廷文化のあり方に影響を受けて発展してきたのは事実である。デーヴァラージャ（現人神）思想を基礎としていたアユッタヤー王室には、ヒンドゥー神話に由来する物語や英雄譚を演じる王室専属の舞踊劇団が存在し、王国の民、または、隣国に対して王の神聖をアピールする道具として機能していた。1767年アユッタヤーがビルマとの戦いに敗れて王朝が滅亡した時、戦利品のひとつとして王の舞踊劇団をビルマ兵が持ち帰った **(2)** のはその例といえる。このことから、近代以前の東南アジア諸国において王室舞踊団は王権の象徴として重要な機能を持っていたことがわかる。さらに、19世紀後半の帝国主義時代は、優れた外交手腕によって植民地化を免れたタイ（アジアでは日本とタイだけ）では、西洋化・近代化の動きはあっても自国の伝統文化を守る独自の路線を歩んできた。その鍵は学校教育への導入にある。

(2) Rutnin, Mattani Mojdara (1996) Dance, drama and theatre in Thailand: The Process of Development and Modernization. Silkworm Books, p. 46.

2. タイ伝統舞踊教育の学制導入

(3)(2) と同書同箇所。

　タイ全土で伝承されてきた舞踊全般を指す幅広い概念を「ラムタイ ram thai」と呼ぶ。ラムタイは「古典舞踊」と「民俗舞踊」の2種類に分けられ、前者は宮廷を中心に発展・洗練してきた舞踊劇とその技術を基礎とした舞踊曲を、後者は地方で育まれた多様な郷土芸能を指す **(3)**。後者は、地理的文化的な条件から「北部」「東

北部」「中部」「南部」と４種類に下位分類される。これらの舞踊実践は本来異なる共同体の内部でそれぞれ伝承されてきたが、近代学制への導入を契機に「タイ舞踊」という大きな枠組みの下で整理され、宮廷舞踊（劇）を頂点とする舞踊教育の体系が形成されていく。

　一般にタイで近代的な学制が整備され始めるのは19世紀後半以降であるが、伝統舞踊教育に関していえば、1932年に起こった立憲革命が一つの分岐点となっている。当時王室に専属していた舞踊劇団は解散に追い込まれたものの、1934年に王室舞踊劇団の団員ら（音楽家と舞踊家）を指導者とする**国立芸能専門学校**がバンコクにあるワンナー wang na（前宮：王族の宮殿）内に設立された。タイ伝統舞踊は国王ではなく、国家（政府）の庇護のもとに継承されることになった[4]。学校設立の背景から、この学校での実践は伝統舞踊教育の規範として、ナショナルカリキュラムに反映されている。絶対王政崩壊後もなお、王権を背景とした階層構造がタイの舞踊教育に浸透していったのである。現在、専門教育における学習の最終目標は、古典舞踊劇におけるキャラクターを演じる技術と知識を身につけ、そして、全国の民俗舞踊の中から代表曲を学び、多様な身体技法を獲得すること、と設定されている。

　タイ舞踊が国立芸能専門学校のみならず普通学校のカリキュラムに登場したのは1978年制定のナショナルカリキュラムに、「ナショナル・アイデンティティ形成」を強調した内容が含まれたことに起因している[5]。この時、義務教育課程のうち初等課程（３～６年次）と中等課程（１～３年次）でタイの伝統舞踊および音楽が必修の単元として組み込まれた。タイ政府が推進した自文化教育の指導者は1934年設立の芸能専門学校の卒業生であり、その指導法や内容に統一性があるのも自然の成り行きであった。

　このように、タイ舞踊の公教育化は多様な舞踊文化を取り込んだ指導法の体系化を生んだが、以前から舞踊家の間で実践されてきた**ワイクルー** wai khru の慣習を全国の舞踊専門教育課程の年中行事に組み込んだことで、その画一化はより一層強化されたと考えられる。ワイクルーとは師匠を敬うこと、その実践と儀礼をさし、タイにおいてあらゆる学習空間で実践されている社会的慣習である。タイ古典舞踊の場合、師匠とは、今目の前で舞踊を指導する生きた師匠だけを指すのではなく、師匠の師匠である亡くなった師匠の霊、さらには、神話上の師匠までを指す広い概念で、舞踊家にとっての聖なる存在と結び付けられている。師匠の概念と師匠に敬意を表する慣習は、ほとんど信仰的行為であり、彼らの集団秩序の中核をなす。神格化された師匠への崇拝心、全国のタイ舞踊家たちはそれをタイ舞踊学習の基礎として共有しているのである。

3. タイ古典舞踊劇史とノーラー

　タイ舞踊という大きな枠組みの中で最も重要視されているジャンル、それは古典舞踊劇である。タイの古典舞踊劇は仮面舞踊劇「**コーン khon**」とその他の舞踊劇「ラコーン lakhon」に二分されるが、数ある舞踊劇の中でもインド伝来の《ラーマーヤナ》のみを題材とする「コーン」と、かつて宮中の女性たちだけで演じられた「ラコーンナイ lakhon nai」、この二つが現在のタイ舞踊家にとって至高の舞踊形式と

国立芸能専門学校：
ウィタヤーライ・ナータシン withayalai natasin。1934年に宮廷舞踊劇団の団員を指導者にむかえ、バンコクで設立されたタイの伝統舞踊・音楽を専門に指導する国立の学校（中等及び高等教育課程）。自文化教育政策の影響から1970年代に全国に増設され、現在12校ある。タイ舞踊の公教育の規範的存在となっている。

[4] 岩澤孝子（2012）「タイにおける伝統舞踊教育―その歴史的変遷と現代における伝承と創作の共存―」『舞踊学』35：1-12.

[5] 村田翼夫（2003）「38第二次世界大戦後の教育改革」，綾部恒雄・林行夫編著『タイを知るための60章』明石書店，p.219.

ワイクルー：
タイに古くから伝わる師匠を敬う慣習。およそ、あらゆる知識伝承の場で行われてきた実践だが、芸能や工芸、呪術などを伝承する師弟関係では、師匠が超人的な存在として畏怖されるため、集団内部の秩序形成に大きく関わる信仰体系へと発展した（岩澤孝子（2001b）「タイ師匠崇拝儀礼における舞踊」『国際協力研究誌』7（1）：37-58，広島大学大学院国際協力研究科.）

コーン：
《ラーマーヤナ》のタイ版《ラーマキエン ramkian》のみを演じる仮面舞踊劇で、プラ phra（ラーマ王子を頂点とする男性役、または、天人役）、ナーン nang（シーター妃を頂点に、天女・女夜叉などあらゆる女性役）、ヤック yak（ラーマ王子の宿敵ラーヴァナを頂点とした荒々しい夜叉役）、リン ling（ラーマ王子の味方、猿のハヌマーンを頂点とした軽快なアクロバットが特徴の猿役）の4つのキャラクターにわかれて訓練が行われる。2018年にユネスコの無形文化遺産に登録された。

図 2-20　タイ古典舞踊の基本的な舞踊型
全員女生徒だが、プラ（男役）とナーン（女役）に分かれて練習
する（国立芸能専門学校ナコンシータマラート校にて、2019 年
筆者撮影）。

みなされており、その高度な技術を習得するために独自の訓練法で伝承されている
（図 2-20 参照）。

「2. タイ伝統舞踊教育の学制導入」で述べた通り、タイ舞踊は古典舞踊と民俗
舞踊の 2 つのカテゴリーに大別されるのが一般的だが、そうした区分法において
両義的な存在となっているのがタイの南部で伝承されているノーラー nora である。
ノーラーはタイ舞踊劇史において最古の形式と位置付けられるとともに、南部地方
を代表する民俗芸能としても認識されているからである。本節ではラコーンの歴史、
特にその形成期に焦点をあて、タイ古典舞踊劇のプロトタイプとされるノーラーと
の関係について考察したい。ラコーン史の初期に登場する舞踊劇形式であり、現存
する 3 つの舞踊劇「ラコーンチャートリー lakhon chatri」「ラコーンナイ」「ラコー
ンノーク lakhon nok」について、岩城は以下のように記述している。

　「ラコーンは、南部のナコンシータンマラートでかなり古くから演じられていた
　ようだが、中部ではスコータイ時代にマノーラーが演じられ始め、アユタヤ時代
　に入ると、ラコーン・チャートリーが生まれ、それが発展して舞台で演じられる
　楽団伴奏付きの舞踊劇となった。このラコーンはラコーン・ナイ（宮廷内劇）と
　ラコーン・ノーク（宮廷外劇）に分けられ、前者は宮廷内の女優のみで演じられ、
　民間の女性は演じることはできない。踊りも歌も優雅に洗練されたものを緩やか
　に進行させる。…（中略）…そして後者は宮廷外の寺院などで民間の男性のみに
　よって演じられる。ラコーン・ナイとは反対に、劇の進行が早く、ことば遣いも
　下卑たものになりがちな、ドタバタ喜劇である [6]。」

　タイ古典舞踊劇「ラコーン」の最古の形式は「ラコーンチャートリー」と呼ばれ
るが、それ以前からタイ南部で演劇的要素を持つパフォーマンスが存在していた。
それがノーラーである（引用の下線部）。ノーラー、または、ノーラーチャートリー
nora chatri は、「ラコーンチャートリー」の南部での呼称である。チャートリー
chatri が「呪術師」を意味することから、元は民間の精霊信仰を含む儀礼において
呪術を操るシャーマンが演じた精霊への奉納芸能であったと考えられている [7]。

(6)岩城雄次郎（2003）「58
伝統舞踊」, 綾部恒雄・林
行夫編著『タイを知るため
の 60 章』明石書店, pp.
325-326.
下線は筆者による。

(7) Brandon, James R.
(1967) Theatre in South-
east Asia. Harvard Universi-
ty Press, p. 61.

それが、後に、古代インドの舞踊姿態と仏教説話を吸収し、舞踊で物語を演じる舞踊劇へと発展した。

初期のラコーンチャートリーには南部のノーラーに見られるインドの影響を彷彿とさせるような舞踊姿態が含まれていたようだが、中央部でタイの宮廷文化とともに発展したラコーンノークやラコーンナイの影響で変容し、元はルーツを一つにしていた表現形式が、現在では全く異なる芸能のように見えている。衣装や舞踊型、楽器編成、パフォーマンスの構成など、どれをとっても、ノーラーとその他のラコーンに同一性を見いだすことは難しい。タイ人一般がノーラーを南部の民俗舞踊としてしか認識できないのはそのためである。しかし、タイ古典舞踊家の間では、ノーラーが古典舞踊劇のルーツであるとする考えが浸透している。「2. タイ伝統舞踊教育の学制導入」で述べたワイクルー儀礼の中でノーラーの冠を師匠の象徴的存在のひとつとして用いており、毎年の儀礼行為を通して身体化されているからである。

4. ノーラーに関わる人々

タイ南部は古くから旅芸人の集団として数多くのノーラー劇団を輩出してきたが、この劇団員の構成とそれを支えた聴衆の関係を考察すると、師匠霊の力を背景に舞踊と信仰をつなぎ成立してきた共同体のかたちが浮かび上がってくる。伝統的なノーラー劇団はプーサデーン phu sadaeng（役者／舞踊家）、ルーククー luk khu（楽師）、モーコップローン mo kop rong（呪術師）、タースアノーラー ta suea nora（付き人）の4つの役割で構成されていた。そして多くの場合、劇団の座長以外は芸能を生業とせず、通常は農業や漁業、または、その他の職業に従事した。かつては農閑期に集中的に巡業に出ていたが、現在はクライアントの依頼を受けた劇団のリーダーが、その依頼の内容や規模に合わせて団員の編成をアレンジし、儀礼や興行を行うのが一般的である。

プーサデーンは、タイ語で「役者」を意味する。ただし、ノーラーのパフォーマンスは演劇より舞踊に比重があるので、舞踊家と訳す方が適切かもしれないが、本章では多様なパフォーマンス能力にたけたノーラーの担い手を主に「ノーラー芸人」と呼ぶこととする。現在のノーラー芸人はパフォーマンス名称の語源ともなった「マノーラー」の姿、すなわち、半人半鳥の**キンナラ**族（後述）を彷彿とさせるような衣装を身につけている。細かく美しいビーズ模様に彩られた衣装、ガラス飾りを施した金色の冠を身につけたノーラー芸人の姿は、タイ古典舞踊劇のプロトタイプと言われながらも、他の舞踊劇の雰囲気とは全く異なる独特の空気を醸している。現在のノーラー芸人はほぼ全員この衣装を身につけて演技をするが、特定の儀礼パフォーマンス、あるいは、芝居に必要なもう一つの役柄、道化のプラーン（ブン）phran（bun）だけは異なる衣装を身につける。日本の天狗を思わせるような鼻を強調した赤色の仮面を被り、上半身は裸もしくは肩布をかけ、下半身はチョーンクラベン chong kraben と呼ばれる腰布をキュロット状に巻きつけた非常に簡素なスタイルである。プラーンの誇張した動きは聴衆の笑いを誘う道化にふさわしい。ノーラー芸人は、20世紀前半まで全て男性であり、男役、女役、そして道化という3つの役柄を3人が演じる小編成の旅芝居集団であった[8]。現在は女性のノーラー芸人が台頭し、劇団に所属する芸人の数は増加傾向にあるが、儀礼司祭の資格を持

キンナラ:

タイ語では「キンノーン kinnon（女性形はキンナリー kinnari）」と呼ばれ、ヒンドゥー神話に由来する聖獣の一で人間界と天界の中間にあるヒマパーンの森に住むとされる。着脱自在の尾羽を持つために、天界と人間界を自由に行き来できる存在と信じられている。タイでは美の象徴として好まれた聖獣である。

[8] Ginsburg, Henry D. (1972) .The Manora Dance-drama: an Introduction. in The Journal of the Siam Society, 60(2): 178.

図 2-21 「ルーククー」
左からピー、モーンとチン、クローン、タップ。トレッ trae また
はクラップ krap と呼ばれる拍子木が加わるのが伝統的な楽器編成
だが、その他、ソーウー so u（胡弓に類似した構造を持つ、弓で
演奏する低音弦楽器）が加わることもある。（ナコンシータマラー
ト県、ワットプラマハータート寺院にて、2019 年筆者撮影）。

ピーパート：
タイ古典音楽における合奏
形式のひとつで、コーンウォ
ォン（音高の異なる複数の
ゴングを環状に並べた旋律
打楽器）、ラナート ranat（木
琴）、クローン（太鼓）、ピ
ーナイ pinai（ダブルリー
ドの笛）、チン（ハンドシ
ンバル）などの楽器からな
る。古典舞踊劇の他、ワイ
クルー儀礼などの儀式時に
演奏される。ピーパートは
ノーラーのルーククーが演
奏する楽器群を発展させた
ものとみなされる。

(9) Narksen, Suphat (1996)
Nora: Ramkienprai-Yeaplo-
okmanao（ノーラー：ラ
ーマキアンプラーイ・イ・イ
ップルークマナーオ）The
thesis of Master of Arts,
Bangkok, Chulalongkorn
University, p. 70.（タイ語）

つノーラーヤイ nora yai はいまだに男性のみに許された特権とみなされている。
その特殊な力と知恵を有するノーラーヤイは、芸人仲間から、そして、聴衆からも
ノーラーの師として尊敬されている。

　ルーククーは、ピー pi（ダブルリードの笛、旋律を演奏する）、モーン mong（木
製の箱に収められた 2 つの音高の異なる青銅製ゴング、バチで打奏する）とチン（真
鍮製のハンドシンバル、モーンの奏者が一緒に奏でる）、クローン klong（2 本の
バチで打奏する太鼓）、タップ thap（2 つの太鼓を組み合わせ、手で打奏する）な
どの打楽器を主とした楽器を演奏する（図 2-21 参照）。これらの楽器は、コーン
やその他のラコーンでよく用いられる**ピーパート** piphat のプロトタイプと考えら
れている。たとえば、音高の異なる 2 つのゴングからなるモーンはピーパートの
基本旋律を奏でるコーンウォン khong wong（旋律を奏でる環状ゴング）の祖であ
るが、モーンではメロディを奏でることができない。ノーラーがタイ古典舞踊劇史
の誕生期に位置付けられるのは、伴奏楽器の進化とも関係している。さらに、ルー
ククーは、担当楽器を演奏する以外に演者自身が歌う歌の答唱をするコーラスの役
割も担っている。ルーククーのうち、旋律楽器以外は、演者が舞踊や芝居で自分の
出番がないときに交代で担当することもある。

　ノーラーはパフォーマンス以外の場面で呪術を操るせいで周囲から恐れられる存
在であったが、その技を専門的に扱う呪術師をモーコップローンと呼ぶ。現在はブ
ラックマジック的な術がタブーとなったため行われなくなったが、かつては劇団同
士の競い合いにおいて呪術師が大いに活躍していた [9]。呪術師は呪文や護符を用
いて芝居小屋の内部から周囲に至るまで敵の術が及ばないように防御の術を張り巡
らせる。この防御策のみで済むこともあるが、敵の術が強い場合はそれを解く技も
必要である。呪文を唱え、白米や護符を用いて凶兆を改善する。そして、敵と対峙
するためにこちらからも術を仕掛けるのだが、敵の劇団員をぼーっとさせたり、パ
フォーマンスを中断に追い込んだり、激しい下痢や頭痛、声枯れを引き起こさせた

り、敵の芝居小屋に精霊ピー phi を送り込んで観客を怖がらせ、自分の劇団のパフォーマンスを見るように促したり、と実に様々な術を駆使していた。現在、この種の呪術が必要ではなくなったがしかし、儀礼の進行を司り、師匠霊の力を背景に人々の願いを叶え、治癒を施す技はノーラーヤイが今も実践している。舞踊や歌、芝居など多彩な才能を持つノーラー芸人が南部地方の人々にとって信仰の対象となった所以は、この呪術の力と密接に結びついている。

　ノーラー劇団には古くから劇団員のマネージャーが存在したが、その成り立ちが興味深い。ノーラーは体の柔軟性が必要なため、7歳頃に修行を始めるのが一般的であった。この少年期の愛らしい芸人に魅入られ、彼らの巡業に付き従って甲斐甲斐しく世話を焼きながら寝食を共にした同性の熱狂的ファンを「タースアノーラー」と呼んだのである。彼らは結婚もせず、妻子もなく、特定の仕事にもつかず、自分が世話をするノーラー芸人の衣装、菓子などをプレゼントするために雇われ仕事をし、劇団が旅に出ると決まればどこへでも供をした。そのうち、他の芸人の着替えやコーラスなど劇団の仕事を担当するようになり、ついには劇団全体の付き人となったのである[10]。かつて旅芸人のパフォーマンスは異界の空気を伝え運んでくれる無二の娯楽であったがゆえにこのような存在が生まれたのだが、テレビやラジオ、インターネットなど多様な娯楽に溢れた現代では、熱狂的な従者としての付き人はもはや存在しない。劇団員の家族がマネジメントや雑事を担当するようになったのはその名残なのである。

　ノーラーという言葉は、芸人を輩出した家族、血縁者に対して用いられることがある。たとえ、自分自身が芸人でなくても、ノーラー芸人の家系または系譜にある者は「チュアサーイノーラー chuea sai nora」として、ある種の態度、生き方を選択することを暗黙裡に求められる。ノーラー芸人は完全な世襲制ではないが、ノーラー芸人の家系に属する人、すなわち、チュアサーイノーラーは、芸人の血が絶えないように、父から子、子から孫へとその芸道を伝承してきた。もし、家系から芸人が途絶えると、家族が突然の病にかかったり、瀕死の状態に陥ることがある。医者は治せず、呪術師からはノーラーの師匠霊の祟りだと診断する[11]。霊の祟りを解く方法は、2つある。どちらの場合もまずは、ノーラーの師匠霊を供養する「ノーラーロンクルー nora long khru」儀礼を行う。そして、「定期的に儀礼を行い師匠霊を供養し続けると約束する」か「ノーラー芸人になることを約束する」のである。儀礼中に起こる憑依霊といずれかの契約を結び、それを遂行すれば不思議と病が完治したのである。

　さらに、チュアサーイノーラーは、ノーラーの師匠霊を中心に生者と亡者を結ぶ血族集団を指すだけではなく、師弟関係という専門的知識を媒介として成立する人間関係も包括している。ノーラーは世襲制や流派の制度に縛られない自由な師弟関係を構築してきた。巡業ごとに編成が変わることも多いノーラー劇団は芸人同士の交流が自由活発に行われており、また、儀礼を主宰する主なクライアントである芸人の子孫もいつも同じ劇団に儀礼を依頼する必要はない。こうして家や流派に縛られることなく、ノーラーの技と知恵がタイ南部一帯に広がるとともに、霊の祟りという圧倒的な力への信仰を背景に支えられてきたのである。

(10) Busararat, Phuang (1999) Ta suea nora（タースアノーラー）, in Saranukrom Wathanatam Thai Phak Tai.（タイ南部文化大辞典） Siam Place Management Co,Ltd., p. 2663.（タイ語）

(11) Nuthong, Udom (1993) Nora. Prince of Songkla University, p. 47.（タイ語）

5. 『マノーラー』と「ノーラー」

　ノーラーという語は、このパフォーマンスジャンルの名称であるとともに、その担い手であるパフォーマー自身を意味する言葉（ここでは混乱を避けるためにパフォーマーを意味するときはノーラー芸人と記述している）、そして時には、その芸人の子孫（チュアサーイノーラー）を意味する多義語だが、その語の由来は、「マノーラー manora」の南部方言であるというのが定説である。南部方言の特徴の一つに「標準タイ語の第一音節を省略する」があるが、ノーラーがマノーラーを語源とするという説はこの方言特性から推察されている。マノーラーは、ヒマパーン Himmaphan の森に住むとされる聖獣の一つ、半人半鳥のキンナラ族が登場する古典文学中に登場する姫の名前として知られる。タイ全土に普及しているマノーラーの物語は、スコータイ王朝期には伝来していたと考えられており、《プラストン・マノーラー phra suthon manora》の名で親しまれている。主人公のスダナ王子（タイ語ではプラストン phra suthon と呼ぶ）は菩薩の権化の一つであり、その妃とな

(12) (6) と同書. pp. 326-327. 下線は筆者による。

(13) 岩澤孝子（2001）「身体表象にみる師のかたち―タイ最古の古典芸能ノーラーと師の表現」, 民族藝術学会編『民族藝術』17：176-177.

図 2-22　「トゥアオーン」

図 2-23　「クローンホン」
（ともにナコンシータマラート県、ワットプラマハータート寺院にて、2019 年筆者撮影）。

るマノーラーの存在はタイにおける表現芸術の源泉として古くから親しまれてきた。「狩人が湖で水浴びをしている半人半鳥の美しい七人姉妹を見つけ、一番下のマノーラー姫を捉えてスダナ王子に献じたので、姫は太子妃となる。ところが、かねて王子に恨みを抱いていた司祭官が、その恨みを晴らそうとして、マノーラーを神の犠牲にしなければならないと虚偽の進言をする。マノーラーは、今生のお別れに舞を見せてあげると偽って、翼をつけて飛び立ってしまうが、王子はその後を追いかけて行って結ばれる[12]。」

　ノーラー芸人がキンナラを彷彿とさせるような衣装を身につけていること、もう一つのキャラクター、道化のプラーンが明らかに狩人ブンを思わせることから、マノーラーとの関連は明白であるが、その他のパフォーマンスにもマノーラーの影響を見出すことができる。雑多な演目からなるノーラーのパフォーマンスは、舞踊、歌、タムボット tham bot、その他の舞踊、芝居の5種類に分類される[13]。第一の舞踊は、歌を伴わない舞踊曲のことで、個々の役者の身体的な技量を観客に見せつけることを目的とする。12の舞踊型からなる「シップソーンター sipsong tha」が基本だが、その一つにキンナラの型が含まれる。同じカテゴリーでは、特殊なものとしてはトゥアオーン tua on と呼ばれる雑技がある。ノーラーの舞踊はタイ舞踊全般と比較しても、その身体の柔軟性を強調するという動きの特徴を持つが、トゥアオーンはその究極の形態と言える。ノーラーの基本的な舞踊型を発展・改良し、まるで骨がないかのような柔軟な姿態を取ることで観客を魅了する特別な芸である（図2-22参照）。第二の歌は踏韻規則に基づく歌の歌唱を指し、舞台上で即興的に創出されるものと、口頭伝承によって歌い継がれた定型歌の2種類がある。第三のタムボットは、演者自身が歌う歌詞の意味に合わせて振りを当てる「当て振り」を指す。タムボットにおける振付は即興で生み出される歌詞との意味的連関だけではなく伴奏音楽のリズムとの調和も要求されるため、ノーラー芸人にとっての至高の技とみなされている。第四のその他の舞踊とは、儀礼などの特別な機会に披露される演目を指し、古くからノーラー芸人の間で大切に継承されてきた。このカテゴリーには、最初の伝承曲「クルーソーン khru son（師匠の教え）」や大規模な儀礼で演じられる「**クローンホン** khlong hong（鳥の捕獲）」（図2-23参照：あらすじの下線部を演じる）や「テーンケー thaeng khe（ワニ退治）」といったストーリー性のある演目が含まれる。第五の芝居は、《マノーラー》や《**クライトーン** kraithong》など、タイで広く知られている古典文学を題材とした演劇ではあるが、先述のラコーンやコーンのように出演者の多い大規模な舞踊劇とは異なり、ノーラーとプラーンブンの衣装を身につけた2人の演者が主に台詞回しを中心に演じる短い芝居を指す。

6. 具現化する師匠霊

　ノーラー儀礼には、師匠崇拝（ノーラー芸人の子孫にとっては祖先祭祀と同義）「ワイクルー」、願解きの儀礼「**ケーボン** kae bon」、芸人の通過儀礼「**クロープスート** khrop soet」、治癒儀礼「**イヤップセーン** yiap sen」などがある。これら全ての儀礼を総称して「ノーラーロンクルー」と呼び、儀礼の過程でノーラーの師匠霊を降臨させる。これは「神を招き、遊び、そして、送る」というプロセスを組み込んだ

クローンホン:
クローンホンは「鳥の尾をつかみ捉える」という意味で、ノーラーの由来となった《マノーラー》物語の冒頭部分「狩人がキンナラ族の姫、マノーラーを縄で捉える」を舞踊化した演目である。本来この舞踊は、ノーラーロンクルーと呼ばれる儀礼の中で演じられる奉納舞の一種であり、師匠霊に捧げる演目のひとつであるが、舞台で娯楽芸能の一種として演じられることもある。

クライトーン:
アユッタヤー時代から伝わる民話でタイにおいては舞踊劇でよく使用される物語の一つ。川底の洞窟にすむワニのチャーラワンChalawan王と、ワニ王に連れ去られた富豪の娘を救済すべく魔法の槍を持ったクライトーンによるワニ退治の物語。

ケーボン:
「成就した願を解く」行為を意味し、タイ国内で広く行われている伝統的慣習の一つで、ボンバーンbon banと呼ばれる「願掛け」とセットで行われる。まず、自分が信じる霊験あらたかな存在に願いを掛け、その際、願いが成就した暁には返礼を施すと約束する。願いがかなったら、契約通り花やお金、または芸能を奉納する。タイ南部ではノーラーの師匠霊への信仰が浸透しているために、ケーボンを目的に儀礼を開催し、ノーラーの芸を奉納することがある。

クロープスート:
ノーラー芸人のための通過儀礼の一つ。ノーラーの儀礼司祭の資格、ノーラーヤイとなるための儀礼で、ノーラーの冠スートsoetを被せるという象徴的行為が含まれる。

イヤップセーン:
外科手術で治らないとされた痣・傷を治す治癒儀礼である。ノーラー儀礼の中で、ノーラーヤイが呪文を唱えながらその痣の箇所を足で踏む治癒行為を施せばそれが治ると信じられてきた。ノーラーとその技を信奉する人々にとって痣の正体はピーチャオセーン phi cao sen と呼ばれる女性の神霊、または、ノーラーの師匠霊と信じられている（Guelden, Marlane (2007) Thailand Spirits among us. Marshall Cavendish Editions, pp. 173-174）。

(14) 岩澤孝子（2004）「ノーラー：伝説とパフォーマンスにみるその特質」，日本音楽学会『音楽学』50（2）：4-8.

日本の伝統的な神楽を彷彿とさせるもので、儀礼では、師匠霊の具現化を象徴する依り代や儀礼パフォーマンスを豊富に見ることができる。

儀礼で使用する依り代として、臨時に建設される儀礼小屋を筆頭に、ノーラーの冠、プラーンブンの仮面、そして、白布と白糸などがある。師匠霊を表象する仮面や冠を儀礼空間の各所に配置する白布と白色の聖糸でつなぎ、霊の道筋を視覚化する。3日間に及ぶ儀礼期間中、司祭資格を持つノーラーヤイを中心に、芸人は祈禱歌や呪文、供物の奉納、そして、奉納舞などを行い慰霊する。同時に、ノーラーヤイの祈禱と呪文の力でチュアサーイノーラーに憑依させて託宣や治癒行為を促すなど、さまざまな形で師匠霊を具現化させ、儀礼参加者にその存在のリアリティを信じさせる仕組みが散りばめられている。

タイ南部において、儀礼進行の中心的役割を担ってきた芸人たちはその呪力によって人々の畏敬の対象となっていた（芸人の呪力は死後、強まると信じられている）。さらに、タイ古典舞踊界の師匠観と同様に、ノーラー独自の伝説に登場する師匠「ラーチャクルー rachakhru」の物語を伝承しており [14]、神霊を頂点とする師匠観に基づく信仰を共有する共同体として、チュアサーイノーラーが形成されたのである。

（岩澤孝子）

理解度チェック

1 タイにおいて、伝統舞踊は学校教育に導入されている。自国の伝統文化が公教育に取り入れられるメリットとデメリットについて考えてみよう。

2 舞踊の師匠が信仰の対象となるとはどのような意味か、本節の事例と照らし合わせて考えてみよう。

さらに読んでみよう おすすめ文献
● 柿崎一郎（2016）「タイの基礎知識（アジアの基礎知識）」めこん.

おどりの坩堝 —ハワイのBon Dance—

夏の週末の夜、思い思いの浴衣や法被をまとった人々が、踊りに興じている。流れてくるのは、東京音頭や炭坑節、郡上踊り、八木節、ポケモン音頭、しあわせサンバなどなど。ここは、いったいどこだろう？　答えは、ハワイのオアフ島である。青い海と空、常夏の観光地として名高いアメリカ合衆国ハワイ州の島々では、6月中旬から8月にかけての毎週末、必ずどこかで盆踊り＝Bon Dance（ボン・ダンス）が開かれている（図1）。たとえば2013年の調査時、2か月半の間にオアフ島の約30の寺院でBon Danceが行われ、会場ではさまざまな人種の老若男女による踊りの輪が何重にも広がる情景を目にした。日本の夏を感じさせる行事の一つでもある盆踊りが、なぜこれほどハワイで盛り上がっているのだろう。

　Bon Danceの歴史は、明治時代（1868〜1912年）にまで遡る。1885年から1894年にかけて、約2万9千人の日本人が政府主導の移民としてハワイに渡り、プランテーションで過酷な労働に従事した。その中でハワイ島に渡った山口県岩国出身者たちが1885年夏に盆踊りを行ったのが、始まりと伝わる。そして1900年代前後に建て始めた仏教寺院を中心に盆踊りは拡散し、日系2世の時代には"Bon Dance"として親しまれるようになった[1]。Bon Danceは、日系人が多大な苦難を受けた**第二次世界大戦中**の中断を経て、現代へと受け継がれてきたのである。音楽人類学の中原ゆかりは、このような100年超の歴史を踏まえ、「今日のハワイの盆踊りは、『ハワイ日系の盆踊り』であることを軸としながら、宗教や民族と関係なく誰もが参加することのできる、排他性のない、ひらかれた踊りとしてある」[2]と述べる。

　曲目は、冒頭に示したように、民謡から現代曲まで、少なくとも100曲近くがこれまで踊られてきた。ほとんどは市販の音源を用いるが、櫓の上での生演奏にあわせて踊るものもある。その中でも福島県民謡「相馬盆唄」をもとにした「福島音頭」は、筆者が参加したBon Danceで最も盛り上がる曲の一つだった。横笛や鉦、太鼓と音頭とり（唄）の面々が櫓に上がると、踊り手たちは我先にと輪に加わる。この曲は、終盤でお囃子のテンポが速くなるのだが、それにつれて一際速く回転していく踊りの輪が現れる。それは若者たちを中心とした内側の輪であり、飛び跳ねるような複雑なステップを繰り返す様子は、まるでHip Hopダンスのようだ。その一方で、外側の輪の人たちは、従来通りのゆったりとした柔らかな所作で踊り続ける。このように、同じ時を共有しながら、それぞれが好きなように楽しめることこそ、盆踊りの醍醐味なのかもしれない。

　ところで、会場となる寺院には、図2のような盆棚（精霊棚）が設置されている。これは、迎えた先祖の霊に供物をそなえる棚である。Bon Danceは、先祖供養の法要とセットで行われることが多く、ハワイの人々が盆の本来の意味を大切にしていることがわかる。来場者に聞くと、「ダンスが楽しいから来る」「みんなで一緒に踊れるのがいい」という人もいれば、「ご先祖様のために来る」「踊ると日本を感じられる」という人もいた。大半の日本人にとってハワイの舞踊と言えば、「フラ」が思い浮かぶかもしれない。しかしBon Danceも、シーズン中はラジオやSNSなどでスケジュールが発信されるほど、地元の人々の生活に溶け込んでいる。その背景には、移民と深く関わる歴史があることを忘れてはならないだろう。また、ハワイのように、日本から世界各地に渡った移民が盆踊りを伝え、受け継いできた地域があるだろう。ぜひ調べてみよう。

（弓削田綾乃）

図1　ハワイの Bon Dance
（撮影者：筆者）

(1) 中原ゆかり（2014）『ハワイに響くニッポンの歌』人文書院，pp. 45-83.

第二次世界大戦中:
戦時中、ハワイでは多くの日系人が収容所に送られた。日系2世による第442連隊の激戦地での活躍が、戦後、日系人の社会的地位の確立に貢献したといわれる。しかしながら、そこには多大な犠牲があった。

(2) 中原（2014）前掲書, p. 83.

図2　会場に設置された盆棚
（撮影者：筆者）

第6節
インドネシア
―"絆"をむすぶ舞踊―

多民族国家であるインドネシア共和国（Republic of Indonesia. 以下、「インドネシア」と略す）の多彩な舞踊の中から、その文化的な特徴を色濃く反映している代表的な舞踊を紹介する。なかでもバリ島の舞踊は、水田農耕社会の共同体で行われる祭りで奉納される芸能である。そのバリ島の芸能が昇華したともいえる「ケチャ」は、コミュニティに属する人々の「絆をむすび強化する」という特徴をもつ。身体運動的な観点や脳科学、システム科学の知見からそのメカニズムを理解する。

1. インドネシアの多彩な舞踊への招待

1) インドネシアの社会と文化

　インドネシアは、東南アジアの島嶼部に位置し「赤道にかかるエメラルドの首飾り」と形容されるように自然と文化が豊かな島国である。約13,000の島々に、300以上の異なる言語や習俗をもつ民族が暮らしており、多様な文化が存在している。首都はジャワ島のジャカルタ。公用語はインドネシア語である。人口は約2億6千万人（2018年、世界第4位）で、その87％がイスラム教を信仰し、世界で最もイスラム教徒が多い国となっている。国が認める宗教は、イスラム教・キリスト教・ヒンドゥー教・仏教で、それ以外は「慣習」というカテゴリーに分類されている。大多数のインドネシア人の主食は米で、稲作農耕文化の歴史は古く、ベトナムのドンソン文化（青銅器文化）によって紀元前後までにインドネシアにもたらされたと言われる。

2) インドネシアの舞踊の特徴

　インドネシアでは、現在も各地域に伝統的慣習や宗教儀礼と結びついた音楽・舞踊・演劇など多彩な民族芸能が継承されており、そこにステレオタイプな共通性を

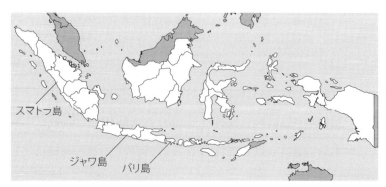

スマトラ島

ジャワ島　バリ島

図2-24　インドネシアの地図

見いだすのは難しい。なかでも「中部ジャワの宮廷舞踊」「スンダ（西部ジャワ）の仮面舞踊」「東ジャワの民衆舞踊」「スマトラ島の社交舞踊」「バリ島のヒンドゥー舞踊」などがよく知られている。また、中部ジャワのボロブドゥール寺院やプランバナン寺院などに代表されるヒンドゥー・ジャワ文化が、インドネシア人の精神的な拠り所として重要な基盤になっていると言われる [1] [2]。この文化は、13世紀マジャパイト王朝で完成期を迎え、インド伝来の「ラーマーヤナ」と「マハーバーラタ」などの叙事詩の他に、インドネシア独自の文学作品を題材とした上演芸能や舞踊を生み出した。

(1) 石井和子編著（2006）『プランバナン寺院遺跡』.

(2) 皆川厚一編（2010）『インドネシア芸能への招待—音楽・舞踊・演劇の世界』東京堂出版, p. 17.

2. ジャワ島の舞踊

1）ジャワ島の舞踊と社会背景

　ジャワ島は、面積ではインドネシア全体の7％に過ぎないが、全人口の60％を超える1億人が集中する。地域は、民族的・歴史的な特徴から西部・中部・東部に分けられる。先述のように中部ジャワにヒンドゥー文化が成熟する一方で、西部のスンダ地方はマジャパイト王朝の支配に反発し、その後、イスラム文化との混交の中で独自の展開を見せていく。中でも「仮面舞踊（トペン）」などが有名である。また、東部には民衆舞踊として竹で編んだ作り物にまたがった青年が憑依する「ジャティラン」などが伝承されている。ここでは、現在も王家で踊られている宮廷舞踊を紹介する。16世紀以降イスラム教国のマタラム王国の興隆によってマジャパイト王朝は衰退したが、その伝統は王家の儀礼や習俗として伝えられている。1918年宮廷に古典舞踊の学校が設立され、門外不出の「ブドヨ」が一般にも教えられるようになった。

2）宮廷で踊り継がれる古典舞踊「ブドヨ」

　「ブドヨ」（Bedhaya）は、9人の女性による宮廷舞踊である。王家では、「9」という数が神聖視されており、王の結婚式や即位式など特別な時にのみ踊られる。ゆったりと流れるような**ガムランの調べ**と歌にのせた、優雅な舞である。歴代の王はさまざまな物語を舞踊化している。たとえば「南海の女王がマタラムの王に霊力を授

ガムランの調べ:
インドネシアのガムランは青銅製の鍵盤を持ち、数種類の楽器で数オクターブの旋律を奏でる。他に、太鼓・弦楽器や笛が加わる編成もある。

図2-25 ブドヨの踊り手 （撮影：立命館大学）

(3) 宮尾慈良 (1998)『これだけは知っておきたい世界の民族舞踊』新書社, p. 74.

ける踊りを教えた」という物語では、踊り手たちは美しい民族衣装をまとい、腰から垂らした細い布を上下に波打つように動かしたりさざ波のように小さく揺らしたりして「海底の舞姫」を美しく表現する[3]。舞踊の技量とともに高い教養を身につけた踊り手によって王に捧げられる踊りである。

3. スマトラ島の舞踊

1) スマトラ島の舞踊と社会背景

スマトラ島は、8 州からなり 15 以上の民族が暮らしている。最西部に位置するため古くから海外交易の窓口となり、最初にイスラム教が入ってきた島である。インドネシアのイスラム教文化の特徴は、宗教的な厳密さにおいて地域差があり、イスラム文化とヒンドゥーや各地域の文化が混ざり合っていることである。スマトラ島では、社交舞踊（男女で踊る）以外にもミナンカバウ族の両手で皿を持って踊るアクロバティックな踊りや、**プンチャック・シラット**の動きから生まれた男性舞踊「ルアンベ」など多彩な舞踊が継承されている。ここでは、2011 年にユネスコの世界無形文化遺産に登録された「サマン・ダンス」を紹介する。

プンチャック・シラット：護身、芸能、宗教的信仰を包含するインドネシアに広く見られる身体技法。

2) イスラム信仰社会で踊り継がれる舞踊「サマン・ダンス」

「サマン・ダンス」(Tari Saman) は、アチェ州のガヨ族を中心に、13 世紀頃から自然や宗教的なメッセージを伝えるために継承されてきた。楽器を使わず、リーダーが宗教的な助言あるいはユーモアやロマンティックな叙事詩を歌うのに合わせて、奇数人の男性が体や床を叩いてリズムをとるというユニークな座位舞踊である。地域の祭日に、あるいは村同士で招待し合い披露し合って踊られてきた。

舞踊表現の特徴は、十数人から時には数十人数百人のダンサーが床に跪き寄り添って列を作り、一斉にまたは一人一人が順々に手で胸・太ももや床を叩いたり指を鳴らしたりしてリズムを共有する。また、頭や体を前後左右に揺らすなど、次々に多様なリズムとダイナミックな動きが繰り出される。現在は女性による踊りも多く、2018 年にジャカルタで開催されたアジア大会開会式には、千人以上の踊り手による圧巻のサマン・ダンスが披露された。

図 2-26　アチェのサマン・ダンス in ボロブドゥール遺跡（2008 年撮影：Fajriboy CC BY-SA 30)

4. バリ島の多様な奉納舞踊

1) バリ島の舞踊と社会背景

①バリ島の概要

　バリ島は、「絢爛たる祭りと芸能に彩られた地上最後の楽園」として20世紀初頭に西欧文化人たちから注目を集め、現在では世界的リゾート地としても知られている。ジャワ島の東隣に位置し、愛媛県ほどの面積に約300万人が暮らし独自の伝統文化を持っている。中央には3,000mを超える火山群が横たわり、その南側斜面に耕された美しい棚田はユネスコの世界遺産にも登録されている。文化的には、イスラム教国インドネシアの中で唯一ヒンドゥー教の島であり、バリ・ヒンドゥーと呼ばれるアニミズム・仏教とヒンドゥーとが融合した独特の信仰を継承している。村には多くの寺院があり、独自の暦によって盛大な祭りが行われ、老若男女による多彩な踊りが奉納されている。また人々の信仰心は厚く毎日神々への供物を欠かさない。

②バリ島舞踊の特徴

　100種類以上とも言われるバリ島の舞踊は、神聖さの度合いによって3つに階層化されている[4]。第一の階層「タリ・ワリ」は、最も神聖で秘技として伝えられ村人以外に見ることを許されない。第二の階層「タリ・ブバリ」は、祭りの余興として神々と参加者のために踊られる。村人の許可があれば外国人も正装をして見ることができる。第三の階層「バリバリアン」は、祭りでは余興として寺院の外庭で踊られ、劇場等でも踊ることが許されている[5]。この階層化は、伝統文化を守りながらも新しい手法を取り入れることが可能となる優れた着想と言える。これらの3つに分類された中からそれぞれ3種類の舞踊が選ばれ、合計9種類のバリ舞踊が2015年にユネスコの世界無形文化遺産に登録されている。ここで紹介する3つの踊りはこの「バリバリアン」に分類される。

(4)I Made Bandem and Fredrik Eugene deBoer, 1995, Balinese Dance in Transition: Kaja and Kelod, Oxford University. Press.

(5)本田郁子・河合徳枝 (2001)「現代バリ島舞踊の戦略—プリアタン・スタイルについて」『民族藝術』醍醐書房, p.80.

図2-27　ブサキ寺院の奉納舞踊（撮影：筆者）

図 2-28　レゴン（撮影：大橋力）

2) 女性舞踊の代表的様式「レゴン」と男性舞踊の代表「バリス」

①女性舞踊の代表的様式「レゴン」（映像資料）

　「レゴン」（Legong）とは、揃いの衣裳をまとったペアの踊り手による女性舞踊の代表的な様式である。その源流は、10 歳前後の初潮前の少女が催眠状態で踊る奉納儀礼「サンヤン・デダリ」にあると言われる。バリ島の王宮で数百年にわたり洗練されてきた踊りが、現在は村々に伝承され、その種類は 15 種類にのぼる。流れるようにしなやかで繊細な動きとともに俊敏でバイタリティのある動きを併せ持ち、前半ではペアの踊り手がまったく同じ振りで、後半ではそれぞれが物語の登場人物となって踊りが展開される。女の子たちが初めて習う「レゴン・ラッサム」という踊りは全体で 30 分近くの大作であるが、子供たちは幼少の頃から見様見真似で踊り始め、小・中学生になると見る人を深い陶酔の境地へと誘うレベルに達するようになる。また、ガムラン音楽やペアとの一体感が妙味の踊りを習得する過程で、美的で協調的な感性が磨かれていく。

②男性舞踊の代表「バリス」（映像資料）

　「バリス」（Baris）は、若く勇敢な戦士の姿とその悲哀の両面を表現する緊張感みなぎる踊りで、奉納舞踊の「バリス・グデ」が源流である。バリス・グデは、時には数十人におよぶ男たちが列をなし、長い槍などの武器を持って踊る壮観な集団舞踊である。その所作の緊張感を極限にまで高め、洗練を極めたソロの踊りとして誕生した。バリスには特定の物語はなく、**バリ島のガムラン**音楽に合わせて剛柔の動きが交錯し全体の流れをとおして勇敢な戦士の姿を表現する。バリスに代表される表情や動きによる「威嚇の表現」は他のバリ島舞踊にも多く見られる[(6)]。威嚇とは笑いのルーツと言われ、集団生活の緊張状態を解消するため威嚇し合って優劣を

図 2-29　バリス（撮影：大橋力）

バリ島のガムラン:
優雅な曲調のジャワ島のガムランに対してスピーディーでダイナミックな特徴を持つ。

(6) 木田郁子・河合徳枝（2001）「現代バリ島舞踊の戦略—プリアタン・スタイルについて」『民族藝術』17：85.

決め、実際の戦いを回避する行動である。威嚇の表現は、目を大きく見開き、身体を大きく見せて俊敏に立ち回り、攻撃性を極力激しく誇大に見せるという特徴がある。バリスでは、踊り手がガムラン演奏のきっかけを出す場面もあり、踊り手に要求されるレベルは高い。男の子が最初に習う踊りで、身体面のみでなく精神面の鍛錬も必要とされる踊りである。

3) 共同体のメンバーによる群衆的芸能「ケチャ」（映像資料）
①「ケチャ」の概要とリズム

　インドネシアの民族音楽として日本では音楽の教科書にも紹介されている「ケチャ」（Cak）は、舞踊・音楽・演劇・美術・儀式が渾然一体となった群衆的パフォーマンスである。かがり火をかこみ大地に何重もの円をつくって座る男性たちが「チャッ！ チャッ！」という鋭い叫び声でリズムを刻み合唱をしながら、一つの生き物のように体を動かす。その中で、きらびやかな衣装をまとった踊り手たちがヒンドゥーの古代絵巻の場面を繰り広げる。1933年に、ドイツ人画家ウォルター・シュピースの提案で呪術的習俗「サンヤン」と「ラーマーヤナ物語」をもとに誕生した。村の寺院以外に、劇場などでも紹介されているため海外からの観光客にも人気がある。

　村ごとにケチャのグループがあり、村によっては各家から必ず男性一人が参加することが義務付けられているところもある。またグループ毎に演出が少しずつ異なり、新しいスタイルのケチャも創られている。

　ケチャでは、長大なラーマーヤナ物語の中からラーマ王子の妃シータ姫の誘拐と救出を中心とした場面が約45分のダイジェスト版で表現されている。演者は、登場人物に扮した踊り手たちと円陣を組む上半身裸の男性たちとに大きくは分類される。踊り手は王子や姫などの高貴な役は女性が、一方魔王やその息子および仮面をつけた動物の役は男性が担当する。ここでは、ケチャの円陣を担当する男性たちの大変ユニークな表現の特徴とそのメカニズムについて掘り下げる。

　サンヤンからの流れをくむ**ケチャのリズムは16ビート**で、これは究極の踊りのリズムと言われる [7]。実際のところプロのドラマーでも16ビートを長時間演奏し続けるのは大変なことである。ケチャでは、「チャッ」のビートが1秒間に8-10

図2-30 ケチャ（撮影：大橋力）

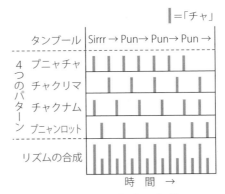

　　　　　　　　　　　　　　　　　　　　　 ▌=「チャ」

	Sirrr → Pun→ Pun→ Pun →
タンブール	
4つのパターン　プニャチャ	
チャクリマ	
チャクナム	
プニャンロット	
リズムの合成	

時　間　→

図2-31 ケチャの16ビートのリズム

（T. Oohashi, 文献(8)から）

ケチャのリズムは16ビート:
商業音楽では最も新しい16ビートは、古代エジプト時代から踊りの天才として知られ、現在も狩猟採集生活をするムブティ人の踊りや、ブラジルのサンバあるいは日本の能などの中にも見られ、時代や地域を超えた究極の踊りのリズムと言われる。

(7)本田郁子・薫大和（1995）『人はなぜ踊るのか：踊りがむすぶ人と心』ポプラ社, p. 85.

(8) 人橋力他位相プロジェクト第二 (1975)「楽園の活きた化石"ケチャ"」, 芸能山城組『地球』04：4.

(9) 本田学 (2013)「音楽を感じる脳は変化を感じる脳」『音楽・情報・脳』放送大学教育振興会, pp.62-63.

人々を結びつける16ビートと高速という2つの快感情報：
脳内の聴覚神経系をより大規模かつ効果的に興奮させるためには、音の変化が重要となる。リズムのテンポが速くなるほど音の変化が増えて脳への刺激が大きくなるとともに、ノリの良い16ビートとの相乗効果で快感が高まる。

(10) 山城祥二 (1979)「巻頭特集バリ島」, 芸能山城組『地球』18：8.

回も刻まれる速さとなる。それが数十人、時には百人を超えるアマチュアの人々によって、パフォーマンスの間、指揮者もなしに一糸乱れず演奏し続けられるのは圧巻である。その秘密の一つは、ケチャでは1小節16拍の「チャッ」が比較的容易に演奏できる4つのリズムパターンに分業されていることである。図2-31のようにそれらが同期すると強拍弱拍が連続して現れ16ビートが構成される。また、円陣の中で特別な役割をもつ人、たとえばダークは「始め」・「止め」あるいは「強く」・「弱く」などの合図を声で出し全体を制御したり、さらに指揮者がいないために演奏者一人一人が全体と合わせようとするモチベーションが強く働き、より効果的でダイナミックな表現を可能にしている (8)。誰もができる速さで互いのリズムが同期し組み合わさったときに、**16ビートと高速という2つの快感情報**が造成されるケチャの仕組みは、**人々を結びつける上で巧妙さを極めている** (9)。

②「ケチャ」の舞踊表現の特徴

　円陣の男性たちは、図2-32のようにリズムのかけ声・合唱・旋律・合図そして謡と語りなどの音楽全体を担当する「地方（じかた）」であると同時に、座ったまま上体や腕や手を動かしまた移動して隊形を変化させるなどの舞踊的な表現を担当する「立ち方」でもある。つまり一人ひとりが演奏家であり踊り手でもある (10)。芸能の村として有名なプリアタン村のケチャグループ「スマラマドヤ」のパフォーマンスについて、円陣の男性たちによる群衆の動きを分析した。ダークの合図で出

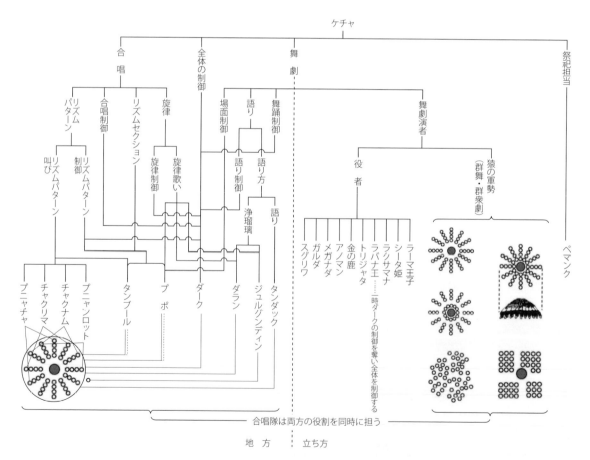

図2-32　ケチャのシステム (T. Oohashi, 文献(10)から改図)

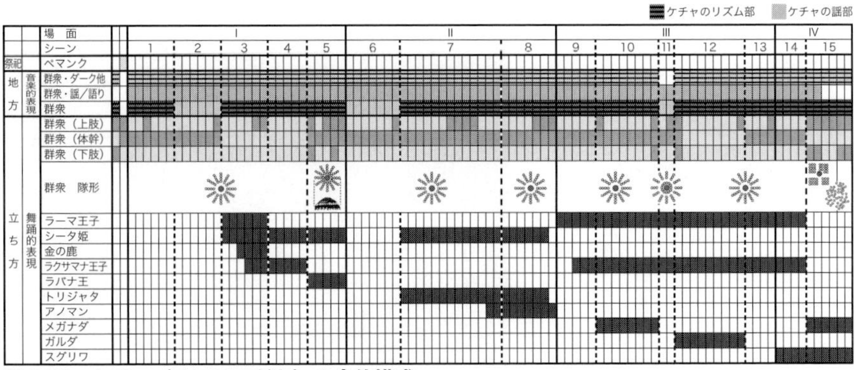

ケチャのリズム部　ケチャの謡部

図 2-33　ケチャ（スマラマドヤ）の全体構成

現する舞踊的な所作を「上体」・「上肢」「下肢」の動きに分類してその出現率を比較したところ、上体の動きは 63％、上肢の動きは 24％、下肢の動きは 13％となり、上体と上肢からなる上半身の動きは全体の 8 割以上であった。この上半身を主力とした群衆の動きは、一斉に腕を上下あるいは左右に方向転換させながら、同時に一人ひとりが手・指を揺らすことから複雑で迫力のある表現となる。また時には隊形を変え、二手に別れて対峙したり、4 つに別れて入り組んだ様を表現したりとダイナミックなコンビネーションもある。

　例として、悪魔の王子メガナダがラーマ・ラクサマナ王子に矢を放ち 2 人を幽閉するというシーンを紹介する（図 2-33、場面 3、シーン 11）。円陣内側の一列は、鉄の蛇を象徴する輪となり、その輪を縮めて 2 人を取り囲む。メガナダが叫び声とともに矢を放つとケチャの男たちは全員が一斉に仰向けに倒れこみ、爆風のようになぎ倒されたケチャの中心に幽閉された 2 人の王子たちが出現するという演出が、群衆の動きによって表現される。

　上半身の動きを主力にして猛烈な速度でリズムを刻みながら、時には闘い合う戦士たちとなり、時にはそれに抗する城塞に転じるなど、互いの体と体を組み合って限りなく変容する群衆的表現がケチャの特徴であり醍醐味と言える。

③共同体の絆を強化する「ケチャ」のメカニズム

　百名近くの人間によって、複雑な群衆的表現が可能になっているメカニズムについて考えてみよう。大橋は、プロによって練り上げられてきたバレエとアマチュアによって継承されてきたケチャを比較して、上半身を活用しているケチャは「本来指向表現戦略」をもつと指摘している [11]。図 2-34 のペンフィールドのマップのように、大脳皮質の感覚運動野における神経細胞の配分は、指や手を含む上肢が下肢よりも潤沢である。運動の指令を出す運動野の面積が広いということは微妙な動きまで確実にコントロールすることができ、基本設計として動作の複雑性、多様性、的確性を可能にしている。つまり、脚を表現の主力としているバレエのように特別な訓練を長期間に渡り続けなくても、動かしやすい上肢を使った上半身中心の動きで高度に組織化された集団的な表現ができるのがケチャの戦略である。体の中で最大の筋肉のオブジェを作ることができる背中に、指や手を搭載した上肢が接合した上半身を駆使するケチャ円陣の男性たちの舞踊は、人類本来の自然性を生かした表現を持つと言える。また、誰でもができる動きを主体としているために、村の成人

大橋力：
脳科学者。また山城祥二の名で芸能山城組を主宰し、バリ島以外で世界で初めてケチャの全編上演に成功した。1976 年以来、毎年東京で「ケチャまつり」を開催。

(11) 大橋力（2007）「脳の中の有限と無限―近現代の限界を超える〈本来指向表現戦略〉（その 1）」『科学』77-01：27, 岩波書店。

ペンフィールド：
米国・カナダの脳神経外科医。大脳の体性地図の存在を見出し、大脳皮質に機能局在があることを明らかにした。

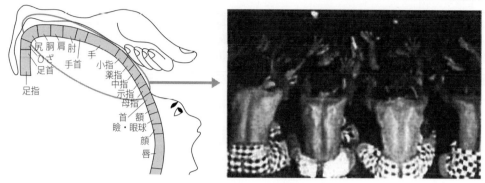

図 2-34 大脳感覚運動野の機能分布とケチャの表現（T. Oohashi, 文献(11)から）

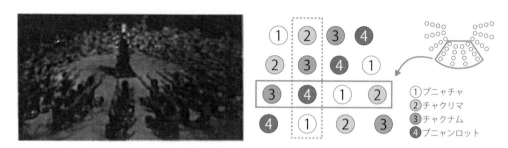

①プニャチャ
②チャクリマ
③チャクナム
④プニャンロット

図 2-35 ケチャの合唱のパート配置（T. Oohashi, 文献(12)から）

男性は年齢や経験の差によらず全員がパフォーマンスに参加することが可能になっている。

　一方、ケチャの円陣は百人近くになると直径が 20m を優に超える。その中で、4 つのリズムを持つ高速の 16 ビートを音だけで同期させようとすると物理的にズレが生じるのを避けられない。そのリズムが完全にキープされている秘密はそのユニークなパートの配列にある。西洋のオーケストラや合唱ではパート毎に寄り集まって並ぶが、ケチャでは、図 2-35 のように、円陣の縦列に着目するとパターン①が先頭であれば続いて、②・③・④と順序よく並び、その右側は②・③・④・①といった整然とした配列を作る。この方式では、自分を含む縦列と横列のそれぞれに連なった 4 人が完成された 16 ビートを構成した上に、平面的に見ると自分を取り囲む至近の 8 人でバランスのとれた 16 ビートを自律的に合わせることができる。この方式で、バリ島では 3,000 人でのケチャが演じられた実績もあるという ⁽¹²⁾。

(12) 大橋力（2007）「脳の中の有限と無限―本来指向表現戦略は脳の報酬系をどこまで活性化するか― 7」『科学』77（10）：1027.

　共同体を構成するごく普通の人たちが本来具えている機能を巧妙に組み合わせて相乗効果が生み出される本来指向の舞踊表現や、そしてパフォーマンスによる快感の最大の享受者が演者である村人たち自体となるケチャの仕組みは、舞踊と音楽との両面から村人同士を強い絆で結びつけずにはおかない。

5. 舞踊の社会的な役割

　バリ島の水田農耕では年に 2 〜 3 回の米作りが可能である。水田農耕を営む社会では水をめぐる深刻な葛藤要因がつねに潜在化している。バリ島はその地形から

図 2-36　バリ島の棚田（撮影：河合徳枝）

水争いの発生リスクが非常に高いはずだが、千年以上におよぶ水田稲作の歴史の中でどのような対策を講じてきたのだろうか。

　大橋・河合らのチームは、バリ島の社会には水仲間と祭り仲間が一体化した「神々と祭りによる Push and Pull 型の行動制御」が存在するのではないかとの仮説を立て検証を続けている。その結果、祭りを運営する組織と水を分配する組織とがちょうど縦糸と横糸のようにクロスして構成されることにより、祭り仲間の結束が水争いを防ぐというメカニズムが存在することを見出した[13]。

　そして中心となる「神々と祭り」は、祭りの生み出す**陶酔的な快感**[14]と、神々に対する畏敬の念が、ちょうどアメとムチのようにはたらき人々を自然にシステム化して円滑な社会運営を実現していることが明らかになってきた[15]。

　祭りに奉納されてきた芸能や舞踊からケチャが生み出され、現在も村ごとに継承されているバリ島の社会をみる時、水田農耕社会においてコミュニティの絆をむすび強化するために、舞踊は大きな役割を果たしてきたと考えられる。

（亀谷真知子）

(13) 河合徳枝・大橋力（2001）「バリ島の水系制御とまつり」『民族藝術』17：52.

陶酔的な快感：
バリ島の祭りでは、参加者が精神変容状態（トランス）を呈することがある。トランス状態では、快適性の指標である脳波α波が劇的に増加すると同時にドーパミンやベータ・エンドルフィンといった安全無害な「脳内麻薬」が血液中に桁違いに放出されていることが計測により見出された。

(14) Oohashi T, Kawai N, Honda M, Nakamura S, Morimoto M, Nishina E, Maekawa T, 2002, Electroencephalographic measurement of prossession trance in the field, Clinical Neurophysiology, 113: 435-445.

(15) 河合徳枝（2013）「音楽による共同体の自己組織化」『音楽・情報・脳』放送大学教育振興会, p.194.

理解度チェック

1 インドネシアの3つの地域（島）の民族舞踊について、共通点と相違点を整理してみよう。

2 バリ島の舞踊が、共同体の人々を結びつけ絆の強化に貢献しているケチャのメカニズムについて整理してみよう。

おすすめＤＶＤ

●「甦る伝説のケチャ／バリ島プリアタン村"スマラ・マドヤ"のケチャ」（ビクターエンタテインメント株式会社　JVC ワールド・サウンズ, VICG-60361, 2000）

第 7 節
インド
―南インドの社会と舞踊―

学習のねらい

インドの歴史は古く、多くの言語が話されており、気候、風土、宗教に至るまですべてにおいて多種多様である。これは舞踊にも当てはまる。舞踊にも、風土、宗教、慣習などの社会背景が深くかかわっている。本節では、多様なインドの中でも、南インドの民俗舞踊 [1] に着目する。対象となる舞踊がどのような社会のもとに、どのような人々によって、どのような伝承のされ方をしてきたのかを学ぶ。

1. インドの概要

インドという国名は、インド憲法では「Bharat」、英語名は「India」、日本語では「インド共和国」、英語では「Republic of India」などと言われるが、実のところ正式名称が明確ではない [2]。そこでここでは、一般的な「インド」と記す。

インドの総人口は 12 億 1,057 万人 [3] で、インドの面積は約 328 万 7,469㎢、日本の約 9 倍の面積をもち、最北端は日本の新潟や仙台と同緯度、最南端はエチオピア、ガーナとほぼ同緯度にまで達する。インドの総面積が旧ソ連を除くヨーロッパの総面積と同程度である [4] と聞くと、一つの国といってもいかにインドが多様であるかを想像できよう。インドというと暑い国と想像しがちであるが、冬に北インドを訪れれば、雪に覆われた銀世界を見ることもできる。インドの大部分の気候は雨季と乾季からなり、6 月頃から南部地方から雨季が始まり、10、11 月には乾季に入り涼しい季節となる。そして 4、5 月は酷暑となる。

インドの歴史は、世界四大文明の一つでインダス河流域に起こったインダス文明（紀元前 2300 年頃 - 紀元前 1700 年頃）に始まる [5]。紀元前 2000 年頃からアーリヤ人が北西インドに侵入してくると、彼らは先住民を支配下におさめ、ブラーフマン（バラモン）による祭式至上主義、カースト的身分秩序を特徴とする社会を築き上げる。中でも数世紀にわたってまとめられた『リグ・ヴェーダ』をはじめとするヴェーダ集は特徴的であり、祭司のバラモンたちが根本聖典であるヴェーダの神々を祀り、ここにバラモン教が成立することとなる。北インドではグプタ朝（4-6 世紀）の頃に、庶民の間でヒンドゥー教が芽を出し、インドの古典舞踊の題材ともなっている二大叙事詩『ラーマーヤナ』『マハーバーラタ』もこの頃完成する。グプタ朝のこの時期までには、ヴェーダの中でたたえられていた神々への信仰は衰え、代わってシヴァ、ヴィシュヌ、クリシュナという神々への信仰が広まり、ヒンドゥー教が確立してくる。10 世紀後半 11 世紀初頭イスラムのインド進出により、1206 年インドで初めてのイスラム教徒による王朝も成立する。18 世紀半ば頃から英国による植民地支配がはじまり、19 世紀半ばには英国がほぼ支配権を握る。そして 1947 年 8 月英国より独立を果たすこととなる。

インドは言語も非常に多く存在している。世界一長大な憲法として知られるイン

(1) ここで扱う Teyyam は、先行研究で folkart と表現されており、ここでも ethnic（民族）ではなく folk（民俗）と扱うこととする（Kurup, K.K.N.（2000[1973]）THE CULT OF THEYYAM AND HERO WORSHIP IN KERALA, Center For Folklore Studies University of Calicut, p. 35）。また、ここではテイヤム儀礼の舞踊部分に特化するため、民俗舞踊という表現を用いる。

(2) 「インド共和国」も正規の国名ではない（山下博司・岡光信子（2016）『インドを知る事典』東京堂出版, p.4）。

(3) 外務省ホームページ インド基礎データ https://www.mofa.go.jp/mofaj/area/india/data.html（2019年6月6日 閲覧）

(4) 山下博司・岡光信子, 前掲書, p.2.

(5) 小名康之『第2章 歴史』, 辛島昇監修（1995 [1992]）『世界の歴史と文化 インド』新潮社, pp.24-33.

ヴェーダ:
「知る」を意味する語より作られる名詞 veda は、インド・アーリア人の古聖典の総称である（「ヴェーダ」, 早島鏡正監修（1987）『仏教・インド思想辞典』春秋社, pp.31-32）。

ド憲法で公的に認定された言語は 22 である。そのうち、インドの公用語としては
ヒンディー語が優先する形になっているが、英国植民地時代から続く英語が未だに
準公用語として用いられている[6]。実際に英語は、言語の異なる州出身者同士にとっ
ては必須のコミュニケーションツールなのである。

2. インドの古典舞踊とデーヴァダーシー

インドの代表的な古典舞踊といえば、南インド代表であるバラタ・ナーティヤム、
同じく南インド、ケーララ州の舞踊劇カタカリ、北インド代表でイスラム文化の影
響の強いカタック、東北インド、マニプール州のマニプリの 4 つの舞踊に、新た
に加えられた東インド、オリッサ州のオリッシの 5 つを指す[7]。南インドの音楽
にあわせて踊られるのがバラタ・ナーティヤムである。これは複雑なリズムと豊か
な感情表現の組み合わせが見どころとなっている。一方、ペルシアや西アジアの影
響を受けて発達した北インドの音楽に合わせて踊られるのがカタックで、見どころ
は足首にたくさんの鈴をつけ、打楽器のように打ち鳴らし、素早く回転するテクニッ
クである。南北インド古典舞踊の共通点は、**ヌリッタ**という身体の動きを中心とし
たテクニックと、**アビナヤ**という歌詞の内容を解釈して身振りで表現するテクニッ
クが用いられることであろう[8]。その他にインドの人々が民俗舞踊と呼ぶ土俗的
なものも数多くある。これらすべての舞踊の地域、動作、衣裳、音楽が異なってい
るにもかかわらず、根本的には『ナーティヤ・シャーストラ』の理論に基づいてい
るため、基本理念においてすべての舞踊は共通するというようにインドの人々は考
えている[9]。

『ナーティヤ・シャーストラ』とは、伝説上の人物、聖バラタが紀元後 1 世紀か
ら 4 世紀頃の間に編纂したと言われる演劇規範書である。演劇に関する言語、詩、
音楽、歌舞、作法、パントマイムについての記述がなされている。この中で舞踊は
リズムと優雅の調和による美的リズムを持たねばならないとされる一方、演劇は**ム
ドラー**およびアビナヤによって成立し、これはリズムによって織られ、優雅によっ
て支えられなければならないと説かれている[10]。

さて、本節は南インドの舞踊に特化するため、ここでは南インドの古典舞踊バラ
タ・ナーティヤムをみておこう。9、10 世紀頃、南インド各地にヒンドゥー教寺
院が数多く建立される。バラタ・ナーティヤムはそれらの寺院でデーヴァダーシー
たちによって、寺院舞踊として非常に栄えた。

デーヴァダーシーとは、神に仕える女性の意味で、神前で音楽や舞踊の奉納をは
じめとする寺院儀礼を担ってきた女性たちをさす。幼少の頃に寺院に奉納され、神
と婚姻したため生涯、寡婦になることはなかった。デーヴァダーシーは縁起の良い
存在として、宮廷の宴席や結婚式などの祝い事で歓迎されてきた。彼女たちは人間
の男性と婚姻関係をもたないが、実際には通常パトロンをもち、子をもうけていた
という[11]。

現在のバラタ・ナーティヤムは、19 世紀前半に、タンジョール四兄弟によって
伝統が復興され、形式が整えられたものである。19 世紀半ば頃から、デーヴァダー
シーたちが舞踊を通じて一生涯神に捧げるという本来の役割を離れ、寺院を訪れ
る人々に奉仕するようになっていく。多くのデーヴァダーシーたちは磨き上げられ

(6) 山下博司・岡光信子,
前掲書, pp. 4-5.

(7) 大谷紀美子 (1984)「イ
ンド古典舞踊の伝承と学習
インド バーラタ・ナティ
ヤムの事例」,『口頭伝承の
比較研究1』弘文堂, p. 197.

ヌリッタ:
純粋舞踊ともいわれ、身体
の運動が表示的な意味をも
たない舞踊のことである
(大谷紀美子, 前掲書, p.
200)。

アビナヤ:
歌詞の言葉と同じ意味の動
作を行い、指、手、腕、顔
の表情で作りあげるパント
マイム風の舞踊のことであ
る (大谷紀美子, 前掲書,
pp. 200-201)。

(8) 井上貴子 (1997)「現
代インドの音楽・舞踊」,
歴史教育者協議会編著『知
っておきたい インド・南
アジア』青木書店, pp.
27-29.

(9) 大谷紀美子, 前掲書,
p. 197.

ムドラー:
ハンドジェスチャーのこと
である。もとは封印という
意味のサンスクリット語で
あるが、舞踊に転用される
ようになった。ハスタ (手
振り) ともいう。インドの
舞踊全体に共通するものと、
ジャンルにより異なるもの
とがある (姫野翠 (2002
[1992])「ムドラー」, 辛島
昇ほか監修『南アジアを知
る事典』平凡社, pp. 729-
730)。

(10) 姫野翠 (2004)「IV イ
ンド―神々を呼ぶ芸能」『ア
ジアの伝統文化シリーズ
異界へのメッセンジャー』
出帆新社, pp. 255-340.

(11) 井上貴子 (2007)「デ
ーヴァダーシー問題と古典
芸能の再生」, 辛島昇編『世
界歴史大系 南アジア史3
―南インド―』山川出版社,
p. 289.

(12) 大谷紀美子，前掲書，p. 198.

(13) Higgins, Jon Borthwick (1973) THE MUSIC OF BHARATA NATYAM. VOLUME I. TEXT. VOLUME II. NOTATED AND TAPED EXAMPLES, Wesleyan University, ProQuest Dissertations Publishing 7327623, pp. 3-5.

(14) L'Armand, Kathleen and L'Armand, Adrian (1983) One Hundred Years of Music in Madras: A Case Study in Secondary Urbanization, Ethnomusicology.27(3): 413.

(15) 大谷紀美子，前掲書，pp. 294-295.

た有能な芸術家であったが、19世紀終わりまでにもはやインド社会においては、尊敬されるものではなくなった。そのようなデーヴァダーシーたちはそれ以前の芸術的に優れた舞踊を、卑猥であからさまにセックスを強調する「ナウチ舞踊」というものに変えて踊るようになったのである⁽¹²⁾⁽¹³⁾。19世紀後半頃から、正式に婚姻をせずに性交渉を行うということが「売春」とみなされるようになり、20世紀初めには、寺院舞踊とデーヴァダーシーによる奉納が禁止されるという反ナウチ運動が起こった⁽¹⁴⁾。

20世紀前半、デーヴァダーシーの舞踊は、バラタ作『ナーティヤ・シャーストラ』にちなんでバラタ・ナーティヤムという名称で呼ばれるようになった。この名称の背景にはデーヴァダーシーの舞踊をインドの代表的古典芸術の地位に高めることが意図されていた。そしてデーヴァダーシーや寺院と完全に切り離された舞踊は「舞台芸術」として、担い手のすそ野を広げることとなった⁽¹⁵⁾。こうして、20世紀半ば頃より、バラタ・ナーティヤムが寺院から独立して舞台芸術として各地で上演されるようになり、現在では子女のお稽古事にもなっている。

3. 南インド、ケーララ州の自然環境

ケーララ州はインド西南部に位置し、東が西ガーツ山脈、西がアラビア海に面している。

ケーララ州に降り立つと、ココ椰子の木があちらこちらに生え、緑豊かな南国を思わせる土地であることが分かる。ケーララ州は米を中心とする食文化をもち、毎食カレーのお供には米はもちろんのこと、米粉を蒸したものなども並ぶ。カレーにはターメリックが必須だが、ココ椰子の実であるココナッツもケーララ州の人々には欠かせない食物だ。乾季には、路上で緑色のココナッツが山積みに売られる。これはまだ若いココナッツで、中にはココナッツウォーターがたっぷりと入っている。これは何よりも安全で、栄養補給には最適な飲み物である。購入するとその場で端をカットしてストローをさしてくれる。飲み終わるとさらに二つに割られ、先ほどの切れ端をスプーンのようにして、中の白いゼリー状の部分を食べる。これが暑い時期の最高の贅沢なのである。

ココナッツは家庭でも欠かせない食材で、各家庭のキッチンには備え付けのココナッツ削り器がある。女性たちは毎日これを使い硬い実の内側を削るのである。削られたココナッツは、米粉とともに混ぜて蒸されると南インド特有の主食になったり、副菜として炒め物になったり、変幻自在である。

さらにココナッツオイルも必需品だ。オイルは食用として利用する他、洗髪にも日常的に使われている。女性たちの自慢の長い黒髪はココナッツオイルのおかげなのである。

オイル、さらにココ椰子の葉は、儀礼の場でも重宝されている。これらは後述するテイヤム儀礼のカンダカルナンの衣裳などでも用いられており、それは明らかである（図2-39）。各家庭の主婦が朝晩ヴァラックと呼ばれるランプ台に火を灯し、毎日欠かさず祈りを捧げているが、そこでもココナッツオイルは使われる。

4. 南インド、ケーララ州の民俗舞踊

　ケーララ州に伝承され、先述のインド五大古典舞踊の一つに数えられるのが舞踊劇カタカリ Kathakali である。現地のマラヤーラム語でカタ＝物語、カリ＝舞踊を意味する。これは、ケーララ州の州都がある南部を中心に伝承される舞踊劇で、ヒンドゥー教寺院などで上演される。ケーララ州にはカタカリを学ぶことのできる有名な学校も存在する。

　一方、州北部ではテイヤム Teyyam と呼ばれる、民俗舞踊を伴う儀礼が伝承されている。「テイヤム」とは、サンスクリット語で神を意味するデイヴァムがなまった形とされる。テイヤムという時、神に扮する者たち、すなわち**テイヤッカーラン**が祭文を唱え、民俗舞踊を行い、信者らに託宣を与える儀礼の一連の流れをさしもするし、神そのものもさす。したがってここでは、テイヤム儀礼という場合は一連の儀礼をさすものとし、テイヤムという場合は神自体をさすものとする。

　テイヤム儀礼の起源は 5 世紀頃と考えられている。テイヤムは 400 種類以上もあると言われ、ヒンドゥー教のシヴァ神やヴィシュヌ神の別の姿をとる神々から、獣神、英雄神、祖先や勇者などの土着的な神まで多様である。テイヤム儀礼では神が姿を現し、踊っていると考えられている。

　テイヤム儀礼は、今も州北部のカンヌール県やカーサラゴッド県一帯のマラバール地域を中心に執り行われている。この儀礼は、ケーララ州固有のマラヤーラム暦に従って執り行われる。日程は占星術師によって決定されるというが、毎年おおよそ同時期に行われている。11 月初め頃から 5 月末頃までの乾季の時期に、数日間夜通しで行われる。この儀礼は主に 3 つの手順で執り行われる。各ステージでチェンダという太鼓やエラタラムというシンバル風の楽器などによる演奏がなされる中、第 1 ステージでは、祭文が唱えられる。第 2 ステージは、「白い踊り」を意味する[16]ヴェラーッタムという段階である。正式な衣裳や化粧ではなく、不完全な形で行う。担い手は完全にテイヤムになりきっていない状態で、テイヤムの前段階と捉えられている。第 3 ステージでようやくテイヤムが登場する。ここでは担い手は完全な衣裳を着け、化粧もすべて完成している。第 3 ステージで舞踊が行われた後は、長い行列をつくる信者らに託宣を与える時間に移行する。

　テイヤム儀礼の担い手テイヤッカーランは、かつては不可触民カースト[17]とされ、現在は指定カーストとされるマラヤン、ワンナーンの男性のみである。マラヤンの男性は、テイヤム儀礼のほか、呪術師の仕事にも従事してきた。今では農業を中心に、バスの車掌、事務員など様々なタイプの仕事に就いており[18]、ワンナーンは、伝統的職業として布団、枕、衣類を作る裁縫の仕事にも従事してきた[19]。彼らは父から息子へ、伯父（叔父）から甥へというように途絶えることなく世襲でテイヤム儀礼を継承しているのである。古典舞踊の舞踊劇カタカリが学校で学べるのとは異なり、民俗舞踊を伴うテイヤム儀礼の担い手らは、幼少より祖父、父、伯父（叔父）たちの行うテイヤム儀礼に付き添って現場で学ぶ機会を得ている。

　テイヤム儀礼が行われる場は、カーヴと呼ばれる寺院である。2008 年の時点では、あるカーヴには、図 2-37 に示すように、聖なる木のアラヤールツリーがあった[20]。この木はインドボダイジュとして知られ、子供の姿をしたクリシュナ神が

テイヤッカーラン:
テイヤムになる人という意味である。

(16) 古賀万由里 (2018)『南インドの芸能的儀礼をめぐる民族誌―生成する神話と儀礼』明石書店，p. 79.

(17) 独立後の現在は、不可触民は一切存在しないと認識されていることを強調しておく。

(18) 竹村嘉晃 (2014 [2012])「第 24 章 マラヤン〈ケーララ州〉―太鼓奏者の陰に隠れた女たちの音楽的才能と新たな役割」，金基淑編著『カーストから現代インドを知るための 30 章』明石書店，pp. 235-243.

(19) 竹村嘉晃 (2014 [2012])「第 20 章 ワンナーン〈ケーララ州〉―神霊を担う不可触民たちの現在」，金基淑編著『カーストから現代インドを知るための 30 章』明石書店，pp. 195-204.

(20) なお、2013 年 2 月 8 ～ 9 日のテイヤム儀礼の際には、カーヴがリニューアルされており、アラヤールツリーも伐採されていた。

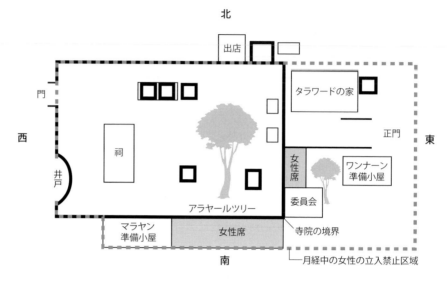

図 2-37　カーヴの図（高橋、2011、109）

乗っている葉のついた木である。通常現地の人々がカーヴと認識するのは、図中の寺院の境界部分である。カーヴでは、マラヤンの人々が準備のために使用する準備小屋と、ワンナーンの人々の準備小屋の2つが存在していた。後に取り上げる2つのテイヤムのカンダカルナンとヴァスーリマーラは、どちらも前者マラヤンが担当するテイヤムである。

タラワード:
母系大家族であり、大家族が住む家屋をさす（川野美砂子．2000.「憑依する神々の姿─ケーララ・クルチェラ・トライブの仮面と憑依儀礼─」『社会思想史の窓』123：236-262.）

寺院の内部で執り行われるテイヤム儀礼を見物する時、現地の女性たちは図中の女性席や、**タラワード**の家の軒下に集まり、集団で遠くから眺めている。テイヤムの周囲を囲むのは男性のみである。学校の教室でもバスなどの公共交通機関でも、男女は別々に着席するのが当然のことになっていて、テイヤム儀礼見物の際も同様の慣習が適用されているのだ。そして、他のヒンドゥー教寺院と同様に、月経中の女性は図中の立入禁止区域内に入ることはできない。これも当然の慣習で、月経中の女性は穢れていると考えられているためである。

5. 疱瘡（天然痘）にまつわるテイヤムのストーリー

400種類以上あると言われるテイヤムの中から、疱瘡（天然痘）という病を治したり、与えたりする、カンダカルナンとヴァスーリマーラの2つのテイヤムについてみていこう。テイヤムに登場するこの神々は弟と姉という関係になっていて、**プラーナ**に基づくストーリーが存在する。文献や言説によってストーリーが一貫していないものの、おおよそ次のようなストーリーと捉えることができる。

プラーナ:
一群のヒンドゥー教聖典をさすというヒンドゥー神話（高橋明（2002 [1992]）「プラーナ」，辛島昇ほか監修『南アジアを知る事典』平凡社，pp. 642-643.

まず、善である女神と悪であるアスラの戦いの場において、悪であるアスラの妻が、夫の戦勝を願ってシヴァ神の元へ行き祈る。アスラの妻がシヴァ神の汗を手に入れる。その帰りにアスラの妻は自分の夫が殺されたのを知るとかき乱し、シヴァ神の汗を夫の敵である女神に投げつける。すると女神の体中に膿疱が広がり、ひど

く苦しむ。次に、この女神の状況を知り、女神を生んだシヴァ神が怒り狂い、女神を救うために疱瘡を舌で舐めて治す神として、弟のカンダカルナンを生み出す。先にシヴァ神から生み出されたために女神が姉で、カンダカルナンは弟という関係になる。カンダカルナンは舌で舐めて治す神だが、インドでは夫婦ではない限り、接吻や顔を舐める行為は許されないため、女神の顔には疱瘡の痕跡が残る。アスラの妻が女神の召使いにされヴァスーリマーラと命名されるパターンと、女神がそのままヴァスーリマーラとなるパターンなど諸説ある。

　明確なことは、弟と姉ともにシヴァ神が生んだということ、弟は舌で疱瘡を治す性質をもつ神として生み出されたこと、姉は疱瘡を与える神というように認識され、姉の女神は善悪両方の性質を備えた両義的な女神であるということである。

6. 2つのテイヤムの衣裳と舞踊

　テイヤッカーランの化粧は、化粧師が数時間かけて完成させる。この化粧もマラヤンの準備小屋の中でされる（図2-38）。

　テイヤム儀礼における舞踊はカンダカルナン、ヴァスーリマーラどちらも計25分程度であった。本節で対象とするテイヤム儀礼では、舞踊は1日目の夜8時頃から始まり、2日目の夕方4時頃まで行われる。ただし、一つの舞踊が終われば、次の舞踊までゆっくりと準備に時間がかけられる。舞踊そのものの時間は意外に短いものであった。

1）カンダカルナン

　カンダカルナンはココ椰子の葉で作られた7、8mの頭飾りをつける。顔には木製の大きな耳、2枚の上ひげ、下ひげがつけられ、目には小さな穴の開いた装飾品がつけられて表情は全く分からない。腰には若いココ椰子の葉でできた腰蓑を付け、腰蓑には両端に松明が付けられた8本の棒が差し込まれる。これをパンダンというが、パンダンはココ椰子の繊維が束ねられ、ココナッツオイルが浸されたもので

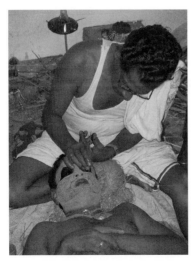

図2-38　数時間かけて行う化粧師による化粧の様子（2006年筆者撮影）

図 2-39　ココ椰子の葉でできたカンダカルナンの衣裳とパンダン（2008 年撮影筆者）

コーマラム:
テイヤム祭儀で神官の役割を担う者のことをさす。タラワードの成員でもある（竹村嘉晃. 2015.『神霊を生きること、その世界』風響社, pp. 87-88）。

ある（図 2-39）。この準備は同じカーストに属するメンバーらが行い、**コーマラム**という司祭がパンダンに火をつけて、カンダカルナンの舞踊が始まる。上半身、顔、下肢には米パウダーと水の混合物を塗って白くする。これは火から身を守るためであるという。右手には、シヴァ神のシンボルである小さな武器をもつ。足首にはテイヤムではよく用いられる、鈴の音のなるメタル製のアンクレットをつける。舞踊の後の託宣では、カンダカルナンは信者にターメリックの粉を与える。

　カンダカルナンの舞踊は 7 部から構成されている。1 部ではパンダンに点火されたのちに、境内を練り歩く程度である。2 部では神聖な木製のスツールの上に立ちステップを行う。3 部では再び地上に下り、ステップを行う。そして 4 部では、ジャンプをしながらパンダンを振り落とす動作が中心となる。パンダンは空気を含んでさらに激しく燃え始めるが、それをものともせずにどんどんふるい落としていく。観客であるこちら側にまで燃えさかる炎の熱さが伝わってきて、その様はまさに手に汗握る光景である。ようやく燃え尽きると、パンダンの付けられた 8 本の棒が取り除かれる。5 部では頭飾りを両手で握りながら、ステップ中心の動作を行う。5 部の最後に頭飾りも取り除かれる。6 部では身軽になり境内を走り回った後、7 部では両手両足を使い、リズムに合わせて軽快にステップを行うのである。このようにステップを中心とするのは、大地からのエネルギーを受けて神になる準備をすると考えられる。また、カンダカルナンではパンダンを燃やしながら舞踊を行うシーンが特徴的であるが、疱瘡を治す神としてのオーラを表現するための演出効果の一つであるともいえよう。

2）ヴァスーリマーラ

　ヴァスーリマーラの顔の化粧はすべて岩石からとれる天然のものを用いると言い、オレンジ色でベース、赤色で模様が描かれた上に、疱瘡を表す黒い斑点が描かれる（図 2-40）。胸に、ココナッツの硬い殻を半分に割ったものを乳房としてつけ、女性であることを示す。上半身は赤く塗られる。最初は手に何も持たないが、途中で

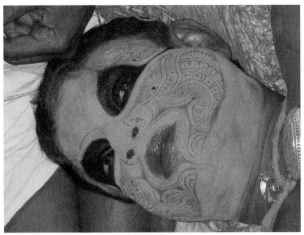

図 2-40 ヴァスーリマーラの化粧 (2006 年筆者撮影)

武器を渡される。右手には剣、左手には 4 つの鈴のついた武器をもつが、これらはテイヤム儀礼の女神に共通の武器である。ヴァスーリマーラも舞踊の後の託宣では信者にターメリックの粉を与える。

ヴァスーリマーラは、足のステップ中心のカンダカルナンに比べると、衣裳や装飾品による制約がない分、表情も明確でストーリー性を感じられる舞踊である。ムドラーを用いているが、観客には理解できないという。しかし表情をみると、誇り高い表情であったり、喜びであったり、シリアスであったりと観客にもみてとれる。そこでテイヤッカーランに行ったインタビューから表情には理由があることが分かった。

ヴァスーリマーラの舞踊は 9 部から構成されている。1 部ではカンダカルナンと同様にステップ中心で、人間から神になる準備段階である。1、2 部では信者らが祈るため誇り高い表情となる。3 部ではストーリーに基づき善が悪を殺すシーンであるため怒りの表情および感情となる。その後、悪を殺して喜びの表情となり、それが落ち着くと冷静さを取り戻す。4 部は、死の脅威を表現するシーンで、音楽のテンポも最高潮に達する。疱瘡が危険つまり死の脅威を暗示するものととらえられている。そのためストーリーに基づきシリアスや恐れ、怒りの表情となる。5 部では怒りが減り、冷静さを取り戻し、危険が回避されたため喜びが訪れることとなる。6 部では悪が死んだため喜びの表情となり、弟のカンダカルナンも加わり、共に喜び上機嫌になる。7 部では足を洗ってもらう儀式があるため満足の表情、8 部では弟とともに舞踊を行うため穏やかな表情、9 部では信者を祝福するため祝福の表情となる。このように一貫していないが、部分的に先述のストーリーに沿っていることが分かる。ヴァスーリマーラは、足のステップと手のムドラー、表情を伴いながら自身の歴史を演じる舞踊であると言える。

7. 南インドの社会と舞踊

インドは気候、風土、宗教に至るまでが多様である。そうした社会から発生した

[引用文献]
・高橋京子（2011）『日本とインドにおける疱瘡治癒祈願の舞踊研究―グラフノーテーションによる動作分析を中心に―』早稲田大学出版部.

舞踊も当然のことながら多様である。インドの代表的な古典舞踊も、地域によって異なり、宗教とも深くかかわっている。

南インドの古典舞踊バラタ・ナーティヤムは、もともとはデーヴァダーシーという身分の女性たちにより踊られていた。テイヤム儀礼の担い手は、現在指定カーストに区分される限られた人々で、世襲制で男性のみに受け継がれている。日常の立場と異なり、テイヤム儀礼の場では、彼らはテイヤム、すなわち神となり人々に託宣を与える信仰の対象へと転換する。このように身分と舞踊もかかわりが深いのだ。

テイヤム儀礼の見物者は近隣住民が中心だが、カーヴという寺院内に月経中の女性は立ち入ることができない。テイヤムの中にはカンダカルナンのようにアクロバティックなテイヤムもあり、危険を伴うものも多い。そのような舞踊を支えるのが、同州に伝承されるカラリパヤットというマーシャルアーツである（第3章第5節参照）。カラリパヤットは、テイヤム儀礼と異なり、現在では誰にでも開かれたマーシャルアーツであるが、唯一、月経中の女性だけは例外である。さらに、図2-37にあるように、見物者の居場所は男女で異なっている。義務教育の現場や公共交通機関でも男女の別は徹底している。これらはケーララ州の社会では一般的な慣習である。慣習と舞踊というのもまた関係があるのである。

南インドのケーララ州はココ椰子が生い茂る土地である。そうした自然環境と舞踊にも密接な関係がある。ココ椰子の葉や繊維、ココナッツ、オイルに至るまで、ココ椰子はテイヤム儀礼の中で欠かせない自然の恵みなのである。ココ椰子の生い茂る風土が、衣裳や化粧においても、テイヤム儀礼における舞踊を支えているともいえるだろう。さらにタヒチなどポリネシア地域では、ココナッツの起源が太陽と月の娘である王女の神話とかかわって語られもする。すなわち、ココナッツは単に人間の腹を満たすだけではなく、神聖な物でもある。

このように当たり前に思えるようなことでも、深く掘り下げてみていくと、当該社会に発生した舞踊だけがもつ独自の特徴がみえてくる。社会と舞踊は別々のものではなく、深くつながっていることがお分かりいただけるだろう。

（高橋京子）

理解度チェック

1 どの身分、どの宗教の者が、どの舞踊を担ってきたかについて、歴史的背景から述べてみよう。

2 どのような点で社会と舞踊はつながっているのかをここで触れた具体例を挙げて話し合ってみよう。

さらに読んでみよう おすすめ文献

●姫野翠（2004）『アジアの伝統文化シリーズ　異界へのメッセンジャー』出帆新社.

洋舞の起源の一つが、フランスを中心に形成されてきたバレエであることはよく知られている。もともとは王や貴族を中心とした宮廷内で行われるサロン文化として発達した初期のバレエは、太陽王と呼ばれたルイ14世の治世において盛んに行われ、体系化されたと言われている。ルイ14世自身がバレエの名手と謳われ、自ら踊り手として舞台に登場したことからもわかるように、この時期のバレエは、地位の高い男性が踊り、それを配下のもの（含・女性）が見る、という文化であった[(1)]。

その後、バレエの中心が宮廷から一般社会の劇場へ移るにつれ、徐々にバレエは女性が踊り、男性が対価を払ってそれを見るという文化に変容してゆく。フランス革命で社会に旧来の階級（貴族・王族）が存在しなくなり、市民社会が登場したことで、バレエからは階級構造が取り払われた。そしてバレエが階級差のない市民の文化になった際、まなざしを介した従来の権力差はジェンダーという男女の差異に転化されたと考えることができる。これは、フーコーが指摘した近代におけるまなざしと権力のあり方の逆転──王やナポレオンのようにまなざされる対象であった権力が、やがて見えない存在となり逆に人々をまなざす（たとえば、典型的には「監視」として）ものとなったこと──をよく表している[(2)]。

バレエのあり方が大きく変化した近代以降、モダン・ダンスやコンテンポラリー・ダンスに至るまで、ハイカルチャーに近い領域で発達してきた舞踊においては、一部の例外はあるにせよ「ダンサー＝女性」、言い換えれば「まなざされる役割＝女性」という傾向が維持されてきたと言ってよい。これは逆に、男性がバレエという領域に踏み込もうとする際に「男性的でない」という偏見にさらされやすいことからも理解できるだろう[(3)]。

一方、よりポピュラーな領域[(4)]におけるダンスを考えてみると、ここには興味深い対比が見て取れる。たとえば、現代において人気の高いダンスであるヒップホップは、その音楽も含めて非常に男性的な領域と見なされており、実際のダンサーやミュージシャンも男性が中心となっている。これは、ヒップホップという文化を生み出してきたアフリカ系アメリカ人（黒人）男性たちが、自らの置かれた社会状況（格差や差別）に対抗するために形成してきた価値観の反映とされている。

さらに例を挙げるとすれば、ジャマイカのレゲエや、アメリカのアンダーグラウンドなゲイ・シーンから生まれたヴォーギングなども、男性ダンサーが中心的な領域といえ、これらに共通するのは、どれも黒人を中心とした有色人種にルーツをもつ文化であること、さらにそのダンスがまなざされることを前提としている──コンテストなどの形式を含めて優劣を評価される──という点だろう。これらのダンスには「かっこよさ」やクールさといった他律的な基準があり、スクールや見本動画があふれていることも、学ぶべきモデルが存在していることを示している。

その点、いわゆるテクノやハウス系のクラブなどで踊られるダンスにはこうした基準、広い意味でのコレオグラフィーは存在しない[(5)]。みな、お互いの踊りを鑑賞したり評価することはなく、思い思いに体を揺らすだけであり、ある意味で自律的な踊りといえる[(6)]。そして、テクノが典型的に白人音楽とみなされてきたことを考えたとき、ここには人種による分割線が存在することがわかる。つまり、ハイカルチャーに属するバレエやモダン・ダンスにおいてまなざされる役割を振り分けられるのが女性である一方、文化・社会的にサブ（下位）の領域においては、それが人種──わけても社会的に劣位に置かれてきた黒人によって担われるという、まなざしを通じたジェンダーと人種による二重の周縁化と理解できよう。これはより広く言えば、近代以降、権力の中心にある白人男性の身体やパフォーマンスがダンスの領域でまなざしの対象になることはまれになり、その役割は男性文化として成立した近代スポーツへ囲い込まれていった結果と考えることもできるだろう。

（岡田桂）

(1)『王は踊る』(2000) ベルギー・フランス・ドイツ，監督：ジェラール・コルビオ，配給：日本ヘラルド映画.

(2) フーコーは、「まなざし」というものが、単に「見る／見られる」行為にとどまらない権力関係であることを示し、その視線の関係性が近代社会を迎える中で逆転してゆくことを指摘した。詳しくはフーコー、田村俶 訳 (1977)『監獄の誕生：監視と処罰』新潮社を参照。

(3)『バレエ・ボーイズ』(2014) ノルウェー，監督：ケネス・エルヴェバック，配給：アップリンク.

(4) これ以降述べられる「ポピュラー」なダンスとは、ハイカルチャーを中心としたバレエの流れに比して、主に大衆音楽に基づくダンス（特にディスコ・ミュージック以降）を念頭に置いている。

(5) ハウス・ミュージックのルーツは黒人音楽にあるが、クラブ音楽として一般化してゆく過程で、ダンスのあり方は変化してきたといえる。

(6) 岡田桂 (2009)「音のブリコラージュ：ダンス・ミュージックと部族楽器としての TB-303」『舞踊学』32：12-23.

第8節
トルコ
―セマーの宗教的意義と担い手たちの認識―

学習のねらい

世界各地のさまざまな宗教実践のなかで、身体動作はそれぞれ独自の形で用いられている。それは、儀礼というかつて当該社会の中で自分たちの生命を存続させるため成員たちが切実な思いで繰り返し実践してきた行為との関わりが深い。また、それらは社会や時代の変化により「舞踊」として切り取られることによって宗教という文脈を抜け出し、様々な展開を見せる。ここでは、宗教と身体動作の関係やそれらの社会でのあり方について、トルコ共和国（以下、「トルコ」と略す）の宗教的マイノリティーとされるアレヴィーと呼ばれる人々が、儀礼の中で実践する身体動作であるセマーとトルコ社会での展開を例に考える。

1. トルコ社会と宗教と身体

トルコは、その前身をオスマン帝国というさまざまな民族が行き交い広大な土地を有した帝国とし、現在でもその名残がいたるところにみられる非常に表情豊かな国である。トルコの現在の人口は約 8,200 万人[1]、面積は 785,000 平方キロメートル[2]、海に囲まれ内陸部には広大な山や平地を有し農作物も豊富にとれ、自然にも恵まれている。それに伴い、トルコでは地域ごとに豊かな舞踊文化が存在する。他国同様、結婚式や割礼、様々な行事で人々が集まる際に、それら舞踊は皆で踊られる。そうでなくても、トルコ人は国民総ダンサーと言われるほど皆すぐに両手を挙げ指を鳴らしながらステップを踏む。国立、私立の舞踊団があり、各地の舞踊をアレンジし西洋のバレエの手法を交えながら洗練された舞台を披露する。

また、トルコ第一の文化都市イスタンブールは、ヨーロッパ側とアジア側両方にまたがり東西文化の十字路として重要な位置にある。ここはかつてローマ帝国の首都でもあったコンスタンチノープルとして知られ、現在でもさまざまな文化的背景をもつ人々が集まる場所であり、イスラーム教やキリスト教など、行き交った民族が信仰してきた宗教が息づいている。

トルコは一般にイスラーム教徒（以下、「ムスリム」と略す）、その中でも多数派であるスンニ派が人口の 98％を占めると言われている。1922 年にオスマン帝国が崩壊するまで、この地はイスラーム教が政治的にも支配していた。しかし 1923 年のトルコ共和国建国時には、アラブやペルシアなど様々な民族的要素が入り交じったオスマン帝国時代の古い文化から脱却しトルコ民族による新たな国民国家としてのトルコ共和国および文化を創造するために、さまざまな政策がとられた。その一つに政教分離がある。これは現在の日本と同様、政治と宗教を切り離す政策であり、これによりトルコは中東地域で唯一の世俗国家となった。

さらにトルコでは、国外からの影響[3]で 1950 年代に経済の自由化が進み、これがさまざまな社会構造の変化を引き起こすこととなった。農業の機械化が進み農

(1) トルコ統計局、2018年。

(2) ブリタニカ
www.britanica.com
（2019年5月15日 閲覧）

(3) アメリカが第二次大戦で疲弊したヨーロッパに経済援助をした影響で、トルコの安価な労働者がヨーロッパに流入することになる。

村部では仕事にあぶれた多くの人が、都市部に増加する工場に働き口を求め移住した。農村部に残った人々も、先に移住した親戚や同郷者を頼りに都市へと移動し、都市の人口は急増した。行政の都市整備だけでは追いつかず、都市郊外にはレンガやバラック製の一夜で造られた家が数多く立ち並んだ。その後1970年、80年と軍事クーデターが起き政治的にも不安定になっていたトルコにおいて、宗教的生活から離れるよう国から促されていた国民は、再び宗教に心の拠り所をみつけるようになっていった。

　ムスリムはよく知られるように、儀式など宗教的文脈では音楽や舞踊を行わないとされているが、これは娯楽としての音楽や舞踊という意味であり、実際は修行の場などで音楽や舞踊と見紛う身体動作を多用する。しかしこの音楽・身体動作の宗教的文脈での使用は主に後述するイスラーム神秘主義[4]教団の修行僧が行っている儀礼の中でのものである。そこからも一言でイスラーム（ムスリム）といってもさまざまな人々がいることがわかるだろう。

　トルコでもいくつかのイスラーム神秘主義教団が存在するが、モーツァルトのオペラにも登場し世界的に有名なメヴレヴィー教団はその代表と言えるだろう。イスラーム神秘主義では、自我を忘却し唯一神と一体となるために行う修行の中で音楽や身体動作を実践することが多い。メヴレヴィー教団が修行で用いる音楽はトルコの古典音楽の形成にも多大な影響を与えた。また、白い修道服のスカートを広げながら音楽を伴奏にひたすら旋回を続ける修道僧の姿は、その場にいる者の意識を異なる世界へと引きこむ力をもつ。この身体動作はセマ Sema と呼ばれ、それを行う修行僧（セマゼン）は天体を表し、彼らの広げられた両腕の右手のひらは天へ向けられ、左手のひらは地へと向けられている。これは天（神）から愛を受け取り地（人間）へと伝えているという。この身体動作が神と人間のコミュニケーション・ツールとなっていることが分かる。このメヴレヴィー教団の修行はユネスコの世界無形文化遺産に登録され、世界中で公演を行っている。また、メヴレヴィー教団の修行僧は男性のみであり、したがって修行をするのも男性のみであった。しかし現在では女性も修行僧として参加したり、メヴィレヴィー教団の音楽の影響を強く受けたオルタナティブ音楽の DJ のパフォーマンスでは、外国人の女性がセマのパフォーマンスを行うなど、多くの変化をみせている。

　本節では、儀礼などの宗教的文脈では担い手たちが舞踊という言葉を使用しないため、第三者からみたら一見舞踊と見紛う動作でも身体動作という言葉を用いることとする。

　次項では、イスラーム神秘主義に強い影響を受けながらも独自の信仰を保ち、やはり儀礼の中で音楽やそれを伴奏に身体動作を行うアレヴィー Alevis と呼ばれる人々のセマー Semah [5] とそのトルコ社会での展開を、現在多くのアレヴィーが居住する都市部の活動を中心にみていく。

2. トルコにおけるアレヴィーと呼ばれる人々

　アレヴィーとは、文字通りにはイスラーム教第4代カリフ[6]でシーア派初代イマーム[7]・アリーを信奉する人々という意味で、イスラーム、特にイスラーム神秘主義の影響を受けながらも独自の信仰体系をもつ人々である。彼らの信仰はトル

(4) イスラーム神秘主義とは、13世紀頃に当時のイスラーム教やその指導者が法やしきたりなど外的要素を重視し派手になり、自身の内面の信仰心をおろそかにしていることへの反発から起きた。イスラーム神秘主義者は自身の信じる神との一体化を最重要視し、音楽や身体動作を伴う修行によってそれを成し遂げる。外見は羊毛（スーフ）でできたマントのみの質素な格好をしていたことから、スーフィズムと呼ばれる。

(5) 前述のメヴレヴィーのセマ Sema と発音の違いに注意。アレヴィーはセマー Semah と伸ばして発音する。

(6) 後継者という意味。

(7) イスラーム共同体の指導者という意味。

コの神秘主義教団ベクタシー教団の教義や実践の影響を強く受けている。しかし、教団という組織形態の中ではなく、特定の村落コミュニティーの中で代々受け継がれてきた。多数派であるスンニ派とは異なる信仰を保ってきたため、時には社会的に厳しい立場に立たされることもあったが豊かな文化を保持してきた。彼らはトルコ国内で宗教マイノリティーとされてはいるが、その人口はトルコ人口約8,200万人のうち2,000万人近くいるとも言われ、定かではない。

アレヴィーは、中央アジアから西アジアへと移動してきたトルコ民族がかつて信仰していたとされるシャーマニズムの痕跡を残しているとも言われている。シャーマニズムについてここで詳しく述べることはしないが、シャーマニズムではシャーマンと呼ばれる宗教的職能者が自我を忘却し神や超自然的・霊的存在と交信し託宣をもらう。その際、音楽や身体動作を使用することが多い。彼らは北東・中央アジアに特に多く存在するが、中央アジアから西アジアへと移動してきたトルコ民族は鶴を神の使いとして信じてきた。後述するように、アレヴィーもその儀礼の中で実践される神と近づくための身体動作であるセマーの代表的な振りに鶴を象徴したものがある。

アレヴィーはトルコ国内各地に居住していたが、1950年代以降、トルコの都市化の影響でスンニ派トルコ人と同様にイスタンブールなどの都市に移住した。1960年代になると、彼らは移住先で相互扶助や文化保存・継承を目的としたアレヴィー文化協会を設立した。政教分離を謳う政府に対し公には上記の目的で設立しているが、毎週末には儀礼ジェムやその中で実践されているセマーを若者に教授するセマー教室などの宗教的実践も行われている。筆者が調査を行った2000年代初頭にはイスタンブールに約30のアレヴィー文化協会が設立されていた。次項以降登場するアレヴィーとセマーの多くは、1998年から筆者が継続的に現地で調査してきたイスタンブールで最も歴史が古く会員数も多いアレヴィー文化協会および中小規模のいくつかの協会で2004年から2006年に実践されていたものである。

3. 宗教と身体—アレヴィーの儀礼と身体—

(8) かつては木曜日の夜から金曜日の明け方にかけて行われていた。

アレヴィーは、彼らの信仰実践の中でも特に、毎週末[8] 行われている儀礼ジェムを重要視している。身体動作セマーは、この儀礼の中の後半に参加者の気分が最高潮になった時に実践される。この儀礼はアレヴィーを正しい道へと導いてくれるとし、この儀礼を行わなければアレヴィーではない、とまで言われてきた。しかし都市へと移住した者が多い現在では、儀礼に参加できない、または、しない者も多くなっており、ジェムの内容も簡略化されている。また、ジェムを取り仕切るデデと呼ばれる長老の出身地によってその内容や順番にも変化がみられる。以下に記すジェムの内容は、都市の協会で実践されている簡略化されたジェムである。

儀礼ジェムの起源は預言者ムハンマドが昇天する際に40人の弟子が集まったこととされている。この時ムハンマドの娘ファトマ（アリーの妻）も参加していたことから、アレヴィーの儀礼は女性も平等に参加する。同様にセマーも、この時40人の弟子が立ち上がり円になって回り始めたことを起源としている。

ジェムは、順序などは地域によって異なるが12の要素とその担当者からなる。デデと呼ばれる長老がレフベルと呼ばれる補佐人のサポートのもと儀礼を進めてい

く。参加者はデデを中心に円になって、原則として男女分かれて座る。儀礼は、音楽家の演奏する三味線に似た形をしたトルコ特有の民族楽器バーラマを伴奏に奏でられる音楽の音色にのせて進められていく。ジェムの中での詩はアレヴィーが信奉する聖者たちが残したものが謳われ、歌詞に聖者の名が出てくると、参加者は手を口元にもっていき聖者に敬意を表す。またこの音楽は、メヴレイヴィー教団がトルコ古典音楽の形成と密接に関わってきたのと同様に、トルコ民俗音楽である民謡の形成に多大な影響を与え、音楽家もアレヴィー・コミュニティーを一歩抜けると吟遊詩人として村々を回り、様々な情報を伝達する役割も担っていた。

　ジェムはロウソクの火が灯されることによって始まるとされるが、その前にいくつかの行程がある。デデが入場すると参加者は全員立って頭をもたげ、左足の親指に右足の親指をのせ、右手のひらを左胸にあてながらデデの祈りを聴く。その後の順序は前述のように地域[9]によって異なるが、12の奉仕の担当者がデデの前に並び祈りを受けることが多い。そして、ジェムの奉仕が行われる場の中央部分に絨毯が敷かれ、祈りが捧げられる。この後ようやく火の担当者[10]が3本のロウソクに火[11]を灯し、祈りを捧げるとともにジェムの開始が告げられる。その後ジェムが行われる場を清めるために帚を持った清掃人[12]がデデの前に立ち祈りを捧げ、その場を帚で掃く動作を行う。場が清められると今度はデデと参加者を象徴的に清めるために、デデの祝福を受けた水を入れた水差しと布とたらいを持つ2人の担当者[13]が手を洗う。ザキルによって12人の聖者を讃えた歌が歌われる。その後ムハンマドが昇天する際の様子を謳ったミラチラマが歌われ、その歌詞の通りに参加の男性が立ち上がり左胸をたたきながら音楽に合わせて激しく体を揺する。その時女性は座りながら同様の動作を行う。ミラチラマで参加者の気分は次第に高揚し始める。

　ミラチラマの後、基本のセマー[14]が回られる。セマーは円の上を歩くことを基本とし、両腕は広げられ、肩を軽く揺すりながら交互に前に出す。目線は出された手の指先に向ける。セマーが終わり、アリーの息子の聖者ヒュセインの殉教を歌った歌に移ると参加者たちの興奮はさらに進み、ヒュセインが亡くなったことを示す歌詞に入ると参加者の多くは涙を流しながら体を激しく揺らし、鼻をすする音が部屋中に響く。その頃にはジェムを行っている部屋も熱気で暑くなり、デデが部屋の窓を空けるよう指示をすることも多々ある。サッカと呼ばれる聖水を参加者に振り撒く担当者[15]が円の中央に出て、興奮する参加者にアリーの死を悼む聖水を振りかける。座っている参加者たちは腰を浮かせ手を伸ばし、少しでも多く聖水を触ろうとする。

　この参加者の気分が最高潮に達したとき、セマーと同時にメヴレヴィーのセマが回られた。円の上を歩き、次第に小走りになりながら両腕を大きく振る動作を行う12人のセマーの担当者の真ん中で、メヴレイヴィーのセマを回るセマゼンがひたすら自転をする。筆者はジェム参加者から、この時のデデはトルコ政府の方針に従うことに重きを置いており、スンニ派的神秘主義教団のセマを自分たちのセマーと一緒に実践することで、政府への歩み寄りを示しているのだ、という意見を聞いた。デデはこれについて「メヴレイヴィーのセマもアレヴィーのセマーも神への愛の表れであり違いはないから一緒に回るのだ」という。このように、儀礼内部で実践さ

[9] 都市の協会においてはデデの出身地によって変化する。デデは都市の協会では任期毎に出身地の異なる者に変更される。

[10] トルコ語ではチェラージュという。

[11] 現在ではほとんどの儀礼でろうそくの形をした電灯を使用している。

[12] トルコ語ではキョピュリュジュという。

[13] トルコ語ではイブリクチという。

[14] クルクラル・セマーを指す。40人のセマーといつ意味。

[15] トルコ語ではサッカジュという。

れる身体動作の持つ意味を利用し外部へ意思表明を行うことは、アレヴィーに限らないだろう。身体はこのように意思表示の「道具」として用いられることがある。

再び清掃人が3回帚で掃き場と参加者を清めデデが祈りを唱える。その後、チェラージュが3本のロウソクの火を消す。再びデデが祈りを唱え、場の中央部分に敷かれた絨毯が担当者によってたたまれデデによって祈りが捧げられるとジェムは終了する。

以上のようにジェムの中で参加者は様々な身体動作を行う。ムハンマドの昇天を歌ったミラチラマやアリーの息子ヒュセインの殉教の哀歌では、その様子を参加者たちが追体験するように同様の動作をする。アレヴィー以外の他の多くの地域の人々の儀礼でも見られるように、儀礼は参加者のコミュニティーの記憶（世界観）を言語的・身体的に強化する役割をもっていることが分かるだろう。

4. アレヴィーのセマーとセマーに対する認識

セマーは前述の通り神とジェム参加者をつなぐもの、参加者の神への愛を表すものとして、ジェムで実践されている他の奉仕とは多少異なる意味合いも持つ。以前は年齢の高い者から回り始め、最後に若者、子供が回っていたという。最も基本的なセマーはクルクラル・セマーでその振りと由来は上述の通りだが、地域によってセマーには他にもいくつもの振りがあり、それぞれ意味をもつものもある。以下に、代表的なセマーをいくつか挙げる[16]。

最も基本的なセマーは前述の通りであるが、これは別名トゥルナラル・セマー Turnalar Semahi とも呼ばれる。9拍子（4＋5）→（3＋2＋2＋2）のリズムに合わせて回られる。トゥルナは鶴を意味し、アレヴィーは神の使いの象徴と認識している。手から腕にかけて鶴のくちばしから首を表しているという。指先は軽く閉じ手首は曲げて鶴の頭を表し、そこから伸びる腕が鶴の首である。くちばしを表す指先はセマーチュの顔に向けられ、視線もそこへ向ける。両腕は広げられ交互に前へ出し、リズムに合わせて上下に軽く揺する。前へ出さない腕は指先を胸へ向ける。足のステップは片方の足を前へと出したらもう片方をその足に揃える。これを交互に行う。非常に単純な振りではあるが、そうであるからコミュニティーのメンバーがみな実践することができるのである。

反対に最も技術を要するものに、アナトリア（小アジア）中央部トカト地方のトカト・フブヤル・セマー Tokat Semahi がある。比較的速い6拍子（3＋3）のリズムに合わせる。このセマーは円の上を移動していくことは基本のセマーと変わりないが、男女一組になり女性は自転しながら移動し、男性は上半身を左右に少し斜めにしながら相手の女性を守るように両手を大きく広げ、交互に上げ下げする。足は前後にステップを踏みながら円の上を移動していく。この振りは、ベクタシュ教団に伝わる強者を象徴するライオンが弱者を象徴するシカを守ったという伝説からきているという。

他に、導入のセマー[17] としてイェメン・エルレリ・セマーフ Yemen Elleri Semahi があるが、これもトゥルナラル・セマーによく似て非常に単純な振りで、両肩を揺らしながら両腕を交互に前へ、もう片方の手は胸にあてる。このセマーでは、手のひらは開いたままである。比較的ゆっくりとした8拍子と9拍子のリズ

(16) 筆者が調査を行ったイスタンブールのK文化協会のセマーの振りに基づく。

(17) 筆者が調査を行ったイスタンブールのK文化協会でのセマーにおける導入のセマーであるため、ここで異なるセマーを行う協会もある。

ムに合わせて回られる。

　これまで筆者はセマーを述べるとき、音楽に合わせて一定のリズムパターンで動作を行い部外者がみたら「舞踊」と見紛うセマーを「踊る」とは表現していない。そのかわり、セマーを「回る」という表現を用いている。なぜなら筆者が出会ったアレヴィーたちはセマーを決して「踊る oyunmak」とは言わず、その振りの特徴から「回る dönmek」と言うからである。トルコ語で「踊り oyun」には広義に「おもちゃ・娯楽 oyuncak」の意味が含まれており、ここからアレヴィーたちがセマーをそれらの意味を含んでしまう「踊り oyun」とは捉えていないことが分かる。このセマーに対する認識については現在のアレヴィー内部でもさまざまになっており、後述するが実践の多様化によってアレヴィーの間でいざこざが起きたりしている。

　このように第三者の視点では一見、身体動作のみを指す「舞踊、ダンス」と見紛う身体動作でも、担い手たちはそう捉えていないことは多々ある。筆者はトルコでフィールドワークを開始して間もないころ、セマーを「踊る」と表現しアレヴィーに注意された経験がある。これは上記のトルコ語の「踊る」が含む意味に起因するのだが、このように、自分とは異なる文化の身体動作、特に宗教的な文脈で実践される身体動作を捉える際には十分注意が必要である[18]。

5.　セマーのトルコ社会での展開

　前項で述べたセマーはほんの一部であるが、地域によって異なる種類のセマーが存在し、その数は数えられないと筆者は多くのデデから教えられた。しかし、セマー実践の場に関しては一貫して儀礼の中のみであると教えられた。これらセマーのあり方が 1950 年代以降のトルコ国内の都市化をきっかけに変化することとなる。

　アレヴィーも例外無く都市への移住の波に乗り、様々な文化的背景をもった人々が集まる都市で親族や同郷者と協力しながら生活することとなった。その数が多くなるとアレヴィーは、他の地方からの移住者と同様に 1960 年代頃には相互扶助や文化の保存を目的としたアレヴィー文化協会を設立した。そこでは、儀礼ジェムとそこでのセマーはもちろんのこと、1989 年にセマーを若者たちに伝承し保存するために「セマー教室」が初めて開設されることとなった。

　セマー教室開設までには時間がかかった。移住第 1 世代にとってこれまで儀礼、つまり宗教的文脈の中での実践しか認められてこなかったセマーを、それ以外の文脈で実践することは許し難いことだったのである。このような儀礼ジェムのみという閉じたサイクル[19]の中で実践されてきたセマーを、それ以外の文脈を含む開いたサイクルでの実践へと導いたのが、新しい価値観をもった移住第 2 世代の若者であった[20]。この若者は移住先の都市の大学で働いており、その大学の舞踊学部のスンニ派の学生に自らの文化であるセマーについて話し、みせたのである。柔軟な価値観をもつ者同士が出会うことによって、新たなセマー実践のサイクルが開かれた。

　こうしてセマーはこの若者の兄の尽力によりセマー教室という実践の場を得ることとなった。セマー教室が開かれると、EU への加盟を目指し人権問題に取り組み始めたトルコ社会の変化も手伝って、さまざまな実践の場が生み出されていった。トルコ文化としての民俗舞踊を紹介する公演への出演、民謡番組への出演、VCD[21]

(18) このように文化的な背景を踏まえた上で身体動作を捉える概念は文化人類学や社会学に多い。その代表がフランスのマルセル・モース (1976) が唱えた「身体技法」である。

(19) 福島真人 (1996)『身体の構築学－社会的学習過程としての身体技法』ひつじ書房.

(20) 米山知子 (2011)『回るアレヴィー―トルコの都市におけるパフォーマンスと場の人類学』スタイルノート.

(21) VCD (ビデオ CD) とは、CD-ROM に動画や音声を記録したもので DVD の前身とされる。2000 年代当時のトルコではまだ DVD よりも一般的に流通していた。

図 2-41　セマー （筆者撮影）

への録画と販売、そしてプライベートな空間での実践などである。このような場には
セマー教室へ通う生徒たちの中から当日出演可能な 12 人が選ばれセマー・グルー
プとして出演する。彼らはアナトリアの民族衣装をまねて作られた美しい衣装をみ
にまとい、「振り付けがされた」一糸乱れぬ動作を観客にみせる。そして観客たち
はそれらアレヴィーの「民俗舞踊」に拍手を送るのである。

　このようにセマーはジェム以外の実践の場も得ることとなった。そうすることに
より、アレヴィーもこれまでさまざまなイメージで語られてきた自分たちを新たな
ものへと変化させられると感じていた。しかしそれは同時にセマーにも多くの変化
をもたらし、アレヴィー内部での論争の的となった。観客と拍手の存在とともに、
観られる対象として振りの固定化や装飾化など、それまでのセマー実践の場には見
られなかった要素が多くうまれた [22] のである。

6. まとめ——宗教と身体の関係——

　以上のように、本来宗教儀礼という文脈で実践されてきた身体動作がそれ以外の
場へと展開する例は本節で述べたアレヴィーだけではない。実は「フラ」など現在
「ダンス」として知られる多くのパフォーマンスが、そのような背景を持ち現在の
ような展開をみせている。

　アレヴィーの場合、上記のような実践の場の多様化に対し、儀礼以外の実践の場
にアレヴィーの信奉する聖者の肖像画を飾ることや司会者の言葉、画面上のテロッ
プによる「信仰としてのセマー」といった解説を加えるなどさまざまな演出を施し、
本来の実践の場であった宗教的文脈での実践との矛盾に対し、意識・無意識的に折
り合いをつけている。しかし現在では、アレヴィー内部でもセマーに対する認識の
差が生まれている。筆者が調査を行っていたセマー・グループが出演したセマー公
演で、セマー・グループを率いる比較的高齢の師匠が公演のアレヴィーの司会者と
事前に詳細な打ち合わせをしていなかったため [23]、司会者が解説する際に「セマー

(22) セマー実践の場の多
様化による変化の詳細につ
いては（米山, 2011）参
照のこと。

(23) 他の公演でもそれほ
ど事前に打ち合わせは行わ
ない。

を踊る」や「踊り」と表現したことからホジャが憤慨し、公演が中止されたことがあった。当然司会者がひたすら謝りその場は収まったが、若いセマー・グループのメンバーたちは後々までこれについて話しており、セマーに対し再認識したという。

セマーの宗教儀礼の中での実践という長い間アレヴィーたちが守り抜いてきた絶対的な世界観・価値観に風穴が生じた大きな要因として挙げられるのは、流動する世界情勢の中にあるトルコ社会でのアレヴィーの立場の変化であった。グローバル化の進む現在、世界中の多くの人々にとって他のコミュニティーとの接触は避けて通れない。そのような中、宗教という当該コミュニティーにとって生命の存続に関わる「絶対的な価値観」は、時代に合わせて「流動する価値観」へと変化しており、そのような宗教と強固な結びつきのある身体のあり方も同様に変化していることは確かである。しかし、アレヴィーのセマーの例から分かるのは、派手な衣装や振り付けをするようになるなど目に見える身体動作の変化と、当該コミュニティーの人々のそのような変化への認識や思いが常に一致するとは限らないということである。つまり、担い手たちは自分たちが社会の中でより良く生きていくために外的な要素を変化させることはあっても、それを全ての面で納得して行っているわけではないのである。第三者はその点を注意しなければならない。

（米山知子）

［参考文献］
・マルセル・モース：有地亨他訳（1976）『社会学と人類学Ⅱ』弘文堂.
・福島真人（1995）『身体の構築学　社会的学習過程としての身体技法』ひつじ書房.
・米山知子（2011）『セマーを回る―トルコ・都市におけるパフォーマンスと場の人類学』スタイルノート.

理解度チェック

1 アレヴィーの儀礼ジェムの中ではどのような身体動作があり、その身体動作はどのような意味を持っているのか考えてみよう。
2 ここに登場するアレヴィーの人々は身体動作としてのセマーをどのように考えているのか話し合ってみよう。

さらに読んでみよう おすすめ文献

●米山知子（2011）『セマーを回る―トルコ・都市におけるパフォーマンスと場の人類学』スタイルノート.

第9節
エチオピアの民族舞踊
―国立劇場における新演目の創作過程を事例に―

学習のねらい

東アフリカのエチオピア連邦民主共和国（以下、「エチオピア」と略す）には、80以上の民族と 100 以上の言語が存在する。エチオピアはアフリカにおいて植民地化されなかった唯一の国であり、現在も独自の言語、暦、宗教などが受け継がれている。ここでは、エチオピア国立劇場の新演目「シダマ」の創作過程に着目し、多民族社会における舞踊と社会との関係について学ぶ。

1. 多民族社会としてのエチオピア

エチオピアはアムハラ人（Amhara）、オロモ人（Oromo）など 80 以上の民族が暮らす多民族社会である。広く用いられている言語はアムハラ語であるが、国内には 100 を越す言語が存在すると考えられている [1]。宗教はエチオピア正教のほか、カトリック、プロテスタント、イスラム教などが信仰されている。国土面積は 109.7 万㎢、人口は 1 億 240 万人であり、現在の首都はアディスアベバである [2]。

エチオピアの舞踊を知るには、この国が歩んできた歴史と、多民族社会であるがゆえに発生している問題について知っておく必要がある。1270 年から 1974 年までエチオピア帝国の時代が続いた。アムハラ人が帝国の支配者階級であり、国家を旧約聖書に登場するソロモン王の系譜に位置づけることでみずからを権威付けようとした。19 世紀以降は列強諸国との争いが続いた。1936 年にイタリアの侵攻を受け、5 年間、イタリア領東アフリカとして占領下に置かれた。しかし 1941 年、イギリスに亡命していた皇帝ハイレ・セラシエ I 世が帰国して国家を再建した。1974 年、革命によって帝政は終わり、メンギスツ・ハイレマリアムによって社会主義政権が樹立された [i]。1991 年にメンギスツ政権はエチオピア人民革命民主戦線（EPRDF）によって打倒され、1995 年に連邦制共和国となり、第 1 回国政選挙によってメレス・ゼナウィが首相に就任した。2012 年 8 月にメレスが死去し、副首相であったハイレマリアム・デサレンが首相に就任した。エチオピアでは歴史的にアムハラ人が権力の中心にあり、EPRDF 以降はアムハラ人に加えて少数民族のティグレ人が政治エリートとしての地位を得るようになった。しかしエチオピアは多民族社会であり、人口で見ると中南部に広く分布するオロモ人が最も多いことなどから、一部の民族によって支配されることへの不満が広がることになった。

2018 年 8 月にハイレマリアムが辞任し、同年 9 月にオロモ人のアビィ・アハメド・アリが首相に就任した。アビィは民族問題、外交問題などに積極的に取り組みつつ、閣僚の半数以上に女性を起用するなどの先駆的政策によって高い支持を集めている。

エチオピアは植民地化を免れたことで、多様な言語や文化が今日に伝わった。しかし同時に、旧来の秩序がもたらす問題も残されることになり、その影響は舞踊に

(1) 小森淳子・米田信子（2014）「総説―言語・言語学」，日本アフリカ学会編『アフリカ学事典』昭和堂，pp. 96-107.

(2) 外務省「エチオピア連邦民主共和国」https://www.mofa.go.jp/mofaj/area/ethiopia/index.html（2019 年 2 月 10 日 閲覧）

(i) エチオピア人の氏名の表記について、本稿では、日本でいうところの「名」に相当する箇所を表記する方針としているため、本書の他の原稿において「姓」のみを本文中に示しているのと方針を異にする。エチオピアでは「姓」の概念がなく、「名」のみがその人を表す。本人の父親の名前を「姓」のように扱って「名」のあとに表記する場合もあるが、「姓」や「ファミリーネーム」とは異なる性質のものである。

も及んでいる。

2. エチオピアの民族舞踊

エチオピアではそれぞれの民族に固有の舞踊が継承されており、冠婚葬祭などのコミュニティにおける重要な場面や人びとの交流の場において舞踊が演じられる。

民族舞踊における代表的な動作とされているもののひとつが、アムハラ人のエスケスタである。エスケスタでは肩を上下、前後に動かしたり、回転させたりして、その動きの美しさを競い合う [3]。アムハラ以外では、グラゲ人（Gurage）による農耕動作を模した動作と軽快で力強いステップを行う舞踊、オロモ人による牧畜の際にもちいる棒を使った舞踊、ガモ人（Gamo）による槍を使った狩猟の動作を取り入れた勇壮な舞踊などがある。しかし多民族社会ゆえに、いずれかひとつをもってエチオピアを代表させることはできない。

エチオピアの特徴として、人々の生活の中に舞踊が根付いていることが挙げられる。アディスアベバでは、エチオピア国立劇場などの劇場をはじめ、ホテルやレストランでも舞踊を鑑賞できる。レストランや居酒屋などでは、客同士が即興で舞踊を披露し合う光景が見受けられる。メディアではさまざまな民族舞踊と音楽を取り入れたミュージックビデオが毎日のように流れている。他のアフリカの諸地域（ガーナ共和国など）における研究では、人々の娯楽が多様化するなかで民族舞踊が行われる機会が減少していることが報告されている [4]。しかしエチオピアでは、舞踊は生活のなかに根付いており、情報化の進展などによって演じられ方や楽しみ方が多様化しているという特徴がある。

3. エチオピア国立劇場

舞踊と社会との関係を知る手がかりとして、ここではエチオピア国立劇場（以下、「国立劇場」と略す）に着目しよう。国立劇場は「ハイレ・セラシエ I 世劇場」（Haile Selassie I Theater）として 1955 年に完成した [5]。2019 年時点での監督官庁は文化観光省（Ministry of Culture and Tourism）である [6]。

ステージでの公演に直接かかわるのは「伝統音楽部門」「モダン音楽部門」「クラシック音楽部門」「演劇部門」の 4 つである。これらのうち、民族舞踊の上演を行

表 2-6　伝統音楽部門の演目

アムハラの舞踊	ゴッジャム（Gojjam）	ゴンダール（Gondar）	ウォロ（Wollo）
	メンジャー（Menjar）	アガウ（Agaw）	
アムハラ以外の舞踊	オロモ（Oromo）	ハラリ（Harali）	コレ（Kore）
	ティグレ（Tigray）	ハメレ（Hamer）	テンベン（Temben）
	グラゲ（Gurage）	ガンベラ（Gambela）	イェム（Yeme）
	ソマリ（Somali）	シダマ（Sidama）	アリ（Aari）
	コンソ（Konso）	カファ（Kaffa）	ガモ（Gamo）
	ウォライタ（Welayta）	グムズ（Gumuz）	ゴファ（Gofa）
	バルタ（Berta）	アファル（Afar）	コナマ（Konama）

上記以外では、新年を祝う演目のエンクタタシュ（Enktatash）、「アドワの戦い」戦勝記念の演目などがある。

(3) Vadasy, T. (1970) Ethiopian Folk-Dance. Journal of Ethiopian Studies, 8(2): 119-146. Haile Sellassie I University.

(4) 遠藤保子・相原進・高橋京子編著（2014）『無形文化財の伝承・記録・教育―アフリカの舞踊を事例として』文理閣.

(5) Ethiopia National Theater Public relation department (2015) Ethiopian National Theater 60 Years 1948-2008. Ethiopian National Theater.

(6) Ministry of Culture and Tourism, 2016, Cultural Policy of the Federal Democratic Republic of Ethiopia. Ministry of Culture and Tourism.

うのが「伝統音楽部門」である。この部門は「舞踊パート」と「演奏家・歌手パート」にわかれている。2019年2月の時点で、舞踊パートには男性舞踊家8人と女性舞踊家8人、演奏家・歌手パートには男性歌手7人、女性歌手5人、男性演奏家8人が所属している。団員はすべて国家公務員の立場である。エチオピアでは公務員の副業が認められており、団員のうち何人かは、昼間は国立劇場で練習や公演を行い、夜はレストランやホテルなどでパフォーマーとして働いている。

　舞踊家は全員アディスアベバの出身であり、書類選考と実技試験を経て採用が決定する。これに対し特徴的なのが歌手の採用方針である。エチオピアには多様な言語が存在する。さまざまな言語で書かれた歌詞を歌うことになるため、原則として演目ごとに、その言語の話者が採用される。

　2019年の時点で行われている演目を表2-6に示す。最大の特徴は、民族名や地域名をそのままタイトルにしていることである。たとえば、エチオピア北部のゴンダール地方の民族舞踊をもとにした演目の場合、そのタイトルは「ゴンダール」となる。舞踊家、歌手、演奏家たちは、各演目で使われる楽曲には固有のタイトルがあり、各民族、各地域には、固有の名称を持つさまざまな舞踊があることを知っている。しかし実際の運用では、民族名や地域名がそのままタイトルになっている。このような特徴は国立劇場に限られたものではなく、アディスアベバの他の劇場、レストラン、ホテルなどでも同様である。

　もともと国立劇場などの演目は、政治的・歴史的背景の影響もあってアムハラ人のものに偏っており、アムハラ人以外の民族を侮蔑するようなニュアンスを含むものもあったという。たとえば1997年に「クイーンシバ・エチオピア民族舞踊団」の日本招聘事業を行った松田の記述は、当時のようすをうかがい知れる資料として貴重である[7]。松田は舞踊家たちの演目について「(エチオピア西部の)ガンベラのアニュワ人のものとして上演されたダンスなど、明らかに、都市に暮らす高地人の差別意識が作り出した創作にすぎない。下品で、猥雑で、野蛮な、嘲笑の対象として演出されたダンス」であると批難している。そして公演の中身が「ウォロ、ゴッジャム、ゴンダールに代表されるアムハラのダンスが強調されすぎている」点に触れ、「エチオピア民族舞踊団といいつつ、実はアムハラ民族舞踊団に等しい」と断じている。

　しかし2012年以降、国立劇場では演目に偏りがあったことを改善するため、アムハラ以外の民族の舞踊や音楽に関する調査を進め、演目を増やそうとしている[8]。本節で取り上げる「シダマ」もそのような流れの中で創作された。

4. 新演目「シダマ（Sidama）」の概要

　「シダマ」は、エチオピア暦で2010年1月1日（西暦2017年9月11日）の新年公演において公開された新演目であり、エチオピア南部のシダモの人々の舞踊と音楽をもとに創作された。この演目は、交流と恋愛をテーマとした楽曲「レンボ・レラ（Lembo Lela）」（意味は「私のもとに来てください」）とともに演じられる。

　演目の流れを表2-7に示す。男性舞踊家4名、女性舞踊家4名、男性演奏家6名、女性メイン歌手1名、男性コーラス3名の計18名で演じられ、上演時間は計4分37秒であった。「場面3・4」では、未婚の男女が交流の際に踊る「ハノ（Hano）」

(7) 松田凡（1998）「クイーンシバ・エチオピア民族舞踊団の来日」『JANESニュースレター』7：32-35.

(8) Ethiopia National Theater Public relation department (2015) Ethiopian National Theater 60 Years 1948-2008. Ethiopian National Theater.

シダマ：
エチオピア南部、シダモ州を中心に暮らす人々が「シダマ」である。シダモは地名であり、演目名の「シダマ」はシダモの人々、シダモのダンスという意味合いになる。

表 2-7　新演目「シダマ」の内容（2014 年、筆者撮影）

場面 1	（0：00 〜） 女性メイン歌手が舞台下手、女性舞踊家 4 名が舞台上手から並んで登場する。女性舞踊家たちは列になって左右の腕を同時に振りながら中央へ進む。		
場面 2	（1：00 〜） 女性が左右 2 人ずつにわかれ舞台上手から男性舞踊家 4 名が登場する。槍を持ち、並んで横歩きしながら、全身を上下に揺すり、舞台中央へ進む。		
場面 3	（1：44 〜） 女性の列が前、男性の列が後ろになり、歌とリズムに合わせ、男女の舞踊家どうしが互いのあごを重ねて顔を左右に振る「ハノ」の動作を行う。		
場面 4	（2：12 〜） 男女 1 名ずつがペアになり舞台上手の手前側に 2 組、舞台下手の奥側に 2 組が横に並んで立ち、顔と体を互いに左右に振りあう動作を行う。		
場面 5	（3：45 〜 4：37） 女性舞踊家が退場する。男性舞踊家 4 名が中央に移動し、体を上下に揺らしながら輪になって「ケタラ」を踊った後、女性歌手と男性舞踊家が退場する。		

△＝男性舞踊家、○＝女性舞踊家、□＝女性歌手。他は演目中に位置を変えない。

という舞踊が取り入れられている。「ハノ」の特徴は、男女が並び、互いのあごや頬を重ねて顔を左右に振る動作が行われることである。「場面 5」では、槍を振り下ろす動作を模した「ケタラ（Kemtala）」という舞踊を取り入れている。

5. 新演目の創作過程—調査部門の役割と楽曲の創作

　ここでは新演目の創作において、どのような人々が、どのような形でかかわっているのか見ていこう。

1）各民族の舞踊・音楽についての調査（2014 〜 2015 年）

　国立劇場には調査部門があり、さまざまな民族の舞踊と音楽についての調査を継続的に行っている。この部門には 1 名のディレクターと 4 名のスタッフが所属しており、毎年 4 つ前後のテーマ（民族、地域、ジャンルなど）を設定して調査にあたっている。シダモの舞踊と音楽についての調査は 2014 〜 2015 年に行われ、冊子と映像記録にまとめられた。これらの記録は、調査部門の事務室と劇場内の資料室において閲覧できる。

2）新演目の決定（2017 年 7 月）

　2017 年 7 月、劇場の最高責任者と伝統音楽部門のディレクターとの協議により、

表 2-8　新演目の創作過程

(1)調査部門が各民族の舞踊・音楽の調査を行う	2014 〜 2015 年
(2)劇場の最高責任者などが新演目を決定する	2017 年 7 月
(3)歌手がシダモの人々から歌と音楽を教わる	2017 年 7 月
(4)演奏家・歌手パートで楽曲を創作する	2017 年 8 月上旬
(5)舞踊パートで舞踊を創作する	2017 年 8 月 14 日以降
(6)演奏家・歌手パート、舞踊パートが合流する	2017 年 9 月 4 日
(7)公演本番	2017 年 9 月 10 日〜 12 日

調査部門が過去に行った調査項目をもとに「シダマ」の創作を決定した。協議段階では、最高責任者たちは調査部門の調査項目を知っていた。しかし、その内容までは知らない状態であった。この理由は、国立劇場では一切の偏見を持たずに演目の創作と上演にあたる方針であるため、事前に情報を得ないように努めているからである。演目の決定後、初めて彼らは調査資料を閲覧した。

3）歌手がシダモの人びとから歌と音楽を教わる（2017 年 7 月）

国立劇場では、各民族の歌の歌詞はそれぞれの言語によって書かれ、それぞれの出身者が歌うことになっている。通例ではシダモ出身者が新規採用されて新演目の創作にあたることになる。しかし今回は、特例として女性歌手がシダモの人々のもとへ赴いて音楽などを習った。この女性はアディスアベバのシロメダ地区で暮らしており、この地区にはシダモの出身者が多く生活しているので彼らの文化にも興味があったため、シダモの音楽などを習うことにしたとのことである。

4）演奏家・歌手パートによる楽曲の創作（2017 年 8 月上旬）

女性歌手がシダモの人々に音楽などを学び、その成果を演奏家・歌手パートのメンバーと共有しながら、新演目のための楽曲「レンボ・レラ」を創作した。録音した楽曲を舞踊パートに引き渡した後、約 1 ヶ月間、両パートは分かれて練習した。

6. 舞踊パートでの創作（2017 年 8 月 14 日以降）

ここでは表 2-8 の「(5)舞踊パートで舞踊を創作する」について詳しくみていくことにしよう。記録には 8 種類のシダモの舞踊が報告されている。シダモの人々は、広場などで、みずからの楽しみのために舞踊を演じる。舞踊は何時間も続くこともある。このような舞踊は、国立劇場の舞台で、限られた時間のなかで観客に見せることを想定したものではない。そのため舞踊家たちは、シダモの舞踊におけるさまざまな要素を組み合わせ、舞台での上演に合った形に創り変える必要がある。

1）歌のテーマに即して基本方針を決める

舞踊家たちは国立劇場に採用された時点で各民族の舞踊についての知識と技術を身につけているため、調査部門の資料に頼らずに創作を進めることができる。創作開始時、3 名の舞踊家が基本方針を決めることになった。彼らは楽曲のテーマが交流・恋愛であることを知ると、シダモの舞踊「ハノ」を中心として、男女が並んで

男性が槍を持つというシダモの舞踊の特徴を取り入れる方針を決めた。ただし舞踊家たちはシダモ語を習得していないので、歌詞の詳細まではわからない。そのため、歌手から公用語のアムハラ語で歌詞の内容を聞いて創作にあたった。

2）練習を通じて創り変える

　練習では2つの点が重要となる。1つは、舞踊家全員が互いの動作のタイミングを合わせることであり、もう1つは、練習を通じて演目の内容を創り変えることである。舞踊パートでは特定のリーダーや振付師を置かない方針となっており、舞踊家全員で、練習での話し合いを通じて振り付けや立ち位置などを変えていった。

　振り付けの変化について、方針を決めた3名のひとりである男性舞踊家Dが作成したノートを手がかりに、本番で演じられたものと比較すると次のようになる。Dの当初案では、女性が舞台の両側から2人ずつ登場した後、男性も両側から登場する方針になっていた。しかし上演時の「場面1・2（表2-7）」では女性、男性とも舞台上手から登場するようになった。「場面4」では上演時のものに加え、男女が縦と斜めに並ぶ案も含まれていたが、これは行われないことになった。

　本番1週間前の2017年9月4日、舞踊パートと演奏家・歌手パートが合流し、合同での練習を経て本番を迎えた（表2-8の(6)と(7)）。

7.　多民族社会における舞踊

　「シダマ」の事例では、舞踊家、歌手、演奏家、調査部門のスタッフなど多くの人々が、さまざまな民族の言語や文化を尊重しながら演目を創作していた。舞踊家から各民族への敬意をうかがい知ることができる場のひとつが、舞踊家と歌手との関係である。国立劇場では各民族の出身者を歌手として採用しているため、さまざまな演目の練習において、舞踊家は歌手からの助言を得てパフォーマンスの質を高めている。

　しかし一方で限界もある。多民族はすなわち多言語ということでもある。それぞれの歌詞は原語で書かれているので、アディスアベバ出身の舞踊家たちは、その詳細までは理解できない。そのため歌詞の概要について、アムハラ語を使って歌手に聞いてから振り付けを決めている。このような限界は舞踊の振り付けでも生じている。舞踊家たちはさまざまな技術と知識を身につけているので、歌詞の内容にふさわしい振り付けが何なのかということは知っている。しかし舞踊家たちはすべてを知っているわけではなく、個々の動作の名称など、各民族の出身者でなければわからないことを知らないまま演じているという実態がある。各民族の出身者に聞くことができない場合、記録映像などの資料のみを使って新演目を創作することもある。たとえば2019年にはエチオピア南西部のバスケト人の舞踊をもとにした演目が創作中である。しかしバスケト出身の歌手を採用できなかったため、居住地域の近いガモ人の歌手が現地に赴いて収録した映像をもとに、舞踊の動作などを確認しながら創作していた。

　国立劇場において新演目を創作することの意義として、旧来のアムハラ中心主義的な文化を克服しつつ、新たな舞踊表現の創造と伝播につながっていることが挙げられる。先に述べたように、国立劇場の舞踊家たちは副業が許されている。彼らの

なかには有名レストランでマネージャーなどの要職に就いている者もおり、国立劇場で創作された演目をもとに、より観客を楽しませる演出を加えてレストランの演目のレパートリーを増やしているという実態がある。たとえば2015年に国立劇場で創作された「アリ（Aari）」はエチオピア南西部に暮らすアリ人の舞踊が題材となっているが、もともとアディスアベバの劇場、レストランなどにおいて、アリ人の舞踊が演じられたことは一切なかった。国立劇場ではアリ人の交流の舞踊をもとにした演目が創作された。そしてレストランなどで副業をしている舞踊家たちは、国立劇場で創作された「アリ」をもとにしつつ、男女間のコミカルなやり取りや、アリ人が暮らす地域の自然の豊かさを象徴する演出などを加えた演目を創作した。今日では、さまざまな劇場やレストランなどで「アリ」を観ることができる。

　国立劇場の1つの側面として、国家が国民にたいし提示したい文化、すなわち「国家の統合」が表象される場であるという事実は否めない。しかし個々の舞踊家たちに着目すると、彼らはさまざまな民族に対し敬意を示しつつ、全員での共働をつうじて新しい演目を創作していた。パフォーマンスの向上を目指す舞踊家たちの実践が、結果的に旧来の価値観を打破する可能性につながっているのである。

（相原　進）

理解度チェック

1. エチオピアが多民族社会であることや、植民地化されなかったという独自の歴史的背景を持つことをふまえ、エチオピアにおける舞踊と社会との関係について考えみよう。
2. この項を通じて、エチオピアおよびアフリカの舞踊や社会へのイメージがどのように変わったかを話し合ってみよう。

さらに読んでみよう おすすめ文献

●遠藤保子（2001）『舞踊と社会─アフリカの舞踊を事例として』文理閣.

エジプトのナブート ―舞と武の狭間のローカル身体文化―

1. 地域が育むローカルな身体――棒術ナブート

　エジプト・アラブ共和国の上エジプト地方の農村部では"ナブート"と呼ばれる伝統的棒術が実践されている。そもそもナブートとはアラビア語で杖を意味し、上エジプト地方では**マウリド**という祭礼に際して農民たちがひとつの奉納競技としてこの杖を用いた舞、そして棒術の試合が行われることがある。

　棒術ナブートは1対1で行われ、攻守交代のタイミングはなく、剣道やフェンシングのように攻守が目まぐるしく変わり、勝敗は相手の隙を見つけて急所に杖をすばやく「寸止め」にした場合に決することになる。

　棒術ナブートでは、急所（攻撃／防御部位）は32箇所を数え、全身に想定／点在している。急所への攻防で競技が展開され、その前段として舞が行われている。ところで、これら急所は"バーブ"（アラビア語で「門」の意味）と呼ばれ、彼らはバーブを「身体への入り口」と認識している。棒術ナブートの実践者には身体をめぐる知識や技術が、まさにエスノサイエンス的暗黙知として共有され、独自の身体観や身体技法がローカルナレッジとして育まれてきたといえる。

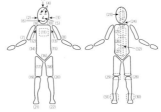

図1　ナブートの競技会
（筆者撮影、ルクソールナイル川西岸にて）

マウリド：
預言者や聖者（特別な力で奇蹟を起こすことのできる存在）を祝う祭りを指し、エジプトでは聖者のためのマウリドが多数確認できる。

図2　バーブの身体地図（文献1より）

2. 舞と武の狭間に生起する身体文化

　さきほど「競技の前段として舞が行われる」と記したが、実際にはその区分は明確には分かち難く、棒術ナブートは舞と武の狭間に存在している、混交した空間と言える。棒術ナブートには4種類（ラアサ、サラーム、ラーシュ、ムサーラファ）の舞的要素が存在し、参与観察からはこれらは競技空間において重要な役割を果たしていることが確認されている。たとえば、競技は競技者がお互い距離をとり、2人で大きな円を描くように回転するラアサという舞から始まる。ラアサでは競技への準備が完了した者が杖を高く掲げる所作を行うが、その際に対戦相手に先に杖を掲げるように促す光景がよく見られる。これは、対戦相手への敬意を表す行為とされ、ラアサは舞と同時に競技者間の関係性を周囲に顕在化させる瞬間とも言える。また、ラーシュは競技者がお互いの距離を詰めながら、杖を頭上で回転させる舞を指すが、同時に礼法からの過渡期、競技への導入部とも考えられている。まさに相撲でいう「立ち合い」のように、いつ勝負が始まるかわからないグレーゾーンなのである。つまり、ラーシュは舞であるのと同時にお互いの様子見の瞬間であり、またタイミングが合えば勝負が始まる刹那となる。

　ところで、棒術ナブートには審判が存在しない。そのために、競技者の息（タイミング）が合った瞬間に勝負が始まることになる。また、その勝負の行方も実践者に共有される暗黙知に依拠することになる。現代人はスポーツ空間を審判やルールという第三者（的存在）によって成立するものと考えがちだが、その一方で、そもそも「命を懸けて」行われていた格闘技などは、実践者に共有される暗黙知に拠って勝負空間が成立していたとも言えるだろう。その残滓が競技となった棒術ナブートでは今でも、その空間を形成する重要な記憶（要素）として残存しているのかもしれない。そう考えると、私たちが「現代」という視点から、伝統的身体やその実践が持つ運動メロディを看過して、その全体を詳らかにしようとすること自体が、偏った現代科学的発想なのかもしれない。なぜなら、本来、すべての現象とは地域の自然や文化文脈の中で意味を成し、ゆるやかにつながり、大きな全体として意味を成しているからである。

（瀬戸邦弘）

図3　ラーシュ（筆者撮影、ルクソールナイル川西岸にて）

[引用文献]
(1) 瀬戸邦弘（2011）『棒術ナブートの民族誌』明和出版，p.70.
(2) 赤堀雅幸「エジプト」大林太良ほか編（1998）『民族遊戯大事典』大修館書店，pp. 562-566.

[参考文献]
・Winifred S. Blackman (2000) The Fellahin of Upper Egypt, American University in Cairo Press.

第 10 節

ガーナの民族舞踊
―ガーナ国立舞踊団にみる社会と舞踊―

学習のねらい

アフリカといえば貧困や紛争などが想起されがちである。しかし、今日のアフリカは経済成長の中にあり、急速な都市化・情報化が進展し、娯楽も多様化している。そのような社会の変化に伴い、舞踊と社会との関係も変わりつつある。ここでは、西アフリカのガーナ共和国（以下、ガーナと略す）の国立劇場を事例として、今日のガーナにおける舞踊と社会との関係について学ぶ。

1. アフリカの脱植民地化とガーナ

西欧諸国によるアフリカの植民地化は 15 世紀にはじまった。19 世紀になると植民地獲得競争は激しさを増し、アフリカは民族や文化とはまったく関係ない形で分断されることになった。1950 年代以降、アフリカ諸国は次々に植民地からの独立を達成していった。しかし西欧諸国によって引かれた国境線は残されたため、その中で、さまざまな民族が協働することが求められるようになった。

(1) 外務省「ガーナ共和国」https://www.mofa.go.jp/mofaj/area/ghana/index.html（2019年1月3日 閲覧）

(2) 相原進・遠藤保子（2015）「ガーナ国立舞踊団（Ghana Dance Ensemble）における舞踊の練習に関する考察」『立命館産業社会論集』51（3）：125-134.

1957 年、ガーナはアフリカで初めて独立を達成した。以後 3 度のクーデターを経て、今日では政治、経済ともに安定している。ガーナの人口は 2,880 万人であり、アカン人（Akan）、ガ人（Ga）、エウェ人（Ewe）、ダゴンバ人（Dagomba）などの民族がいる [(1)]。英語を公用語とし、各民族に固有の言語も使われている。国民の 70％がキリスト教、17％がイスラム教である。このように、ガーナは多様な文化的背景をもった人々によって構成されている。

ここではガーナの歴史と社会的背景を踏まえた上で、ガーナにおける舞踊の教育・保存・発展および社会の関係について考察する。そのための手がかりとして、ガーナ国立舞踊団（Ghana Dance Ensemble、以下「国立舞踊団」と略す）における舞踊の練習に着目する [(2)]。

子供のお披露目式：
英語でアウト・ドアリング（Out-dooring）と呼ばれる。ガ人はこの儀式のことを「クポジーモ Kpojiemo」と呼んでいる。子供が生後 3 カ月から半年くらいの時期に、子供をコミュニティーの人々に披露することで、コミュニティーの人々と共にその子供を育てることを確認し合う、お祝いの場である。

2. ガーナにおける民族舞踊

ガーナでは、結婚式や葬式、リーダーの就任式、**子供のお披露目式**など、コミュニティにおける重要な場面において舞踊が演じられる。舞踊はコミュニティの構成員によって演じられてきた。しかし都市部では、プロの舞踊家がその役割を担うようになっており、舞踊の担い手や演じられ方が多様化しつつある（第Ⅳ章第 3 節参照）。

クワメ・ンクルマ（Kwame Nkrumah）：
1909-1972。ガーナの初代大統領で、「ガーナ独立運動の父」と呼ばれる。1966 年に経済政策の失敗などの理由で発生したクーデターにより失脚した。

ガーナでは舞踊が文化政策に組み込まれており、ガーナ大学（University of Ghana）と国立舞踊団が、舞踊の教育・保存・発展において中心的な役割を果たしている。ここでは、その歴史的経緯を見ていくことにする。1962 年、ガーナ文化委員会（Ghana National Commission On Culture）によって国立舞踊団が設立され、同年には初代大統領**ンクルマ**（Nkrumah）主導で、ガーナ大学アフリカ研究所（Institute of African Studies）の部門のひとつとして、舞踊・音楽・演劇学科（School for Music, Dance and Drama）が設立された。

　ンクルマとガーナ大学とのかかわりを追うことで、当時から現在までの舞踊と社会との関係を知ることができる。ンクルマによる舞踊教育への影響についての資料はほとんど残っておらず、ンクルマ自身の著作や講演録にも、舞踊に関する記述は見られない。ンクルマの影響に関して、ジュライ（July）は、学科設立に関わったサザーランド（Sutherland）への聞き取り調査といくつかのエピソードをもとに、ンクルマは、西欧への対抗文化として舞踊などを復興しようとしたと推察している[3]。一方、アサモア（Asamoah）はジュライと異なった見解を示している。ンクルマが教育において重視していたのは政治経済学と自然科学であり、舞踊や音楽への関心は低く、舞踊や音楽にほとんど言及していない理由として、舞踊や音楽は、文化を通じて社会主義の発展に資するべきものとしか考えていなかったと推察している[4]。

　ジュライとアサモアの見解はいずれも推察であり、ンクルマと舞踊にかんする資料も乏しい。そこで筆者は、学科創設メンバーのひとりであった**ンケティア**（Nketia）にたいし、首都アクラのレゴン地区にあるンケティアの自宅にて、学科創設の経緯とンクルマの影響について聞き取り調査を行った。ンケティアによると、ンクルマの示した方針に従って学科が設立されることになった。ンクルマと創設メンバーとの話し合いにより、舞踊・音楽・演劇の3学科を設置する方針が決まった。学科にはガーナの各地域、各民族から人材が集められた。彼らは舞踊・音楽・演劇を通じてンクルマに協力することを約束した。学科では互いに舞踊や音楽を教え合うことを通じて、ナショナル・アイデンティティに根ざした国家の文化（National Culture）を作ることを目指すことになった。このような作業は、お互いの民族や文化に根ざしたローカル・アイデンティティを尊重しながらの協働であった。ンケティアによると、ンクルマの著作や講演集に舞踊などに関する記述が存在しない理由について、ンクルマは学科創設メンバーに対し何も要求することはなく、メンバーを全面的に信頼し、メンバーもンクルマを信頼したからであると述べている。

　初代学科長のオポク（Opoku）の著書によると、学科設立時の理念と目標は「占領期に失われたガーナの舞踊・音楽・演劇の質と経験を取り戻す」ことであった[5]。その一方で、オポクは新しい要素を取り入れることについても積極的な姿勢を示している。オポクは、植民地下でのキリスト教の影響や欧州文化の流入には批判的だが、ガーナ独立以降については、技術や経済などの社会的背景の変化に伴って、ガーナ人がみずから舞踊を変化させることについては積極的に肯定している。そしてそのような変化によって既存の舞踊の指導方法が変化することや、新しい指導方法が生まれることについても肯定的に捉えている。

　ンケティアによると、上記のオポクの論述については、ガーナにおいて経済や技術の発展にともない舞踊や音楽が変化していく可能性のみを示しているのではなく、さまざまな民族や地域の出身者たちが協働していく中で、新しい文化が生まれることへの期待を込めていることを読み取る必要があると述べている。

3. 舞踊の教育・保存・発展

　ンケティアやオポクらによる構想のもとで、ガーナ大学舞踊・音楽・演劇学科と国立舞踊団は、設立当初から密接なかかわりを持ちながら舞踊の教育・保存・発展

(3) July, R. W. (1987) An African Voice. Duke University Press.

(4) Asamoah, K. B. (2005) Kwame Nkrumah's Politico-Cultural Thought and Politics - An African-Centered Paradigm for the Second Phase of the African Revolution. Routledge.

クワベナ・ンケティア（J. H. Kwabena Nketia）:
1921年生まれ。正式にはジョセフ・ハンソン・クワベナ・ンケティア。ガーナのみにとどまらず、アフリカの音楽研究において先駆的な役割を果たした研究者。高齢であるが、教育、研究、作曲などの活動を継続している。

(5) Opoku, A. M. and Bell, W. (1965) African Dances - A Ghanaian Profile Pictorial Excerpts from Concerts of Ghanaian Dancers. Institute of African studies University of Ghana.

(6)Agordoh, A.A. (1994) Studies in African Music Revised Edition, Ho New Age Publication.

(7)Younge, P. et al. (2013) Music and Dance traditions of Ghana - History, Performance and Teaching. McFarland & Company Inc Publishers.

(8)Asiedu et al. (2014) The Performing Arts in Africa - Ghanaian Perspectives. Ayebia Clarke Publishing Limited.

(9)Nketia. J. H. K. (2014) The Arts in Traditional Society. In The Performing Arts in Africa - Ghanaian Perspectives. Asiedu et al. Ayebia Clarke Publishing Limited. pp. 13-21.（1969年に刊行された書籍の一部を Asiedu et al., 2014 に収録）

フランシス・ニー・ヤーティ（Francis Nii-Yartey）： 1946-2015。ガーナを代表する舞踊研究者であり、コレオグラファー（振付師）でもあった。ガーナ国立舞踊団ディレクター、ガーナ大学舞踊学科長などを歴任し、2015年に渡航中のインドにて死去。

に取り組み続けている。教育においては、舞踊や音楽などに関する教材が制作された。その内容は、各地域・各民族に伝わる舞踊の調査記録、舞踊の指導法、音楽の楽譜と演奏法、演劇の指導法など多岐に渡っている。アゴロド（Agordoh）は、学科では舞踊、音楽、演劇に関する調査を進めつつ、必要に応じて調査資料をもとにした教材が制作されてきたと総括している [6]。2010年代にはヨング（Younge）などにより包括的なテキストが編纂され [7]、学科創設以来の代表的な論文を収録した論文集が刊行された [8]。

　舞踊の保存については、学科主導で各地域・各民族の舞踊などに関する調査が行われた。さらに各地から舞踊家や音楽家を大学に招き、彼らから舞踊などを教わった。ンケティアは、このような調査はさまざまな地域・民族の出身者たちによる共働のひとつであったと述べている。現在、1963年以降に集められた資料については、学科内にある資料室「J. H. クヮベナ・ンケティア・アーカイブズ」（J. H. Kwabena Nketia Archives）において保存・公開されており、事前申請すれば部外者でも閲覧できる。

　舞踊の発展については、ンケティアが1969年の論文の中で、ガーナの各地域・各民族の舞踊がガーナ大学で合流して「ネオ・トラディション」が生まれるという構想を提示している [9]。このような構想は、1990年代後半から結実しはじめた。ニー・ヤーティ（Nii-Yartey）が1998年に設立した私設舞踊団「ノイヤム・ダンス・インスティテュート」（Noyam Dance Institute）は、民族舞踊にコンテンポラリーダンスや前衛的な演出を取り入れた演目を制作しており、現在も国立舞踊団やガーナ大学と密接な関わりを持ちながら活動を続けている。国立舞踊団ではヨングによって新演目「ディアマ（DIEMA）」などが制作された。この演目は民族舞踊を基本としつつ、公演のたびに新しい要素が取り入れられるという特徴がある。

4. ガーナ国立劇場と国立舞踊団

　1991年にガーナ国立劇場（National Theatre of Ghana、以下「国立劇場」と記す）が開設され、国立舞踊団はここを活動拠点とするようになった。2004年にはガーナ文化政策（The Cultural Policy of Ghana）が制定され、その中で国立舞踊団と国立劇場の運営方針が定められた。国立劇場には「舞踊」「演劇」「音楽」の三部門が設置され、国立舞踊団は舞踊部門に所属することになった。

　2014年2月の時点では、舞踊団には11名の男性舞踊家と13人の女性舞踊家、8人の音楽家が在籍していた。これらの団員数は上限が決められており、欠員が生じた場合のみ新規の募集を行う。部門名は「舞踊」となっているが、ガーナでは舞踊、演劇、音楽は不可分の関係にあることから、実際の上演ではこれら3つの要素を含んだパフォーマンスが行われる。

　舞踊団の活動は多岐にわたる。国立劇場での定期公演、政府の行事、歓迎式典などでの上演が主な活動である。依頼に応じて結婚式や葬儀などでの上演も行っており、もともとコミュニティーの成員によって担われていた舞踊がプロによって行われるようになった状況をうかがい知ることができる。公演以外では私立小学校からの委託による舞踊教育事業、テレビ番組への出演および演出なども行っており、舞踊団は今日のガーナの社会と密接に結びついた活動を展開している。

5. 国立舞踊団における練習

　ここからは国立舞踊団における練習を手がかりとし、オポク、ンケティア、ニー・ヤーティらの理念と構想がどのように活かされているのかを知ることを通じて、ガーナにおける舞踊と社会の関係について考察したい。

　国立舞踊団では、公演などの予定がない場合、午前8時30分から9時30分まで基本動作とウォーミングアップに関する練習を行う。ここで着目するのは、この練習である。その後、休憩を挟んで9時45分から12時まではパートごとに分かれた練習および公演に向けた練習などを行う。午後の練習は13時30分から15時までである。

　2014年2月6日、午前8時30分より約1時間、国立劇場内の練習場にて練習の様子を撮影した。そして国立劇場内にて、その日のリーダー役をした調査対象者Lへの聞き取り調査を実施した。対象者Lは調査当時のトップダンサーの1人であり、2014年3月に行われた舞踊団の公演「ブコム（BUKOM）」では主役となった。音楽家の家庭に生まれ、調査時での年齢は38歳であった。国立舞踊団に14年間在籍したが、調査から約半年後に日本へ移住したことにより退団した。

　聞き取り調査は、対象者Lとともに映像を見ながら、練習中のさまざまな動作について、①各動作の名称、②各動作の内容、③各動作の目的を聞き、さらに対象者Lが各動作について解説するという方針で進めた。練習内容を時系列にまとめたものが表2-9である。表中の「No.」は動作を順番ごとにナンバリングしたもの、「所要時間」は各動作に要した時間、「動作の内容・名称など」は、各動作の詳細および、各動作の名称、各動作のもとになった舞踊などについての解説も含んでいる。

6. 練習の特徴

　国立舞踊団の練習について、ここでは3つの観点から考察したい。第1の観点は、言語の多様性である。たとえば「No. 01」の動作にはエウェ語、「No.02」にはガ語が取り入れられており、ガーナが多言語社会であることを反映している。国立舞踊団では、公演の内容に応じて言語を使い分ける必要がある。たとえば、エウェ人の結婚式ではエウェ語で祝いの歌と踊りを披露することになる。そのため、団員たちはさまざまな言語を習得しておく必要がある。練習の動作名に複数の言語が見受けられるのはこのような理由による。

　第2の観点は、舞踊動作の多様性である。「No. 01」では歩行、「動作No. 03」では跳躍というように、静かな動作に始まり、少しずつ激しいものになっていく。そして「No. 11」以降ではガーナ北部の舞踊「ウォンゴ」「ナグラ」「バマヤ」、南東部のボルタ州の舞踊「バマヤ」を取り入れている。さらに対象者Lは「No. 12」において、腕の動きは「ウォンゴ」、脚の動きは「ナグラ」というように、2つの舞踊を複合させた動作を行っている。「ナグラ」は牛や馬などの足の動きを模した舞踊であり、この動きはガーナの舞踊における基本的な動作の1つであるため、対象者Lは、これらの動作を練習に取り入れたとのことである。練習には、日常動作も取り入れられている。「No. 14」は、ガーナの主食のひとつであるバンクーを調理する際に原料のキャッサバの粉をナベでねりあげる動作をもとにしており、

表2-9　対象者Lによる練習内容

No.	時間	動作の内容・名称など
		対象者Lが前に立ち、他の団員と鏡写しの状態で向き合って練習を始める。対象者Lが英語で「One, Two, Three」とゆっくり号令をかけ、他の団員も対象者Lに合わせて同じ動作を行う（本表のNo. 08の動作まで同様）。音楽は使わない。
01	3:18	ストレッチとウォーミングアップのための歩行動作。この動作は、エウェ語で「ゾンミド Zon-mizdo（Walk and let's go）」と名付けられている。
02 （図2-42）	0:22	ストレッチのために足を前後左右に蹴り出す。各動作は、ガ語で「シ・セ Shi-se（Push it back）」「シ・オヒアン Shi-ohian（Push it front）」「シ・ベク Shi-beku（Push it right）」「シ・ドロン Shi-dron（Push it left）」と名付けられている。
03	1:57	跳躍により身体の硬直を解くための動作。この動作は、ガ語で「トゥーン Tuun（Jump）」と名付けられている。
04	1:46	ストレッチとバランストレーニングを兼ねた、腕をゆっくりと両側に広げる動作。
05	1:43	ストレッチとバランストレーニングを兼ねた、腕をゆっくりと前後に動かす動作。
06	0:32	前後左右に腰をストレッチする。この動作は、ガ語で「オヘ Ohe（Waist）」と名付けられている。
07	1:14	腕と脚をストレッチする。
08	4:03	舞踊への導入動作。直立姿勢で両足のかかとを付け、左右のつま先を外側に向けて屈伸した後、足を広げて屈伸する。その後、再び両かかとを付けた状態に戻り、屈伸を3回行い、次に足を各方向へ出す動作を行う。
09	1:06	本表のNo. 05の動作をもう一度行う。
		練習場のコーナーへ移動する。これ以後の動作は練習場を対角線上に移動しながら行う。音楽家たちの伴奏が始まる。対象者Lが先頭に立って見本を見せた後、続いて他の団員が同じ動作を行う。動作の内容について質問があった場合、対象者Lはそれに答える。Lは少し離れた位置で他の団員の動作を見る。
10	7:17	本表のNo. 01とNo. 05の動作を歩きながら行う。
11 （図2-43）	2:40	舞踊「ウォンゴ Wongo」と舞踊「ナグラ Nagila」から取り入れた動作を歩きながら前かがみの状態で行う。「ウォンゴ」の動作では、左手を腰に当てながら、右手をまっすぐ右斜め下、左斜め下へと交互に伸ばす。その後、両腕を大きく広げ、足を広げながら左右への移動を行う。「ナグラ」の動作では、肘を外側に向け、拳を胸の位置に持ってきた状態から、腕全体を上下に動かす。脚は膝を交互に高く上げながら前進する。
12	1:11	腕は「ウォンゴ」、脚は「ナグラ」の動作を歩きながら行う。ここでの「ウォンゴ」の動作は、手のひらを上に向け、肘を曲げて両腕を前方に差し出すような形を維持する。「ナグラ」は本表のNo. 11の動作と同様、膝を高く上げながら前進する。
13	1:21	肘を外に向けたままの状態で、肩を後方から前方に波打たせるようにしながら腕を前に出す。この動作は「イエス Yes」と名付けられている。対象者Lは「ナグラ」を再構成しつつ、舞踊「アバジャ Abgadza」の動きにも近くなるようにこの動作を考案した。
14	2:04	ガーナの伝統的な主食「バンクー」を作る際の、棒状の杵を両手で持って、ナベでキャッサバの粉をねりあげる動作を、歩きながら行う。ここではウォーミングアップをしつつ、日常の動作への意識を強くすることにより舞踊動作への関心を深めることを目指している。
15	1:49	舞踊「アバジャ」の動作の一部と、本表のNo. 14の動作を歩きながら行う。ここでの「アバジャ」では、胸の前で平行にした両腕を回し、かき混ぜるような動作をする。
16	1:34	本表のNo. 14の動作→No. 15の動作の順に行い、最後に舞踊「バマヤ Bamaya」を歩きながら行う。「バマヤ」では、つま先立ちになって身体全体を上に伸ばしつつ、腰を左右に素早く1回ずつ振る。
17	0:57	本表のNo. 03とNo. 14の動作を歩きながら行う。
18	1:17	本表のNo. 03の動作の後、「相手を右足で前方に蹴り、倒れた相手を両手に持った武器で刺して殺す」という、短いストーリーを持った一連の動作を歩きながら行う。
19	1:01	相手に疑問を投げかける際の両手を広げるジェスチャーをもとにした動作を歩きながら行う。本表のNo. 18の動作に続いて、殺される側が両手を広げ「なぜ私を殺すのか？」と相手に問うというストーリーがある。この動作は「ホワイ Why？」と名付けられている。
20	3:13	本表のNo. 19→No. 18→No. 15→No. 14→No. 16の順に歩きながら行う。
21	1:08	練習場内の各コーナーに、メンバーを1グループあたり6-7人ずつ、4つのグループに分けて配置。グループごとに対角線上を歩きながら本表のNo. 20の動作を行う。
22	1:10	各コーナーに分かれた4つのグループが、練習場の中心に向けて同時に歩きながら本表のNo. 20の動作を行う。中心に集まった後、神への祈りと感謝を示すために両手を上にかざす。
		終了後、そのまま15分間の休憩時間に入る。ダウン（整理運動）は行わない。団員は、各自、自由に休憩時間を過ごす。水分補給や追加の柔軟運動をする者がいる。この時間を娯楽に充てる者もいる。

図 2-42　「No. 02」の動作（2014 年筆者撮影）　　**図 2-43　「No. 11」の動作**（2014 年筆者撮影）

そこに身体を左右に振る動作を加えることによって考案された動作である。家事などの日常生活にかかわる動作を練習の中で行うことで、舞踊家たちは自分の動作について意識的になり、動作に対する認識を深めることができるとしている。そしてこれらのように多様な動作を取り入れている一方、旧宗主国などの欧米の舞踊テクニックを取り入れていない点も注目すべきであろう。

　第3の観点は、練習が、さまざまな背景を持つ団員同士の協働の場となっていることである。各自が考案した練習を行うことを通じて、互いの技術を学び合っている。たとえば「No. 05」は、もともと男性舞踊団員Cの練習において行われた動作であった。対象者Lはこの動作の有効性を知り、自らの練習に取り入れたとのことである。そしてこのような場は、協働の有効性を認めたうえで意図的に用意されていることも重要である。練習ではリーダーが毎日交代することになっており、団員全員にリーダーとなる機会がある。この理由について、舞踊部門ディレクターの**ヤーティ**（Yartey）によると、すべての団員に対し、年齢や性別にかかわらず、自らの指導力や技術をアピールする場を与えるためであると述べている。

　このように、舞踊団の練習にはさまざまな言語や動作が取り入れられており、練習を通じて、団員同士が互いの長所を学び合っている。独立後のガーナでは、さまざまな民族の協働をつうじて国家の発展を目指すことになり、その中で舞踊も重要な役割を果たしてきた。舞踊団の練習において見いだされた特徴は、ガーナにおける舞踊と社会との関係を知るための重要な手がかりとなる。そしてンケティアやオポクらの理念と構想にあったような、ガーナにおける協働や文化のあり方の展望を示していると考えられるのではないだろうか。

　　　　　　　　　　　　　　　　　　　　　　　　（相原進・遠藤保子）

舞踊「ウォンゴWongo」：
ガーナ北部において、娯楽や社交の場で踊られる。舞踊動作は、牛や馬の脚の動きを模している。

舞踊「ナグラNagila」：
ガーナ北部において、娯楽や社交の場で踊られる。

舞踊「アバジャAbgadza」：
主にガーナ南東のボルタ州に暮らす、エウェ人の娯楽や社交の場で踊られる。

舞踊「バマヤBamaya」：
ガーナ北部において、儀式、娯楽、社交などさまざまな場で踊られる。

ニーテテ・ヤーティ（Nii-Tete Yartey）：
1984年生まれ。ガーナ国立劇場舞踊部門ディレクター、舞踊教師、コレオグラファー。フランシス・ニー・ヤーティの実子。

理解度チェック

①ガーナの文化や社会を考える際には、植民地化の歴史を無視できない。独立後の歴史を踏まえ、ガーナにおける舞踊と社会との関係について考えてみよう。

②本節を通じて、ガーナおよびアフリカの舞踊や社会へのイメージがどのように変わったかを話し合ってみよう。

さらに読んでみよう おすすめ文献
●高根務・山田肖子編著（2011）『ガーナを知るための47章』明石書店.

第11節
ブラジル
―ペルナンブーコ州レシーフェの民衆舞踊フレーヴォ―

学習のねらい

ブラジル連邦共和国（以下、「ブラジル」と略す）は、かつてインディオと呼ばれたブラジル先住民、ポルトガル人、そしてアフリカから奴隷として強制連行された人々を主たる構成要素として 1822 年にポルトガルから独立した多民族国家である。日本のおよそ 22.5 倍に相当する広大な国土面積を有するこの国の舞踊文化の特徴は、出自を異にするその民族的多様性と地域色の豊かさにあると言えよう。ここでは、ブラジル北東部ペルナンブーコ州レシーフェのフレーヴォという民衆舞踊を取り上げ、その誕生から今日に至るまでの変容の経緯をたどることで、民衆の娯楽に端を発する舞踊の担う役割が次第に多様化する様相について学ぶ。

1. 多民族社会としてのブラジル

　ブラジル北東部ペルナンブーコ州の首都レシーフェは、広大な南米大陸のほぼ最東端（西経 34 度 52 分）に位置し、2018 年時点で 163 万人余りの人口を有する同国北東部屈指の商業・港湾・観光都市である。ケッペン（Köppen）の気候区分では世界的にも珍しい熱帯冬雨気候に分類され、4 月から 7 月にかけて雨季を迎える。大西洋へ注ぐカピバリーベ川の河口に広がる市の中心部にはいくつもの橋が架かり、その優美な景観から「南米のヴェネツィア」とも呼ばれている。
　16 世紀にポルトガル人が入植して以降のブラジルの文化形成は、主として、支配層としてのポルトガル人、彼らが入植するはるか以前からこの地で生活していたブラジル先住民、そして農作業の労働力としてアフリカから強制連行された黒人奴

カルナヴァル:
わが国では慣用的に「カーニバル」と表記されるが、ここではブラジルの公用語であるポルトガル語の発音に従って「カルナヴァル」と表記する。カルナヴァルの日程は復活祭（春分以降の最初の満月に続く日曜日）を遡って決定される。復活祭に先立つ日曜日を除いた 40 日間を四旬節と呼び、これは灰の水曜日に始まる。この直前の日・月・火の 3 日間が宗教暦上のカルナヴァルである。

図 2-44　ブラジルの東端に位置するレシーフェ

隷たちによって担われた。これら3つの文化的出自は、今日レシーフェの街頭で演じられる民衆的な芸能にも色濃く反映している。それらの芸能は、ポルトガル人がもたらしたローマ・カトリック教の祝祭において演じられるのを原則とするが、なかでも最大の舞台は毎年2月上旬から3月上旬にかけての時期を移動して祝われる**カルナヴァル**である。ここで取り上げるフレーヴォという**民衆舞踊**も、今から百年余り前、20世紀初頭のレシーフェのカルナヴァルの街頭で誕生した。

2. フレーヴォとは何か

　カスクード（Cascudo）は、フレーヴォについて「街頭およびサロンのダンス、ペルナンブーコのカルナヴァルにおける錯乱状態。シンコペーションを伴い、心に取りつく、性急で浮き立つようなリズムを主要な特徴とする行進曲。そして波打つ群集は、ダンスの動作を行いながら熱狂する」[1]と説明しているが、この簡潔な記述を通してフレーヴォという言葉に込められた3つの意味を読み解くことができる。すなわちフレーヴォとは、レシーフェのカルナヴァルにおいて街頭やサロンで踊られるダンスであり、シンコペーションと浮き立つようなリズムを特徴とする音楽であり、カルナヴァルの街頭に密集して波打つように熱狂する群集の有様である（フレーヴォという音楽の演奏に合わせ，独特な身体動作を駆使して踊られるダンスをレシーフェでは特にパッソと呼んでいるが、ここではこのダンスの名称もブラジル国内で広く認知されたフレーヴォという言葉で統一することにする）。

　1880年代以降、レシーフェではカルナヴァル期間中に市内中心部の入り組んだ街路を徒歩で行進する庶民的な集団（以下、「**カルナヴァル団体**」と略す）の結成が相次ぎ、やがてその行進には吹奏楽器と打楽器で構成される**楽隊**の存在が欠かせないものとなった。カルナヴァルの街頭でその種の楽隊は軍隊行進曲やその当時流行していた民衆音楽を演奏したが、それを目当てに多数のレシーフェの住民が押し寄せた。ここにフレーヴォと命名された群集の熱狂的な浮かれ騒ぎが出現したが、それは20世紀初頭のことであった。そしてそれと時を同じくして、フレーヴォという音楽とダンスもカルナヴァルの街頭で誕生したと考えられている[2]。

　音楽としてのフレーヴォの源泉が軍隊行進曲やその当時の流行音楽に求められるとすれば、ダンスとしてのフレーヴォのそれは**カポエイラ**と呼ばれるアフリカ由来の格闘術の身体動作に求められる[3]。というのは、その格闘術を操って周囲に危害を加えることさえいとわない下層階級のならず者たちが、徒党を組み、好んでカルナヴァル団体の街頭行進に同行したからである。音楽を演奏する楽隊の前方で、ナイフやこん棒などの武器を手にした彼らは、これみよがしにその格闘術の離れ業を演じた。そして街頭におけるカポエイラの実践に対する警察の取り締まりが強化されると、露骨な武器の放棄を余儀なくされた彼らは、その格闘術の身体動作をもカルナヴァルの陽気なダンスに見えるようカムフラージュしたと考えられる[4]。フレーヴォの誕生に関しては、音楽とダンス、どちらが先に誕生したのかという問いが繰り返し発せられてきたが、上述したような経緯を踏まえれば、楽隊の演奏者とカポエイラの実践者との間に成立したであろう非言語的なコミュニケーションが相互に影響を及ぼし、結果として同時進行的に音楽とダンスが誕生したと考えるのが適当ではないだろうか。

民衆舞踊：
ポルトガル語のダンサ・ポプラール（dança popular）の日本語訳であり、英語のポピュラー・ダンス（popular dance）に相当する。この言葉は、都市に暮らす不特定多数の住民によって踊られる娯楽的あるいは社交的なダンスを指して用いられる。

[1] Cascudo, L. C. (1993) Dicionário do Folclore Brasileiro (7a ed.) Editora Itatiaia, p. 346.

カルナヴァル団体：
その種の団体は職業を同じくする者たちの間で、あるいは地域的な結び付きによって結成される場合が多かった。

楽隊：
その当時のレシーフェには軍隊、警察そして民間の楽隊が多数存在し、それらがカルナヴァル団体の街頭行進での演奏を引き受けていた。なお今日、音楽としてのフレーヴォは、トロンボーン・トランペット・サクソフォーン・チューバといった金管楽器に、スルドと呼ばれる大太鼓やスネアドラムを交えて演奏される。

[2] 神戸周（2008）「フレーヴォの誕生とパッソの実際―ブラジル、ペルナンブーコ州レシーフェの民衆芸能に関する一考察」『スポーツ人類學研究』9：1-28.

カポエイラ：
アフリカからの奴隷たちがブラジルへともたらし、彼らの子孫であるアフリカ系ブラジル人によって様式化された。今日のカポエイラはブラジルを代表する国際的な格闘スポーツでもある。

[3] 神戸周（2008）前掲論文.

[4] 神戸周（2008）前掲論文.

3. 民衆舞踊としてのフレーヴォ

　20世紀初頭に誕生して以来、フレーヴォはレシーフェのカルナヴァルの街頭で楽隊が演奏する同名の音楽に合わせて自由奔放に踊られる即興的な独舞であった（そしてこれこそがフレーヴォという民衆舞踊の本質であり、その重要性は今日なお折に触れて識者から指摘されている）。ところで、フレーヴォがダンスの名称として文献に登場するのは1930年代以降である。これはすなわち、この時期に至ってようやくフレーヴォが社会全般から民衆舞踊の一つの様式として認知されたことを示している。

　それでは、民衆舞踊としてのフレーヴォの身体技法、すなわちダンス技術はどのようにして生み出され、また受け継がれてきたのであろうか。まずフレーヴォの身体技法の生成であるが、これについては、上述したように、カポエイラという格闘術の身体動作がその根源に位置付けられよう。また、マドゥレイラ（Madureira）によれば、フレーヴォの身体技法は、1950年代に数多くレシーフェを訪れたロシアの舞踊団の演技やアメリカ合衆国の古いミュージカル映画に見られるダンスからも大きな影響を受けているという [5]。今日、一般にはペルナンブーコに固有のダンスであると考えられているフレーヴォであるが、その生成過程においては外来のさまざまな舞踊文化をこの地の民衆の感性を通して消化・吸収した複合文化であったという事実を認識することが重要であろう。

　次に、フレーヴォの身体技法の継承方法について考えてみよう。ビデオレコーダーのような録画・再生機器が一般には普及していなかった1960年代まで、カルナヴァルの街頭あるいはカルナヴァル団体がその祝祭に向けて演奏練習を行う場に足を運ばない限り、フレーヴォというダンスに触れることはできなかった（その意味でフレーヴォはカルナヴァルの時期に限定されたダンスであったと言えよう）。そのような状況にあってフレーヴォの身体技法の継承は、その場に居合わせた踊り手同士の眼差しの交換、すなわち互いの演技の直接的な観察を通じて暗黙裡に行われていたと考えられる。

4. ナシメント・ド・パッソとフレーヴォの教育

　1960年代のレシーフェでは、ダンスや音楽を含めたフレーヴォという文化自体が衰退の危機にあった。フレーヴォの置かれたそのような状況も影響を及ぼしたのであろう、1970年代になると、**学校**という枠組みを設定して一般市民を対象に無償でフレーヴォのダンスの指導を試みる人物が現れた。その名を**ナシメント・ド・パッソ**（Nascimento do Passo：以下、「ナシメント」と略す）という。レシーフェにおいてその名

(5)Oliveira, M. G. (1993) Danças Popolares como Espetáculo Público no Recife de 1970 a 1988, O Autor, pp. 152-153.

学校：
ここで言う「学校」とは、必ずしも専用の施設を保有する教育機関を意味するものではない。指導のための内容と方法を考案して不特定の学習者に指導を行う形態を「学校」と称している。専用の施設を有するフレーヴォのための教育機関がレシーフェ市によって設立されるのは、後述するように1996年のことである。

ナシメント・ド・パッソ：
1936-2009。ブラジル北部アマゾナス州生まれ。1949年に単身レシーフェへと渡り、1950年代末にはすでにフレーヴォの踊り手としての名声を確立していた。1970年代前半から21世紀の初頭までおよそ30年に渡りフレーヴォの指導に尽力した。

図2-45　ナシメント・ド・パッソ

声を後世に残したフレーヴォの踊り手は少なくないが、不特定の市民に対するフレーヴォの指導を構想し、そのための学校を自ら設立したのはナシメントをおいて他にない。その後、このダンスの普及に向けたナシメントの尽力に応えるようにして1996年にレシーフェ市がフレーヴォというダンスの指導に特化した学校（以下、「フレーヴォの市立学校」と略す）を創設すると、彼はその副校長に任命されている。

　それでは、ナシメントのダンス指導法とはいかなるものだったのであろうか。2001年にフレーヴォの市立学校で実際に彼の指導を目撃した筆者は、その指導法に備わる以下、4つの特徴[6]を指摘した。

①フレーヴォの演技を構成する身体動作の収集ならびにそれぞれの身体動作に対する名称の付与

　ナシメントは、フレーヴォを指導するにあたってその演技を構成する個々の身体動作を抽出してその収集を行い、収集した身体動作を指導のための教材として利用した。さらに彼は、収集した身体動作にそれぞれ覚えやすい名称を付与しているのだが、こうして非言語的な身体動作に具体的な言葉を対応させるという試みは、学習者がそれぞれの身体動作を習得しようとする際にはその意欲を高める役割を果たすとともに、結果としてこの見立ての分かりやすさが学校という場を介してのフレーヴォの普及を促進する要因ともなったと考えられる。

②基本的な身体動作で構成されるルーティンの考案

　2001年当時ナシメントは、彼がフレーヴォの基本であると考える40種類の身体動作を組み合わせたルーティンを考案し、それを初心者から熟練者までダンスクラスに参加するすべての者が実践すべき内容であると規定していた。オリヴェイラ（M. Oliveira）によれば、ナシメントは、これらの基本的な身体動作からより複雑なすべての身体動作が派生するのであり、これらを正しく実践できる踊り手はより難度の高い身体動作に挑戦できる状態にあると考えていたという[7]。

③ダンスクラスの参加者すべてが行う即興演技

　初心者であるか熟練者であるかを問わず、ダンスクラスの最後にナシメントはすべての参加者に即興的な独演を行わせた。ナシメントの教え子であるケイロース（Queiroz）によれば、ダンスクラスの参加者一人一人がその日の活動で学習した内容をそれまでに蓄積した自らの身体知と結び付けながら他者の前での独演に反映させること[8]、それがその目的であった。

④フレーヴォの音楽と身体動作のみで構成されるダンスクラス

　ナシメントのダンスクラスで使用される音楽はフレーヴォのみ、また身体運動面で用いられるのもフレーヴォの身体動作のみであり、フレーヴォ以外の要素を取り入れないことが彼の指導法の特徴となっていた。

　上述したように、1996年にレシーフェ市がフレーヴォの市立学校を設立し、その副校長にナシメントを任命した事実は、同市がフレーヴォという民衆舞踊を後世に伝えるべき文化財と認定して自らその継承と普及に乗り出したこと、そしてナシメントの長年にわたる努力を評価したことを示している。こうして公的なお墨付を

[6] 神戸周（2018）「ブラジルの民衆舞踊パッソの変容に関する一考察—そのダンス様式および継承方法に着目して」『東京学芸大学紀要芸術・スポーツ科学系』70：99-112.

[7] Oliveira（1993）op.cit., p. 86.

[8] Queiroz, L. A. (2009) Guerreiros do Passo：Multiplicar para Resistir, Monografia Apresentada Junto ao Curso de Pós-Graduação em Cultura Pernambucana da Faculdade Fressinetti do Recife-FAFIRE.

手にしたことにより、ナシメントという人物およびそのダンス指導法には信頼性とともに少なからぬ権威性が付与されたと考えられる。

5. ナシメント・ド・パッソのフレーヴォ指導に対する2つの問題提起

　ところで、合理的に体系化されたナシメントの指導法が、複数の学習者のフレーヴォの独演を類似したものへと導く契機となる可能性はないのであろうか。彼の指導法について研究を進める過程で筆者の脳裏に浮かんだのはこのような疑問であった。すなわちこれは、合理化された指導法が個々の学習者の技能向上に有効であることを認めた上で、フレーヴォの独演において重要とされる演者の個性がその指導法を通じて阻害される恐れはないのかという問い掛けでもある。

　実は筆者と同趣旨の懸念は、すでに1970年代の後半にはフレーヴォ研究の第一人者であったオリヴェイラ（V. Oliveira）によって発せられていた[9]。指導者と学習者という立場の違いを前提に学校という枠組みの中で行われるフレーヴォの指導に関して彼が懸念したのは、フレーヴォを踊りたいという自ずと湧き上がる気分の高揚（自発性）、そして人間それぞれに備わった固有の創造性を学習者が喪失してしまうことであった。また、民俗学者のソウザ・イ・シルヴァ（Souza e Silva）は、ナシメントの指導の場では学習者自らが動きを生み出すのではなく、彼らはナシメントが外部から借用した身体動作を組み合わせてダンスを踊ることになったと述べ、そしてその結果、本来個人的なダンスであるべきフレーヴォは集団で演じるそれとは異質なダンスへと変容したと指摘する[10]。ナシメントの指導法に対する第一の問題提起は、このように学校という枠組みの中でフレーヴォを指導することの是非とそのダンスの本質を巡って行われた。

　一方、彼の指導法に対するもう一つの問題提起は、2003年に彼がフレーヴォの市立学校の副校長の職を辞して後、この学校の関係者から発せられた。その内容は、ナシメント離任後のこの学校に生徒たちで構成される舞踊団を結成するという使命を担ってレシーフェ市から招かれたマセード（Macedo）の発言に集約されていると思われる。2006年にアゾウベル（Azoubel）が行った聞き取り調査において彼が指摘したのは、舞台で演じるフレーヴォを実践しようとする生徒にとってナシメ

(9)Oliveira, V. (1976) Frevo, Folclore, 24, Recife: Centro de Estudos Folclóricos do Instituto Joaquim Nabuco de Pesquisas Sociais.

(10)筆者によるソウザ・イ・シルヴァへの聞き取り調査（2016年5月10日実施）

図 2-46　フレーヴォの市立学校のダンスクラス

ントの指導法には明らかに欠落している内容があるということであった[11]。2016年のレシーフェ滞在中に筆者もマセードに聞き取り調査を行う機会を得た。ナシメントの指導法について意見を求めると、彼は大きな負荷を伴う身体動作を実践する踊り手の身体へのナシメントの配慮不足を指摘した[12]。マセードの問題提起は、学校という場でのフレーヴォの指導を前提とした上で、ナシメントの指導法に対する疑問を呈しており、学校での指導そのものに懐疑的な第一の問題提起とは意味合いが異なる。次項では、ナシメントが離任して後のフレーヴォの市立学校のダンスクラスにおける新たな指導法を眺めてみることにしよう。

6. フレーヴォの市立学校のダンスクラスにおける新たな指導法

　上述したように、ナシメントが離任して後のフレーヴォの市立学校に舞踊団を結成すべく、マセードはレシーフェ市から招かれた。彼は大学で体育を専攻し、その後は職業舞踊家としても活動していた。その彼が舞踊団員に行った指導がこの学校のダンスクラスにも転用されたのではないかと筆者は考えている。ここでは2007年に筆者が受講した中学生・高校生年齢の経験者対象のクラスにおける指導内容[13]を例に説明する。その流れは、①身体各部の入念なストレッチ、②立った姿勢で行うフレーヴォの身体動作、③しゃがんだ姿勢もしくは重心の上下動を伴うフレーヴォの身体動作、④腹筋や背筋など体幹部の筋力強化のためのエクササイズ、そして⑤フレーヴォの独演というものであった。

　①および④は、2001年に筆者が目撃したナシメントのダンスクラスでは行われていなかった内容である。①には身体の柔軟性を高めることによるけがの予防という目的がある。フレーヴォの身体動作には瞬発力を要するものの多いことがその背景にあると思われる。一方で、④については次のように考えられよう。すなわち、立った姿勢であれしゃがんだ姿勢であれ、フレーヴォを効率的に演じる場合には頭や背骨が骨盤の上に垂直に立てられていることが基本となるため、腹筋と背筋をバランスよく協働させる能力が求められるのである。

　②は、通例すべての生徒がフレーヴォの音楽に合わせてダンス教師の行う身体動作を一斉に模倣するものである。ダンス教師はフレーヴォ1曲分（およそ2分から3分間）の中に10種類から15種類くらいの基本的な身体動作を連続して組み込む。ここに組み込まれた身体動作のほとんどがナシメントの考案した40種類の身体動作から成るルーティンに含まれるものであったことから、彼が離任して以降もこの学校には彼の足跡が確実に残されていることを筆者は感じ取ったのであった。③は、②に比べると総じて難度が高い。この種の身体動作の反復練習に際し、ダンス教師は自ら最初に模範演技を示すこともあれば、実践すべき身体動作の名称を口頭で伝えることもある。2007年に筆者が受講した中学生・高校生年齢の経験者対象のダンスクラスでは、より高度な体力と技能を必要とするこの種の身体動作の習得に重点が置かれていた。

　⑤は、毎回のダンスクラスの最後に行われるが、2001年に筆者が初めてこの学校のダンスクラスを目撃して以来、筆者が最後に受講した2018年のダンスクラスに至るまで、この内容がこの学校のダンスクラスから欠落したことはなかった。すなわち⑤は、ナシメントがまだこの学校の副校長を務めていた時期からこの学校で

(11) Azoubel, J. A. (2007) Frevo and the Contemporary Dance Scene in Pernambuco, Brazil: Staging 100 Years of Tradition, A Thesis Presented to the Graduate School of the University of Florida.

(12) 筆者によるマセードへの聞き取り調査（2016年4月27日実施）

(13) 神戸周（2018）前掲論文.

固守されてきた重要な内容であると考えられる。このことは、自然発生的で無秩序なカルナヴァルの街頭から学校という制度化された空間へと演技の場が移行しても、カポエイラの時代から受け継がれてきた即興性や独創性こそ、フレーヴォに固有の本質であるとする認識が失われていないことを示しているのではなかろうか。

　以上、2007年に筆者が受講したダンスクラスを例に、ナシメントが離任して後のフレーヴォの市立学校のダンスクラスにおける指導法を概観した。結果として、ナシメントの実践していた指導法がすべて否定されているわけではないことが明らかになった。筆者がマセードの主導によりその基礎が構築されたと考えているナシメント離任後のこの学校のフレーヴォ指導法は、実際にはナシメントの構築した基盤の上にそれを修正、あるいはそれに新たな内容を付加することで確立されたと考えるのが適当であろう。

7. 見世物あるいは舞台芸術としてのフレーヴォ

　上述したように、カルナヴァルの街頭でのカポエイラの荒々しくも自由奔放な身体動作に端を発するフレーヴォは、元来「自己中心的で個性的、陽気さを備え、名人芸的で極めて創造的」なダンスであり、「第三者の眼差しの中で完結する歓喜と生命力の表出」を伴っていた[14]。それはすなわち、当初からフレーヴォというダンスには、観者の存在を前提として高度な技能と独創性を指向するという性質が備わっていたことを示している。そして筆者は、フレーヴォに備わったそのような性質を顕在化させた一つの大きな契機が1950年代に盛んに開催されるようになった**ダンスコンテスト**であったと考えている。演者と観者が無秩序に交錯するカルナヴァルの街頭とは異なり、舞台を設営して行われるダンスコンテストにおいては、演者と観者は明確に分離される。そしてそのように意図的に用意された環境において、それまで名も無き民衆の一人に過ぎなかった高度な技能を有するフレーヴォの踊り手には固有名詞が与えられ世間の注目を集めることとなった（たとえば、ナシメントのように）。

　一方でフレーヴォが舞台芸術の素材として取り上げられるのは、1970年代のレシーフェに**民衆舞踊団**が設立されて以降のことである。ここで言う舞台芸術化は作品化と言い換えることができる。そしてフレーヴォの作品化には振付という過程が

(14) Oliveira (1993) op.cit., p. 74.

ダンスコンテスト:
地元の新聞社が主催するフレーヴォの独演のコンテストは、レシーフェ市中心部の広場に仮設の舞台を設営し、多数の観衆の前でオーケストラの生演奏に合わせて行われた。

民衆舞踊団:
地元の民衆的な舞踊を舞台作品化して上演する集団。数は少ないが、中には作品上演による収入のみで運営される職業集団もある。

図 2-47　フレーヴォのコンテストにおける独演

含まれていた。これはすなわち、あらかじめ決められた身体動作を用いて演技が構成されるということである。また、フレーヴォを素材とした作品に個性的な独演が組み込まれることはあっても、独演のみで作品が構成されることはない。これはすなわち、作品化されたフレーヴォにおいては複数の踊り手による集団的な演技が基本となることを示している。ここにおいて、独舞としてのフレーヴォに不可欠とされた個々の踊り手の即興性と独創性は大幅な制約を受けざるを得ない。このように作品化されたフレーヴォの観賞者の目に最も強く印象付けられるのは、個々の踊り手たちの個性ではなく、彼らに備わった高度な技能、そして彼らの一糸乱れぬ同調性ということになるのではあるまいか。舞台芸術化されたフレーヴォは、カルナヴァルの街頭で個性的に演じられるフレーヴォとは明らかにその質を異にする。

8. 多様化する民衆舞踊の実践環境

　ここでは、ブラジル、ペルナンブーコ州レシーフェのフレーヴォという民衆舞踊がその誕生から今日まで百年余りの間に被った変容の過程を駆け足でたどった。その中で特に注目すべきは、カルナヴァルの街頭から学校へとこのダンスの実践の場が拡大したことではなかったろうか。フレーヴォの学校化はこのダンスをカルナヴァルという限られた時間から解き放ち、年間を通じて誰もがそれを実践することのできる環境を提供した。このことがこのダンスの実態を様変わりさせた最大の要因であると筆者は考えている。一方で指導者と学習者が明確に分離されるフレーヴォの学校化に関しては、このダンスの本質である踊り手一人一人の個性の喪失が懸念され続けてもいる。さらには、ダンスコンテストの開催や舞踊団の設立に見るように、フレーヴォの見世物化あるいは舞台芸術化もこのダンスの現在を語る上で欠かすことのできない重要な視点である。

　本節で確認したように、フレーヴォはカルナヴァルの街頭という元来の文脈から切り離され、見世物、学校あるいは舞台芸術といった新たな文脈へと組み入れられることでその実践の場を拡大してきた。この状況をさらに押し広げて考えれば、民衆舞踊をめぐるこのような実践環境の多様化は、単にフレーヴォに限定されるものではないのではあるまいか。

（神戸 周）

理解度チェック

1 具体的な民衆舞踊を一つ挙げ、その民衆舞踊がどのような環境で実践されているのかをフレーヴォと比較しながら考えてみよう。

2 フレーヴォというダンスの将来像についてあなたの考えを発表してみよう。

さらに読んでみよう おすすめ文献

●七類誠一郎（2010）『黒人リズム感の秘密（改訂版）』郁朋社.
●神戸周（2019）『ブラジルの民衆舞踊パッソの文化研究』溪水社.

太陽神の力を授かれる?——「老人の踊り」

上:毎週末に広場で行われる公演の様子。下:終演後にくつろぐ若いダンサーたち（筆者撮影）

メキシコには、オルメカ、マヤ、アステカに代表される高度な古代文明が栄えていたが、1519年のコルテス侵略以来、殺戮と略奪の歴史を数世紀に渡って強いられてきた。そのため、メキシコ人の60%はスペイン人と先住民の混血、メスティーソであり、14%のスペイン系白人が上流階級を占め、26%の先住民族は貧困層、という構図がいまだに続いている。メキシコ人というと、陽気なラテン系というイメージが強いかもしれないが、複雑な多民族国家の中で、辛い歴史を耐えてきた人々ならではのたくましさと、なんでも受け入れられる寛容さが、彼らのアイデンティティを形成していると言える。また、日本の5倍の国土を有するため、さまざまな気候風土を抱えており、音楽や舞踊にはこれらの歴史的・地理的要素が渾然一体となって表出され、非常に層が厚く、豊かである。ここでは、数あるメキシコの民族舞踊の中でも、最も有名な踊りの一つ、ミチョアカン州に伝わる「老人の踊り」を紹介したい。

滑稽な木製の翁面をつけたダンサーたちは、色とりどりのリボンがついた帽子をかぶり、繊細な刺繍入りの白い木綿のシャツとズボンの上に、毛布のような貫頭衣を被り、革サンダルを履き、杖を持っている。「老人の踊り」とはいえ、ダンサーの多くは10代の若者で、終始腰を曲げたまま、細かく複雑なステップを踏み、時には華麗なジャンプも披露してくれる。音楽は、バイオリン、ギター、コントラバスなどの弦楽器の生演奏。のんびりと牧歌的な部分と、陽気でリズミカルな部分があり、変化に富んだ楽しい構成である。サンダルには高い音が出るよう仕掛けがあるため、目にも耳にも楽しい。最も人気があるのは、「Trenecito（小さな電車）」と呼ばれる、ダンサーたちと杖が電車のように連なって、面白おかしく踊る場面である。

老人の踊りの起源については諸説あるが、スペイン侵略以前にミチョアカン州一帯を治めていたタラスコ王国時代に遡るのが通説である。太陽を偉大なる祖父と崇めていた彼らが、雨と五穀豊穣を祈願して踊った、また、老太陽神のエネルギーを授かるために踊ったのが始まりと言われている。帽子のリボンは太陽光線を模しており、4名のダンサーはそれぞれ、東西南北、土水火風、春夏秋冬を示すとも言われている。現役のミュージシャンであり仮面制作も手掛ける方によると、侵略当時、現地の女性に乱暴していたスペイン人への批判と、先住民より老けて見えがちなスペイン人への嘲笑を込めて踊ったのが由来という説もあるそうだ。確かに仮面の肌はピンク色で、ニヤリと笑っている。しかし、かつての仮面は土製のアースカラーで、表情も厳かだったので、それは都合よく後付けされた説かもしれない、と彼自身も疑問視していた。昔は今のような原色のリボンなどもなかったわけで、衣装も、振付も、意味も、ずいぶんと違っていたのではないかと想像が膨らむ。

色彩豊かな衣装、滑稽な演出、鮮やかなステップ、美しい弦楽器の生演奏。パフォーマンス性が高い上に、さまざまな解釈が可能な「老人の踊り」。人気が高まるとともに、パツクアロ周辺の多くの村で舞踊団が組織されるようになり、それぞれが独自のスタイルを発展させていった。舞踊団は、友人同士、親戚同士で形成されたものから、学生舞踊団、プロ舞踊団まで大小さまざまだが、少なくとも村に一つは存在し、全体数は50とも100とも言われている。読者の皆さんにも、いつかメキシコに、この興味深い踊りを味わいに、そして踊りに来ていただきたい。太陽神の力を授かり、若返ること請け合いである。

（横尾咲子）

第 III 章

舞踊の指導例

　本章のねらいは、民族舞踊を教育現場で活用する方法を、より具体的・実践的に示すことにある。そのために、節ごとに異なる対象者を設定し、発達段階を考慮した指導の違いがわかるように心がけた。それゆえ、本章にない舞踊を扱いたい場合でも、各年代の留意点を参考にそれぞれ工夫しながら進められるのではないだろうか。

　教育現場では、小学校で 2011 年、中学校で 2012 年にダンスが必修化された。さまざまなジャンルのダンスがある中で、民族舞踊は、国内外の多様なリズム、ステップを体験するだけでなく、背景にある独特の文化を知り、自他の文化を尊重する態度やグローバルな視点を育むことが期待されている。このような目的を達成するために、具体的にどのように進めるとよいのだろうか。そこで本章では、比較的実践しやすい舞踊の指導例を提示する。

　ところで、民族舞踊を教材とする際に、おさえておきたい概念がある。それが第 1 節の「踊る身体の『個別性』『普遍性』」である。そこでの議論を踏まえて、日本のものとしては、国内外で広く愛好されているよさこいソーランと近畿地方の江州音頭、それから映像コンテンツの使用例として秋田の盆踊りを紹介する。日本以外のものとしては、インドのカラリパヤット、ブラジルのサンバとカポエイラを紹介する。映像を参照しながら、ぜひ有意義な活用につなげてほしい。

第1節

踊る身体の「個別性」「普遍性」

学習のねらい

本節では伝統的な舞踊を教育現場で取り上げることについての視点を提供する。

・各地域にさまざまな舞踊が存在する。それらはどんな暮らしのもとにうまれて、どんな必然があって踊り継がれてきたのか。どんな特徴があるのか。学校で扱うときの課題は何か。踊ることによって学び取れることは何か、これらやこれらから派生する疑問を持つことができるようになることを目指す。

・用語として、身体文化、身体技法、ボディワーク、ソマティクスについて理解する。

1. 踊る身体の「個別性」「普遍性」

「個別性」は「全体性」と、「普遍性」は「特殊性」と対になる言葉であるが、本節では「個別性」と「普遍性」を用いている。国、地域、個人という個別性・独自性でありつつ、一方で国、地域には共通する普遍性を見ることができる。また、個人に着目すると、どこの国のどんな時代の人も身体は普遍的な構造や機能を有している。人は、精子と卵子が出合って分裂を繰り返し母親から栄養を摂取して成長する。その結果身体は、筋、骨格、心臓や胃などの内臓、血液やリンパなどの体液、皮膚や神経などから構成される。数や形が必ずしも同じではなくても構造や機能は普遍的である。重力下に生きている以上その条件も普遍的である。そして、人は地域という共同体に生きるという意味においても普遍的とみてよいだろう。が、片方で、生まれ育った地域によって異なった身体の動き方（使い方）が獲得されていく。

「身体技法」は、この地域という個別性でありつつ、その地域に共通する普遍性を表すのに適した用語とみることができる。これらより、「個別性」「普遍性」は、伝統的な舞踊を見ていくときの視点となる。

ところで、民族舞踊か、民俗舞踊かである。民俗とは「土着の（地域）の自然・風土に基づいた暮らし」の中で培われた「その土地や時代の風俗・習慣」を指す。土台となる暮らしが異なれば、当然形つくられる身体とその動きも異なる。よって、教材にする際は、その背景にある暮らしや創出の必然を探ることが大事な学習内容になってくる。

2. 身体技法・身体文化とは

箸を例に述べよう。中国も韓国も日本も箸を用いているが、その形状はそれぞれ異なる。先が四角い中国箸や金属製の平たい韓国箸では日本のような「はさむ、つまむ、すくう、裂き分ける、刺すなど」ができない。どちらも「箸を使う」身体文化であるが、身体技法が異なる。

日本には、道具としては未完だが身体技法を用いることによって道具が道具として機能するという「**一器多用の身体文化**」がある。箸に限らず、日本刀、大工道具、

一器多用：
野口裕之（1993）「動法と内観的身体」『体育の科学』43（7）：530-534を参照。

包丁等の道具も一器多用という身体文化に規制された動き方である身体技法を学ばなければ使いこなせない。このように身体技法は、網を打つ、鉈を振る、鍬で鋤く等の労働動作や、着物の着付け、足袋を履く、襖の開けたて、急須を持つにも必要とされる。暮らしの**身体技法**は民俗舞踊を踊る技法と重なるのである。

1）身体技法とは、出自・定義

さて、定義や出自を確認しておこう。身体技法は、モース（Mauss）が1936年に文化に規制される動きのことを technique de corps と名づけ、「動き方」の研究の重要性を世に問うたことに発する。日本では、1976年に山口らによって「身体技法」と訳された[1]。なぜ「技法」なのか。technique の語源となっているギリシャ語「テクネ（techne）」の訳語が、アートの語源であるラテン語「アルス（art）」であることからも明らかなように、「身体技法」というものが、アートとテクニークの両面をもち、自然（物質世界）と社会（生活世界）の双方に開かれた性格をもつものだからである。

その定義は、「人間がそれぞれの社会で伝統的な態様でその身体を用いる仕方」であり、「歩き振り」「すわり方」「食事のとり方」「休息のとり方」など、人間がそれぞれの社会で伝統的に継承してきた身体の用い方であり、特定の「社会、教育、世間のしきたり、流行、威光とともに変化する」ものと捉える。

日本における身体技法は、長時間にわたるきつい肉体労働をできるだけ「楽に」「うまく」こなすための工夫の中に、また、そうした労働に根ざした日常生活の立ち居振る舞いや伝統的な芸能や武術の中に、工夫してきた身体の使い方や身体感覚として蓄積され伝えられてきている。今日、本来暮らしの工夫から生まれたものが暮らしから消えつつあり、逆に伝統的な芸能や武術や舞踊に残されている。それゆえ、そこに技法習得の難しさがあるともいえる。

2）身体文化とは

これに対して「身体文化」とは、ドイツ語の Körperkultur が原語であり、最も広い意味での身体に関する生活や労働や娯楽の様式、健康法や美容法などの風俗や習俗の総体を指す。

たとえば、**クラシックバレエ**では、脚を見せる衣装を着け、大きく脚を開く。この動きは馬に乗る文化圏からうまれている。一方、腰巻を巻きつけ、体幹をくねらせ手先・指先に豊かに語らせるタイやインドネシアのおどりは稲作圏から発生している。何をどのように手に入れて食べるか、その労働に適した衣類を着け、その労働ゆえの動き方がある。これが身体文化であり、それに根差す身体の使い方が身体技法である。

バレエと異なり、日本の民俗舞踊は足を置く位置にいきなり腰をのせない。まず足場を築き、安定してから腰をのせ、安定すると腕に饒舌に語らせる。が、そのときすでに足は次の地点に移動しているのである。ぬかるんだ足場にそこに体重を移せるかを探り、安全だったら腰を運ぶという労働の動きが反映しているという。このように舞踊の動きには身体文化が凝縮されている。

衣装と踊りについて以下の研究報告がある。同じ演じ手の踊りが、身体技法を用

身体技法：
ボアズ（Frans Boas. 1845-1942）の「運動習慣（motor habits）」に類似するが、身体技法の方がより全体的社会現象として捉えているといわれている。

[1] 山口俊夫・有地享訳（1976）『社会学と人類学Ⅱ』弘文堂，pp. 121-156.

クラシックバレエ：
一般にはトゥ・シューズを履いて踊るダンスの総称として用いられるが、狭義には、フランス人振付家マリウス・プティパが19世紀末にロシアにおいて確立した様式を指す。

（2）渋藤喜美子（2004）「『内的動き』への注目―民俗舞踊の身体技法を読み解く―」『体育科教育学研究』20（2）：26-30.

いながら着用すると一枚着るごとにどんどん良くなり、逆に脱いでゆくとまた元の情けない踊り口に戻る [2]。和服で労働する知恵が、着崩れず、動きやすく、しかも効率よく動ける技法となって今日まで伝わっている。筆者がバリダンスの練習時に初めて腰巻を着けたら脚を自在に動かせなかった。一見巻きつけただけのように見えたが実はそこには技があった。彼女たちはそれで家事や育児をしている。その技を用いて初めて動くことができるのである。どこの国のどの地域の踊りにしても衣装は重要である。実践時にはこの点も配慮したい。

3. ソマティクス、ボディワーク、身体技法

　身体技法と意味が重なるものとして以下の2語が捉えられがちだが、それぞれ全く異なる。

1）身体技法とボディワーク

　ボディワークは1970年代に米国で生まれたらしいが起源は定かではない。この語が用いられるようになったのは1960年代以降のアメリカにおいて、既成の価値観を問い直そうという、いわゆるカウンター・カルチャー（counter culture）の動向の中で、人間の潜在的能力や可能性を模索する積極的な運動（**人間の潜在性開発運動**）が興隆した頃といわれる。

　身体を「全体性」の立場から捉えて人間の全体的な統合を図ることによって、身体のもつ潜在的な能力や可能性を引きだし、治療や健康法や美容や自己開発などに役立てることをねらって創出された「身体の操作・学習・訓練・つきあい方」のシステムのことを指す。表3-1に示すように身体技法とは出自を異なえる用語である。

　このように全く創出された時期も意味も異なるのになぜ同一視されがちなのだろう。一つにはボディの日本語訳の問題と思われる。第Ⅰ章4節「舞踊と身体」にあるように身体には「客観的な身体」、すなわちモノとしての身体とそうではない身体がある。日本には身体という漢字導入以前から音声言語 karada があった。karada は先の2つの身体が合わさったものとして捉えられていたのである。そして漢字導入後、体（タイ）や身（シン）と音読みする一方、体（カラダ）と身（ミ）

人間の潜在性開発運動： Human Potential Movement の訳語。自分が疎外されたり、抑圧されたりしてきた部分に触れ、本来の自分を取り戻すことといわれる。

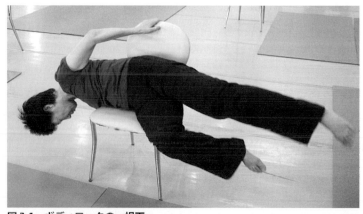

図3-1　ボディワークの一場面

表 3-1　身体技法とボディワークの対照（原田，2006「日本体育学会発表要旨集」初出）

	身体技法	ボディワーク
語　義	文化に規制される動き	身体の全体性を志向
由来期	M. モース 1936 年以降	1970 年代後半以降
心身観	心身観を含む動きの重要性を発信	心身観の見直しの文脈上に創出

と訓読みした。体は、体重・体調・体格等モノとしての身体に限りなく近く、身は、身長や心身の場合は体でありつつ、一身・身の上・身重など読み方はシンやミであるが、意味は karada、つまり体と一体化している私を指す。ボディワークは体・すること、すなわち体に働きかけるワークという意味になる。ワークには技という意味はない。

　日本にこの言葉が入ってきたのは概ね 90 年代である。一般誌では 92 年、95 年に、日本体育学会監修「体育の科学」では 98 年に「ボディワークの現在」が組まれた。

　ボディワークという語を創出した米国でもこの頃数冊発刊された。その中の 1 冊に百科事典「The Encyclopedia of Bodywork from Acupressure to Zone Therapy」（1996）がある。それには、紀元前 3000 年からこの時点までのざっと 300 種類が掲載されている。つまり言葉が創出されたのは 70 年代後半であるが、その考え方に照らすとインドのヨガや中国発祥の気功や太極拳も傘下に入り、近代の西欧圏発祥のよく知られているものとしてアレクサンダー・テクニーク（The Alexander Technique）、フェルデンクライス・メソッド（The Feldenkrais Method）、イデオキネシス（Ideokinesis）等を挙げている。

　フランス語の technique de corps が英語では technique of the body、あるいは body techniques となり、身体技法と訳された。カタカナ表記をもたない台湾では bodywork を身体工作と訳し、身体技法とは訳さない。民俗芸能を踊ることが、結果としてボディワークを行ったようなよいからだの状態をもたらすことも混同して理解されている理由の一端とみることができる。

2）ソマティクス

　ソマティクスという語もボディワークもほぼ同じ時期に創られた。つまり、人間存在を全体論的立場から捉え、心と体の二項対立を越えて、人間の運動を広い意味で臨床的なアートとサイエンスとの関わりから追求しようとして創出された。前述したようにボディは概ね「体」を指すゆえ、ギリシャ語の「生体」に由来する語「ソーマ Soma」に新たな意味、一言でいえば、「生きて働いている全体としての身体（the living body as its wholeness）」を付加したのである。「人間は、ソーマとして、自ら気づき、感じ、動き、変化していける存在である」という。そして、そのような存在としての人間を研究する学問領域として、ソマティクスを次のように定義した。ソマティクスとは「全体的な存在、つまり、ソマティック分野を形成すると考えられる気づき（awareness）、生物的機能（biological functioning）、環境（environment）という 3 つの要素間の内的な相互関係のアートとサイエンス」である。ソマティクスは、「自分自身の内的制御のための気づきと自己知覚の科学」であり、その方

向性は、「内側から捉えられた身体の科学」を目指した。なおソマティクスはハンナ（Thomas Hanna, 1928-1990）が1970年に「Bodies in Revolt」の著書の中で初めて「ソーマ」という語を用い、その後、1976年に研究機関誌「ソマティクス（Somatics：Magazine-Journal of the Bodily Arts and Sciences）」を発行したことにはじまる。

ボディワークが技法名を指すのに対し、ソマティクスは身体や身体を含む人間存在そのものの考え方を問う学問名であり、哲学、歴史学、医学、心理学、生理学、教育、芸術などのコア学問である。今日、医学、心理学、教育、コミュニケーション領域に影響を及ぼしている。たとえば、ボディワークを行う際に、ソマティックな接近、つまり、内部で何が起きているかに意識を向けるような方法をとるか、モノ的に扱うかによって、そのボディワークがソマティクスの傘下にあるか否かが分かれる。

内側の感覚から人間存在を探るこの学問から見た時、民俗芸能の身体技法、および生活の隅々にある身体技法はまさにこの学問領域で語ることができる。踊っているとき、内側で何が起きているかを探るのは民俗舞踊に限らず、踊る行為はモノとしての身体とは異なる身体とのやり取りになる。

4. 踊られてきた理由、身体からの視点

誰も、疲れた身体であえてさらに疲れることをしないだろう。にもかかわらず、なぜ、人々は民俗芸能を踊り継いできたのだろう。

1）効率的な身体の使い方の体得の場になっているのではないか

青森の「現地の方から民俗芸能を学ぶ会」時、練習の音に誘われてか、高齢の男性が見に来られた。はじめは見学されていたが、私たちや現地指導者の動きが到らなかったせいか、単に踊りたくなっただけなのか、やおら重い太鼓を胸元に抱えて始められたのである。はじめは足元がやや危うい感じであったが、数時間後に現役さながら颯爽と演じられ、別人のように若返られて戻って行かれた。

これは何を意味するのだろう。日々の暮らしがあって、踊りがあり、踊りがあって暮らしがまた維持できる。踊ることが日々の身体の使い方の矯正に機能していたとみることができる。このような例は他の練習会においても多く見聞きしてきた。教員たちの宿泊を伴う講習会にて、初日「膝が、腰が、痛い、動かない云々」であったが、最終日には「痛みが軽減しました、楽になりました、動けるようになりました云々」であった。

太鼓を打ちながら踊るには、重さを背骨の椎体に通し、膝関節や股関節を正確に使うことが求められる。もちろん本来の労働の動きも解剖学的にも運動学的にも理にかなった動きをすることが好ましいが、ともすれば誤って使うこともある。芸能を踊ることによって好ましい使い方を体得し、その使い方が労働の動き方にも投影されるとみることができ、その往還が暮らしを支えていると考えられる。進藤は、北海道の**安浦駒踊り**を例に挙げ、「踊りが一人前になることは、漁師としての身体ができあがってゆくこと」と指摘する[3]。

安浦駒踊り：
旧南茅部町の安浦地区に伝わる。江戸末期に青森県三戸郡から伝承されたといわれる

（3）進藤貴美子（2012）「日本の子どもに日本の踊りを」『体育科教育』60（2）：14-17.

2）経験知が体調維持や冬場の体力づくりを創り出したのか

須藤氏の下で黒川**さんさ**を習っていたとき、そのように腕を動かすようになったのはリンパを刺激するためではないか、経験的にそのように動く方が調子がいいと感じていたのではないかと言われた。新潟県柏崎市女谷に受け継がれる**綾子舞**を鑑賞し、須藤氏と研究会に参加したときのことである。なんと狭い空間でかくも著しく上下動を繰り返す動き方かと驚嘆した。雪に閉ざされた時期、他と群れる場もなくただじっとしていては身体が衰えるばかり、踊りの練習は、愉しみでもありつつ、来る農繁期に備えて体力を維持向上する役を果たしていたのではないかと拝察した。これもまた民俗芸能が踊られてきた理由の一端とみることができよう。

3）共同体の力

現代社会では一般的ではなくなりつつあるが、本来、農山漁村の営みはその地域が一体となって成立する。たとえば、地引網や木の伐採、田植え等を共同で行う。共同体が安全に生き延びていくために、祭り・神事が行われ、そこに民俗舞踊が位置する。祭りという営みが構成員と神々との交歓というものであれば、神々が喜ぶであろうさまざまな行為が創出されてきたことは容易に想像できる。自然は人々に恵みをもたらす一方で災いももたらす。自然との折り合いをつけることは共同体の重要事であり、祭りの演出行為にはそうした知恵が働いているとみることができる。

祭りのなかで生まれる高揚感は人と無形の命（神々、自然）との、人と人とのつながり感として感得される。祭り空間にはそうした境地に参入できるべく、たとえば、神を降臨させる祭具としての採り物、冠り物などの仕掛けが随所に配置されている。

よって、祭具は単なる道具ではなく、もう一つの命とも言い得るものに対する畏敬の念をもって扱う。踊る際は冠り物に神をおろし採り物も振り回すのではなく、そのもう一つの命ともいえるものと交わす、つながる感覚によって扱いたい。

日本に限らずその舞踊が、いつ、どこで、だれが、どんな時に、どのような仕掛けのもとで、踊られているか、共同体の視点は重要である。

（原田奈名子）

理解度チェック

1 教材として取り上げる際の視点をいくつか挙げるとともに実施する際の課題と課題解決案を話し合おう。

2 これからあなたはどんな疑問が生まれましたか、交換し合おう。

さらに読んでみよう おすすめ文献

- 小林正佳（1991初版）『踊りと身体の回路』青弓社.
- 原田奈名子（2012）「ボディワークと、身体技法とソマティクスの語義」『京都女子大学発達教育学部紀要』8：21-31.
- ＊教育実践報告、なかでも東日本大震災（2011年3月11日）以降の報告は改めて教育現場で行う価値や課題について考えさせられる。ぜひ読んで欲しい。

須藤氏：
須藤武子は舞踊家であり、日本民俗舞踊研究会を組織する。

さんさ踊り：
近世初期の城下町盛岡を中心に形づくられ、岩手県中央部に広く伝承される盆踊りである。

綾子舞：
女性が踊る「小歌踊」と男性が演じる「囃子舞」と「狂言」の3種類の芸能から成る。初期の歌舞伎踊の姿や形をよく残している貴重な民俗芸能といわれる。女谷の高原田と下野の2集落に保存・伝承され、ある時期、両者は競いあい、盛衰のあゆみをたどったという。

第2節
よさこいソーラン
―よさこいソーランの指導展開事例―

学習のねらい

・よさこいソーランの由来と特徴を理解する。独創性を探求する。
・鳴子の音色を楽しみ、優雅に、かつ力強く躍動的に踊る。

よさこい祭り:
高知県高知市で8月に行われる祭り。戦災からの復興と商店街の活性化を祈願し、1954（昭和29）年、戦後間もない高知市で、市民に活力を与えるために始められた祭りである。高知のよさこい祭りは、「よさこい」を「平仮名」で表記する。

YOSAKOIソーラン祭り:
北海道札幌市で6月に行われる祭り。1991年一人の北海道大学の学生が高知のよさこい祭りを見て、「眠っている若者の力と忘れかけている開拓精神をもう一度取り戻す」という願いを込め、1992（平成4）年から始められた祭りである。北海道のYOSAKOIソーラン祭りは、「YOSAKOI」を「ローマ字」で表記する。

鳴子:
鳴子のルーツは田畑の雀脅しである。素朴な民俗楽器で、伝統の鳴子は朱色をベースに、3本の拍子木（可動する小さな部分）がついている。踊り子は、踊る時以外にも、感動した時、喜びを表現する時、挨拶をする時に鳴子を鳴らし、踊り子同士や観客との一体感を高めるものとしても使われている。

鳴子踊り:
高知県のよさこい祭りや北海道のYOSAKOIソーラン祭りを手本に、鳴子を手に持って踊る踊りを「鳴子踊り」と呼ぶ。

1. よさこいソーランの特性

　近年、**よさこい祭り**（高知県）や **YOSAKOI ソーラン祭り**（北海道）の影響により、**鳴子踊りを内包する祭り**が、全国各地に広がっている。高知県が郷土民謡よさこい節、北海道がソーラン節を取り入れたように、各地域が地元の曲などを織り込んで地域色を強調し、鳴子を持つことを原則とした祭りの工夫を凝らしている（図3-2参照）。これらの地域は、新しい文化や故郷を育てることや、地域活性化・観光商工業を繁栄させることを目的として祭りを開催している。

　よさこいソーランは、高知県のよさこい鳴子踊りと北海道のソーラン節を融合させた踊りである。

　よさこい鳴子踊りは、伝統的な阿波踊りに対抗するために作曲家の武政英策が高知県の郷土民謡よさこい節を編曲し、素手でなく鳴子を持って踊る踊りとして考案したものである。踊りは日舞5流派の師匠たちがそれまでお座敷踊りであったよさこい踊りを改良し、よさこい鳴子踊りを創作した。これにより、"ヨッチョレ、ヨッチョレ"と親しみのある軽快なリズムの歌詞と高知独自の鳴子を手に持って踊るよさこい鳴子踊りが完成した。踊りの特徴は、下肢は歩行系で、上肢は腕の動きが主であり、粋で艶のある優雅な踊りである。

　ソーラン節は、北海道の郷土民謡ニシン漁の作業歌である鰊場音頭の一部「沖上

よさこい祭り（高知県）
・郷土民謡よさこい節を編曲した「よさこい鳴子踊り」の曲（アレンジ可）の一部を必ず入れること
・鳴子を持って踊ること

YOSAKOI ソーラン祭り（北海道）
・郷土民謡「ソーラン節」のワンフレーズを曲に入れること
・鳴子を持って踊ること

各都道府県の祭り
・郷土民謡または指定曲を使用すること
・鳴子を持って踊ること

影響を与えた方向・度合い

図3-2　全国に飛び火する鳴子踊りのルール（よさこいソーラン）

図3-3　VOGUE038
『NEO JAJANESQUE 〜瑞希〜』
準YOSAKOIソーラン大賞受賞
（2009年 筆者振付作品）
写真提供：VOGUE038代表　前中億

鳴子踊りを内包する祭り：
高知県のよさこい祭りに影響を受けた地域は「よさこい」、北海道のYOSAKOIソーラン祭りに影響を受けた地域は「YOSAKOI」と、影響を受けた地域によって「平仮名」「ローマ字」と表記が異なる。全国各地に飛び火した鳴子踊りは、本書では「よさこい」と「平仮名」で表記する。

作品：
作品は、創作ダンス的展開・ショーダンス的展開・応援団的展開と大きく3つに分けられる。

げ音頭」の唄で、櫓を漕ぎニシンを大きな網ですくう際に"ソーランソーラン"とかけ声を掛け、漁師達が呼吸とリズムを合わせるために唄ったものと言われている。踊りの特徴は、櫓漕ぎを再現した動きなど労働歌を感じさせる力強い動きや、低い姿勢を保ち前のめりになる動きが主であり、迫力があり勇壮で力強い踊りである。

　よさこいソーランは、これまでの伝統的な祭りの踊りが「形式」を重んじるのに対し、①曲に郷土民謡を入れること（オリジナルの曲も可）、②鳴子を持つことを原則に、その他は自由で身体表現にも規制がなく、踊り・音楽・衣装・メイクにいたるまで、演者の創造性や独創性に委ねられ、地域文化・伝統・流行を受け入れながら、毎年、個性溢れる踊り（**作品**）が誕生している（図3-3）。

　近年、よさこいソーランは集団演舞として、学校での体育祭（運動会）や文化祭などにも取り上げられている。

2.　よさこいソーランの指導

1）指導のポイント

　よさこいソーランは、よさこい鳴子踊りやソーラン節のニシン漁の櫓漕ぎや綱を引く動きを再現した動きなどをヒントに、ジャズダンス・歌舞伎・日本舞踊・ヒップホップなど対象者に応じた動きを選定するとよい。また、ポーズや進行する動き

表3-2　よさこいソーランの指導ポイント

（1）踊り	大きく踊ろう。楽しく踊ろう。はっきり（メリハリ）踊ろう。 掛け声を入れてみよう。リズムを奏でるように踊ろう。
（2）音楽	独自のリズムの間や掛け声を楽しもう。 鳴子のリズムで緩急をつけてみよう。全身で奏でてみよう。
（3）空間	高／低、隊形（構成）変化、「列・円・三角形」等を行ってみよう。
（4）創作	創造性・個性・団結。対象者に応じた動きを選出しよう。 「はじめ―なか―おわり」を大切に。
（5）衣装	法被系（生地・カラーポリ袋など）、着物系（浴衣など） シャツ系（白地に波や絵を書く等）、その他（小物など） （例：手ぬぐい・ふろしき・バンダナなどを工夫！）

表 3-3　よさこいソーランの指導展開例

	時間	活動内容	指導上の留意点
導入	30分	・ウォーミングアップ ・よさこいソーランの由来や特徴の説明。 ・鳴子を打ち鳴らす練習①：鳴子の音色を楽しむ（上肢） ・鳴子を打ち鳴らす練習②：よさこいステップ（下肢＋上肢）	・股関節や肩回りのストレッチを念入りに行う。 ・よさこいソーランの基礎知識の説明を行う。 ・鳴子の持ち方（2種類）を説明し、さまざまな方角で音が鳴らせるよう指導する。動きは、部位から全身へと可動領域を広げていく。
展開	40分×1〜4回	【初歩的な段階】（各②は、対象者に応じて変化・発展） 1. 踊りを覚える。 　①よさこい鳴子踊り 　②オリジナル（よさこいソーラン） 2. 隊形（構成）変化を行う。 　①どこの音で変化させるか指定 　②好きなタイミング 　　8×○カウント 　　変更 〈隊形（構成）例〉 1列（縦・横）　2列（縦・横） 整列とズレ列 三角形　V　斜め 密集　点在 群と個　など 3. 動きを変化・発展させる。 　①1で覚えた踊りを好きなように組み換える。 　②創作箇所を指定、新しい動きを組み込む。 〈イメージ例〉花鳥風月・飛翔など 　　8×○カウント変更 4. 隊形（構成）変化＋動きを変化・発展させる。 （シンメトリー、カノン、コントラスト、ユニゾンなど） 【進んだ段階】	1. 全体を大まかに説明しながら、一緒に踊る。 　着物の袖が綺麗に舞うように、二の腕を意識して踊るよう伝える。また、長い手や脚を意識して踊ると同時に、動きの間を大切にして踊れるよう促す。 2. さまざまな隊列（構成）があることを説明する。 　隊形（構成）変化をする音のタイミングは、対象者に応じて①か②を選定する。 　・隊形（構成）変化は、3回〜5回以上行えるとよい。 　・子供が見ても、どのような隊形（構成）か分かるように立ち位置を決めるよう促す。 　・移動の時や次の隊形（構成）に到着した瞬間を大切に踊るよう指示する。 3. さまざまな動きに挑戦してみる面白さを説明する。 　動きの変化・発展については、対象者に応じて①か②を選定する。新しい動きを組み込む場合、イメージを捉えた表現や踊りを通して交流することに積極的に取り組むよう促す。また、作品もより豊かになることを伝える。 4. 隊形（構成）・動きをさらに変化・発展する手法を説明する。 　お互いに声を掛け合い、動きだけでなく呼吸を合わせるなど、全員で作品を仕上げる意識を高める。 ◎みんなで何度も繰り返し練習し、難しい動きなどは取り上げて練習をする。動きができた時は、拍手をするなど、喜びを共有できる雰囲気を大切にする。
まとめ	20分	・成果発表、講評 ・学習カードに記入	・友達の良さを発見し、応援できる雰囲気を作る。 ・動きの特徴を捉えて「よさこいソーラン」の踊りを確認し、次回の学習へつなげる。

にナンバや鳴子の音色を考慮した動きを取り入れると粋な表現になり、さらに緩急ある作品となる。

　指導のポイントは、「踊りが生まれ伝承されてきた地域や風土などの文化的背景や情景を思い浮かべるとともに、踊りや動きの中に込めたい感じや表現の視点を重視して指導することが大切」[(1)] である。そして、踊り方の特徴（優雅な踊りや力強い踊りなど）を捉えて、独特のリズムや拍子、太鼓のリズム、お囃子、唄声などに表れる味わいを活かして踊れるように指導を促す（表3-2 参照）。踊りを指導する際、カウントだけではなく「ワー」「スッ」「ヤァー」などの言葉かけを行うと動きに抑揚がつき、「前」「後ろ」「斜め」などの言葉かけを行うと動きの方向も揃い、個人美はもちろんのこと集団美も高まる。

2）展開例

　よさこいソーランは、世代を超えて楽しめ「共有・共感・共心」できる踊りである。今回は、大学教育現場での指導展開例をご紹介する。【導入】では、由来や踊りの特徴を説明し、鳴子が自分の身体の一部となるよう、鳴子の打ち鳴らし方を練習する。【展開】では、対象者に応じて 1 ～ 4 の難易度を選び、段階的に学習していく。【まとめ】では、発表を行い学習成果や互いの良さを確認する時間を設ける（表3-3 参照）。

3. 伝統と創造

　よさこいソーランは、独創性を探求する一方で色々な日本の原型も学ぶ機会となるので、創作過程の中でも郷土や日本文化を顧みることができる。よさこいソーランの学習が、地域文化を創造するとともに、日本文化の理解を深める足がかりとなるだろう。

（平田利矢子）

```
理解度チェック
```

1. よさこい鳴子踊り、ソーラン節の由来や特徴をまとめよう。
2. よさこいソーランは、どのような踊りですか。指導の留意点を発表しよう。

さらに読んでみよう おすすめ文献

●内田忠賢編（2003）『よさこい／YOSAKOI学リーディングス』開成出版.

おすすめDVD

　毎年販売されている、高知県のよさこい祭り・北海道のYOSAKOIソーラン祭り公式「受賞作品集」DVDは、さまざまな秀作が収録されているので、指導や創作活動においても参考になるDVDである。

●高知県商工会議所内よさこい祭り振興会「よさこい祭りオフィシャルDVD」高知県商工会議所・よさこい祭り振興会.

●一般社団法人YOSAKOIソーラン祭り組織委員会「YOSAKOIソーラン祭り公式DVD」STV札幌テレビ放送.

ナンバ:
右手と右足、左手と左足をそれぞれ同時に出して動く所作。

(1) 文部科学省（2019. 2）『高等学校学習指導要領（平成30年告示）解説 保健体育編 体育編』東山書房, p. 168.

第3節
江州音頭（近畿地方）
―小学生を対象としたフォークダンス教材としての盆踊り―

学習のねらい

・江州音頭の踊り方を通して、盆踊りに共通する踊り方や**合いの手**の入れ方を学ぶ。

・仲間と共に盆踊りを踊る楽しさを経験し、地域の盆踊りへの興味・関心を高め、盆踊りを含む伝統文化を継承することの大切さを学ぶ。

合いの手：
音頭の途中で入れる掛け声のようなもの。

近江商人：
近江国（現・滋賀県）出身の商人で、特に近江国外で活躍した人のこと。近江国は江戸時代まで江州とも呼ばれていた。

音頭：
ここでいう音頭は歌を指す。

声明：
仏教と共に中国から伝来し、僧侶が儀式や法要で唱える声楽。「天台声明」は、平安時代、円仁によって伝えられた中国五台山の声明が比叡山（滋賀県）を中心に広まり、のちに良忍上人によって京都大原にて集大成された（日本大百科全書より筆者要約）。

(1) 滋賀県江州音頭普及会(2004)『滋賀の郷土芸能 江州音頭』滋賀県庁観光振興課, p.1.

歌祭文：
元来、神祭仏祭の際に読み上げ、神仏に告げ申す文のことだが、江戸時代には娯楽的な物語りとなり、芸人の業であった。

八日市祭文音頭：
江戸時代末期、滋賀県八日市出身で祭文語りの修行をした板前の西澤寅吉が、歌祭文に念仏踊り、歌念仏を取り入れ完成させたといわれる音頭。

1. 江州音頭の特性

　江州音頭は、河内音頭と並んで近畿地方一帯で踊られてきた歴史ある盆踊りで、発祥の地、近江国（現在の滋賀県）の「**近江商人**」と共に広まったことから「商い音頭」とも呼ばれている。**音頭（歌）**の起源は、日本音楽の源といわれる「**声明**」との説がある [1]。「**歌祭文**」に、「念仏踊り」「歌念仏」が取り入れられ「**八日市祭文音頭**」が完成し、その後、江州音頭へと定着したとされている [2]。このような背景から、江州音頭において音頭（歌）は大変重要視されており、音頭と踊りは同時に練習することが理想とされる。音頭が取れれば、歌詞の意味を理解して踊ること、拍子の特徴を捉えて踊ることにつながり、結果、「歌」と「踊り」に調和が生まれ、盆踊り全体の一体感へとつながる。しかし、「音頭取り」になるまでには長年の修行が必要となるので、踊り手はまず「合いの手」を練習し、「音頭取り」と掛け合いながら踊ることが大切となる。

表 3-4 「ひとながれの動き」

口唱歌	からだの向き	足運び	手振り・腕の動き	動きの意味 [3]
①「ウーン・トン」	円の中心	左足踏む・右つま先前	右手：前、肘伸ばし、肩の高さ／左手：敬礼	「右の品物いかがですか？」
②「ウーン・トン」	円周上	右足踏む・左つま先前	左手：前、肘伸ばし、肩の高さ／右手：敬礼	「左の品物どうですか？」
③「ウーン・トン」	右に45度開く	左足踏む・右つま先を右斜め後ろ	右手：斜め後ろ、肘伸ばし、肩の高さ／左手：敬礼	「後ろにも品物あります」
④「ウン」	円周上	右足を左足に揃える	両腕：両脇に下ろす	
⑤「そ れ 」	円周上	左足→右足（その場）	両腕：前へ→後ろへ	「荷車で出発準備」
⑥「どっこい」	円周上→円の中心	左足→右足（前進）	両腕：前へ	「荷車でお届けにまいります」
⑦「しょ！」	円の中心	左足を右足に揃える	手拍子1回	「お買い上げありがとう。儲けさせていただきおおきに！」

現在、滋賀県を中心に最もポピュラーな振付は「新江州音頭」と呼ばれ、昭和30年代に江州音頭の普及を目的に考案された。「近江商人」が市場で商売をしている様子が振り付けられ[3]（表3-4）、覚えやすく踊りやすいのが特徴である。しかし、踊る時の姿勢、からだや指先への意識、足運びなど「踊り方の基礎」に「旧江州音頭」との大きな差異はなく、「合いの手」も入れて、やや早めのテンポで踊られている。

(2) 深尾寅之助（1969）『江州音頭』白川書院, pp. 40-44.

(3) 丁野永正（2016）『滋賀の盆踊り江州音頭』サンライズ出版, pp. 146-147.

2. 小学校における盆踊り学習の3つの意義

小学校体育におけるフォークダンス学習は、第5・6学年の学習内容に具体的に示されており、第1・2学年では「表現リズム遊び」の中で「簡単なフォークダンスを含めて指導することができる」とあり、第3・4学年では「表現運動」の中で「地域や学校の実態に応じてフォークダンスを加えて指導することができる」とある[4]。上記を踏まえ、全学年を通してフォークダンス指導は可能であり、江州音頭のような比較的易しい盆踊りを学習することの意義を以下に示す。

(4) 文部科学省（2013）『表現運動系及びダンス指導の手引き』東洋館出版社, p. 25.

1) 伝統文化の価値を学ぶ

全国的に地域の伝統文化継承が難しくなる昨今、盆踊りなど比較的易しい民踊の楽しさを経験することで、地域の盆踊りや伝統文化の価値を理解し、継承することの大切さを学ぶ機会となるであろう。

2)「踊り方の基礎」から学ぶ先人の智慧

盆踊りは元来、亡くなった先祖を迎え入れ供養することが目的で、お盆期間中は連日、夕暮れ時から翌朝まで長時間踊るのが一般的であった。したがって、盆踊りの「踊り方の基礎」（姿勢やからだへの意識、足運びなど）は、長時間踊ることを前提とした「からだを最も効率的に動かす方法」であり、これは、先人が現代の私たちに踊りを通して伝える智慧ともいえる。

3) 全学年合同の縦割り学習による利点

江州音頭のような比較的易しい盆踊りの学習は、全学年が合同で行える学習内容の1つである。少子化による学校の小規模化が進む昨今、縦割り学習が可能な内容は、運動会など行事での利用のみならず、複数学年の合同授業での利用も可能となる。また現代社会に生きる児童にとって、踊りや「合いの手」など身体を使い、年齢を超え他者と交流することの意義は大きい。

3. 指導の実際

江州音頭（新江州音頭の振付）の学習活動の流れは、以下の通りである。

1)「踊り方の基礎」の練習

江州音頭の由来や特性について知る。教師の手拍子か太鼓に合わせ、表3-4の口唱歌「ウーン・トン」を口ずさみながら、直線上の前進で足運びのみを練習する。慣れたら、手振りを練習する。

表3-5 全1〜3時数の江州音頭指導例

展開の所要時間は低学年・中学年は30分、高学年は35分を想定しているが、対象学年や進捗状況に合わせ、1〜3時数に調整し、実施する。

準備するもの：音源、音響機器、太鼓、円中心の目印になる三角コーンまたは水筒、円周上の目印になる長縄跳びやテープなど

	時間	主なねらい・学習活動	教師の働きかけ・指導上のポイント
導入	5分	・本時のねらい、学習内容、学習カードを確認する。 ・ウォーミングアップを行う。	・本時のねらいと学習内容を伝え、学習カードの課題や質問を確認させる。 ・ストレッチを中心とした運動を一緒に行う。
展開　30〜35分	5〜10分	**(1)「踊り方の基礎」の練習** 1)江州音頭の由来や特性について知る。 2)「音頭」と「踊り」はセットで、踊りながら合いの手を入れることの大切さを知る。 3)踊る時の姿勢とからだへの意識を学ぶ。 4)表3-4の口唱歌「ウーン・トン」のみ、移動せずその場で足運びを練習する。その後、前進する。 5)手振りのみ練習後、足運びと合わせてその場で練習、最後は前進する。	・江州音頭の由来や特性を説明する。 ・盆踊りの一体感を生むことから、踊り手が合いの手を入れることの大切さを伝える。 ・膝をやや曲げ、背筋を伸ばし、腹（体幹）を意識し、手の動きでは指先まで意識することを伝え、見本を見せる。しかし、この点について最初から強調して指導を行うと、考え過ぎてからだが固まってしまう児童がいるかもしれない。練習と共に、自然とそのような姿勢と意識が各自に生まれてくることが望ましい。 ・教師が「ウーン・トン」を口ずさみながら、手拍子か太鼓で拍子を取る。児童の習得状況に合わせ、テンポを調整する。ここでしっかりとリズムに乗って足運びができるようになることが重要である。
	5分	**(2)踊り始めの合図と「合いの手」の練習** 1)踊り始めの合図は、歌い出しの「ええいみなさま頼みます」の「ええい」が「ウーン」、「み」が「トン」になることを理解する。 2)合いの手（ソリャ〜ヨイトヨイヤマッカ、ドッコイサ〜ノセイ）を練習する。 3)足運び・手振りで前進しながら、合いの手を入れる練習をする。	・(2)〜(4)は音源（練習用、QRコード）を使用する。 ・音頭に合わせて踊る時は、踊り始めの合図を与える。 ・合いの手の練習は、教師のリードが必須である。 ・足運びをしながら、手振りをつけて前進し、最後に合いの手を入れる順番で発展させる。 ・姿勢と意識を忘れず、からだの上下（はずみ）が大きくなり過ぎないよう注意を与える。 ・ここで踊りのリズムと合いの手をしっかり練習できるとよい。
	10分	**(3)「ひとながれの動き」の練習** 1)教師の見本を座って観察し、その後、教師の踊りに合いの手を入れる練習をする。 2)次に音頭に合わせ練習する。慣れたら合いの手も入れる。 3)各自練習し、体が覚えるように繰り返し練習する。	・音源に合わせて「ひとながれの動き」の見本を見せる。直線上を前進し、からだの向きは変えずに行う。 ・口唱歌で練習する時は教師が手拍子か太鼓で拍子を取り、慣れてきたら音源で練習する。さらに慣れたら合いの手も入れるよう促す。 ・各自で練習する時間を設けてもよい。 ・合いの手を入れるのが難しい児童は、足運び・手振りのみに集中するよう声掛けをする。
	10分	**(4)円で踊る練習** 1)教師の見本を観察する。 2)表3-4の口唱歌①〜⑦を付けて練習する。 3)6〜8人のグループに分かれ、口唱歌に合わせて練習する。 4)音頭に合わせて反時計回りに練習する。慣れたら合いの手も入れる。 5)最後はクラス全員で1つの円を作り、音頭に合わせ、合いの手を入れながら踊る。	・三角コーンか水筒を円の中心に置き、円周上に長縄跳びやテープで目印をつける。踊りの見本を見せる。 ・グループに分かれたら、可能な限り自分たちで声を掛け合い学ぶように促す。 ・クラス全員が1つの円で踊る際は、合いの手を入れて踊れるようになることを促す。必要であれば教師がリードする。
まとめ	10分	**本時の学習の振り返り、まとめ** ・学習カードを記入する。 ・学習の成果や課題などを発表し合う。 ・教師の評価を聞く。　など	・学習カードを記入させ、本時の目標がどのくらい達成できたか確認する。地域の盆踊りや伝統文化について話す。 ・学習カードの内容を発表し合う。 ・評価を伝える。　など

＊練習時の隊形：「踊り方の基礎」「ひとながれの動き」の練習で直線上を前進する際、児童が恥ずかしがらない工夫や配慮が必要である。縦割り学習の場合は、低学年・中学年の見本となるよう、高学年を前列と後列に配置するとよい。

＊楽しい体験：本節では何より、踊ることそのものの楽しさ、仲間と共に踊る楽しさを経験することが大切である。そのためにも教師自身が楽しむこと、授業での楽しい雰囲気作り、個々のペースに合わせて練習できる配慮などが必要である。

2）踊り始めの合図と「合いの手」の練習

　音頭を聴き、歌い出しの「ええぃ みぃなぁえさぁま頼みぃまぁす」の、「ええぃ」が口唱歌の「ウーン」、「みぃ」が「トン」の動きに合うように踊り始める。次に、「合いの手（ソリャ〜ヨイトヨイヤマッカ、ドッコイサ〜ノセイ）」を入れる練習をする。

3）「ひとながれの動き」の練習

　振付を覚えるため、本来の円周上ではなく、直線上を前進しながら練習する。表3-4の①〜⑦を、「からだの向き」は入れず、口唱歌を入れて練習する。慣れたら、音頭に合わせて、合いの手も入れて練習する。

4）円で踊る練習

　本来の盆踊り同様、円周上を反時計回りに移動しながら踊る。円の中心に三角コーンや水筒を目印に、円周上に長縄跳びやテープを置いてもよい。

4．合いの手による一体感の高揚

　江州音頭では、踊りながら「合いの手」を入れることによって、盆踊り本来の「音楽と踊りは一体であること」をより実感でき、また盆踊り全体の一体感も高まる。また、江州音頭の習得をきっかけに、地域の盆踊り参加へとつながることが望ましい。

（林　夏木）

理解度チェック

1 江州音頭の特性についてまとめよう。
2 小学校で盆踊りを学習する意義を考え、発表しよう。

さらに読んでみよう おすすめ文献
●丁野永正（2016）『滋賀の盆踊り江州音頭』サンライズ出版.

第4節
カラリパヤット
—しなやかな身体づくりのためのマーシャルアーツ—

学習のねらい

・カラリパヤットの信仰や医学といった背景、特徴的な動作を理解する。
・カラリパヤットにおいて健康上欠かせない柔軟性を高め、しなやかな身体をつくる。

1. カラリパヤットの特性

　本節では身体エクササイズとして、インドのカラリパヤット（Kalarippayattu）を紹介する。

　カラリパヤットとは、南インドのケーララ州を発祥とする**マーシャルアーツ**で、州言語で「カラリ」とは教室や施設、「パヤット」とはエクササイズを意味する。カラリパヤットの起源は、紀元前4世紀から紀元後600年の間にみられた古代タミルの英雄詩にまでさかのぼるといわれる[(1)]。欧米のダンサー、俳優、格闘家の中にはこれをトレーニングの一環に取り入れる者もいるように、しなやかな身体づくりを目指す多くの人々に適した対象である。

　カラリパヤットは、まず信仰を、次にマーシャルアーツを基盤にする。これは、カラリ内の南西の隅に女神の祭壇**プータラ**が設けられていること、生徒らは必ずプータラ、**グルカルの象徴**、グルカルの足元の順に祈りの作法を行って入退場をすること、宗教やカースト、男女の別は一切不問だが、唯一月経中の女性はカラリに入れないことなど、土着の信仰を含んでいることからも分かる。カラリパヤットがかつては軍人の正規教育に用いられたことからもマーシャルアーツの意識が強い。

　その上で、カラリパヤットは①自己防衛、②ヘルスケア、③身体表現、④身体エクササイズ、⑤スポーツという5つから構成される。

①自己防衛とは、敵からの攻撃、偶発的なアクシデントから身を護る機能をさす。図3-4の姿勢は、手のひらから肘までを合わせた両腕で、頭の先から股関節までの身体の中心を防御する姿勢である。防御部分には、インド伝統医学アーユルヴェーダに基づき身体に108ヶ所ある**マルマン**のうち特に生命に関わるものが集合する。

②ヘルスケアとは、予防医学、治療医学としての機能をさす。図3-4の姿勢は、リンパの流れや血流を促進するなど予防医学の機能を備える。一方グルカルは、地域住民にとってカラリパヤットの指導者であるとともに、接骨医でもあり、カラリや自宅で患者を治療する。グルカルの施す**マッサージ**では、施術する時期も決められ、患者の体調を把握するなど治療医学の機能をもつ。

③身体表現とは、カラリパヤットの動きに含まれる、象、ライオン、馬、イノシシ、孔雀、鶏、猫、蛇という8つの動物の型および動きをさす。舞踊劇カタカリ、テイヤム儀礼などケーララ州の身体表現の基礎にも位置づけられる（Ⅱ章7節

マーシャルアーツ:
現地ではマーシャルアーツと認識されている。マーシャルアーツの和訳は、武道、武術、格闘技など統一されておらず、漢字表記のためにはマーシャルアーツの定義について議論が必要なため、ここではカタカナ表記とする。

(1) Zarrilli, Phillip B. (2003 [1998]) When the body becomes all eyes, Oxford University Press, p. 29.
しかしながら、著者のZarrilliによれば、現在では歴史家によって紀元前3世紀から紀元後400年という新たな見解も出てきているという。

プータラ:
カラリ固有の女神が祭られているが、偶像はなく、階段状の祭壇のみである。

グルカル:
伝承地では師匠のことをグルカルと呼ぶ。

グルカルの象徴:
これをグルスタンと言い、歴代のグルカルを祭る祭壇である。

マルマン:
急所、つぼを意味する。

図 3-4　アマルチャ（象のポーズ）（2009 年筆者撮影）

参照）。図 3-4 の姿勢は、8 つの動物のうちの象のポーズでもある。

④身体エクササイズとは、本節で取り上げるエクササイズをさす。伝承地では生徒らはウォーミングアップとして自主的に脚のエクササイズ 1 から 7 まで 7 種類を行い、次にグルカルの掛け声にあわせ**プータラトラル**、**メイパヤット**を行い、さらに**武器**の体系も行う。

⑤スポーツとは、近年カラリパヤットの競技会開催など、国内でも競技スポーツ化されていることをさす。

2.　大学の実技授業におけるカラリパヤットの指導

　本節では、大学生を対象とした実技授業カラリパヤットの指導展開事例を紹介する。全 3 回のうち、1 回目はウォーミングアップの方法、祈りの作法、カラリパヤットの背景について学ぶ。2 回目は休憩のポーズ、アマルチャ、脚のエクササイズ 1「ネルカール」の導入を学ぶ。3 回目はさらに脚のエクササイズ 1 の完成形を学ぶというように積み上げ式の授業とする。表 3-6 ⑤脚のエクササイズ 1「ネルカール」のうち、初歩的な段階から進歩的な段階へと徐々に積み上げていく。脚のエクササイズは伝承地では 1 から 7 までの 7 種類が行われるが、全 3 回の授業では脚のエクササイズ 1 のみを実施する。映像では、上級編として脚のエクササイズの後に行うプータラトラルを収録している。脚のエクササイズ 1、2、3 を学んだのちプータラトラルを行うのが理想的なため、実施する場合は、ケガのないよう十分に配慮して実施されたい。なおプータラトラルでは、映像で流れる師匠の声に合わせて行うため、映像の通り行うことを推奨する。

　全 3 回の実技授業のうち、3 回目を想定して表 3-6 に記す。

3.　指導の実際

　各自にとって無理のない範囲で実施することが基本である。そのため、ウォーミングアップも時間をかけて行う必要がある。特に、アマルチャでは 1 回目から徐々に姿勢を保持する時間を伸ばしていく。3 回目には、アマルチャは数十秒キープで

マッサージ：
カラリパヤットの師匠の施すマッサージのことをウリチル（uzhichil）と呼ぶ。天井からつるされた縄を持ち、手と足を用いて固有の方法で施す。

プータラトラル：
祭壇プータラに向かって行われる、型のある動作。プータラの方を向いて祈りを捧げる動きから始まり、最後も、最初と同様に祈りが捧げられる。
本節では映像に上級編として示しているものがプータラトラルである。

メイパヤット：
図 3-4 の姿勢から始まり、その後、脚のエクササイズ、体幹の前屈、背屈、それらをつなげて一息で 3 回連続回す動作など複雑な一連の動作をさす。

武器：
木製やメタル製のものがある。

表 3-6　全 3 回のうち 3 回目の指導展開例

	時間	活 動 内 容	指導上の留意点
導入	0分 20分	**①ウォーミングアップ** ・仰向けに横たわり、両手を組み伸びの後、股関節、腰、肩、大腿部前面のストレッチ。 ・うつ伏せで、背中、腰、胸のストレッチ。 ・長座で、前屈、腰のひねり。 ・立位で、アキレス腱伸ばしと逆の軸足裏側、肩のストレッチ。	・フローリングで障害物の少ない場所、全身が映る鏡を準備。丈長めのズボンに動きやすい格好、足元は素足が望ましい。 ・マットの上に横たわり、徐々に身体を目覚めさせる。 ・大腿部前面のストレッチを入念に行う。
展開	25分 35分 45分	**②祈りの作法** ・南西方向 ⁽²⁾ に向かい、右足を一歩出し、右手で「大地―額―胸」の順に触れることを 3 回繰り返す。左手で右脇を覆う。 **③休憩のポーズ** ・右脚を正座、左脚を立て膝にする。両脚ともに股関節から開き、右脚の膝頭を右方向、左脚の膝頭とつま先を左方向に向ける。 ・両手のひらを広げ天井に向け、両肘を伸ばし両膝の上に置く。 ・背中は姿勢よくして、正面を見る。この状態が休憩のポーズとなる。 **④基本姿勢「アマルチャ」** ・両足を揃えた直立姿勢から、両膝屈曲、屈曲のまま両つま先を開き、次に両膝を伸ばしながら両踵を開き内股気味にする。両つま先を少し開き、最終的に肩幅より少し広い程度に、両足パラレル（平行）の状態になる。 ・両手を横から頭上までもっていき合掌。軽く上体を反らせ、起きながら両肘を曲げ始め胸の前まで持ってきて両肘を合わせる。その後は手のひらから肘まで離さないようにする。 ・頭頂部が地面を向くように頭を下げ、同時に両膝屈曲しながら、頭頂部から起こしてくる。両膝は 90 度以下の角度にならない程度に曲げる。 ・目線は正面を向き、両手のひらから両肘までで自分の額から股までを覆うよう、図 3-4 の姿勢になる。 **⑤脚のエクササイズ 1「ネルカール」** ・両足は肩幅に開きパラレル、両腕を万歳の状態に保持して行う。 ・始めは必ず左脚を軸とする。左脚を一歩前に出し、右脚から前上方へまっすぐ振り上げるように蹴り上げる。右脚の蹴り上げの次はいったんスタートの足の位置に戻し、その足を軸足として一歩前に出し、左脚の蹴り上げに移る。その後は繰り返す。 ・方向転換では、右脚の蹴り上げで終わり、右足を一歩前に出す。次に両腕を横から下ろす。右脚が軸足となり左脚を軽く膝下から曲げ右回りに 180 度方向を変える。 ・両腕を両脇の下から前に突き出すように出す。両手を握りこぶしにし、右腕を曲げて右肘を前方に、左腕を前方に出し、右肘と左肘が近づくようにして出す。 ・同時に、左脚を大きく前に出し、右足の踵は地面に付けるよう、右足のつま先を右に向け、足裏全体を地面に付ける。 ・上体は左の大腿部に極力近づけるように伸ばす。 ・両腕を前に伸ばし、両手のひらを地面の方に向けて広げる。次に、ショベルカーのように両手の甲が地面すれすれ、上体の前面、あごの下を通り、万歳までもっていく。同時に、左足を右足に揃えるように引き両足をスタート時のように肩幅に置きスタート時の状態になる。 ・グループで行い、協力して習得させる。 【初歩的な段階】 　・まずは鏡の前で各自、脚上げの方法と方向転換を行う。 　・片道のみで行う。スタート地点から脚の蹴り上げをスタートし、ゴール地点を超えたら方向転換をして終わる。 　・往復連続して行う。スタート地点から脚の蹴り上げをスタートし、ゴール地点を超えたら方向転換、再度その場から脚の蹴り上げをスタートし、ゴール地点（スタートライン）を超えたら方向転換、という流れで行う。 【進歩的な段階】	・右足、右手という組み合わせを間違えないように気を付ける。信仰と関わる場面では左手は絶対に使わない。 ・右のお尻を床に付けないため、右脚の正座を崩さないよう注意する。左足踵が浮かないよう注意する。 ・休憩のポーズであれば、いつでも休憩可能だが、邪魔にならない隅で行う。 ・両手のひらから両肘まで離れないよう、しゃがまないように膝は 90 度以下の角度にならないよう注意する。 ・1 回目から 3 回目へと徐々に姿勢を保持する時間を長くする。アマルチャをすると身体がどう変化するか学生に問いかける。 ・リンパを刺激するため、血流が改善され、ポカポカと身体が温かくなる。 ・呼吸は鼻から吸い、鼻から吐く。 ・伝承地では音楽は用いないが、楽しみながらできるように、アジアンミュージックなど、テンポの良い音楽を使うとよい。 ・ほどよい距離で行い、あらかじめスタートラインとゴールラインを決めておく。 ・ゴールラインを越えてから、方向転換を行うよう指示する。 ・方向転換では、右足蹴り上げが最後で、右足を大きく一歩出すことを徹底する。 ・方向転換時、足の指までしっかりと地面に付ける。親指のみを地面にひっかけないよう、小指側まですべて付けるよう注意する。
まとめ	80分 90分	**⑥クーリングダウン** ・仰向けに横たわり、股関節、腰、肩、大腿部前面のストレッチ。 **⑦感想・レポート** ・レポート課題を与える場合、これまでに自分が体験してきたスポーツ等の身体表現と比較し、動き方や身体の使い方の違いについて書かせる。	・受講生の多くが大腿部の筋肉痛を訴えるため、特に大腿部前面のストレッチを入念に行うとよい。 ・身体を通して、異文化について理解できたか、それはどのような点かを問う。

きるようにしたい。脚のエクササイズ 1 では軸足の踵が浮かないこと、軸足の膝ができるだけ緩まないこと、蹴り上げた足のつま先ができるだけ伸びること、両腕が下がってこないこと、目線が行く先の一点に集中することに気を付けたい。ウォーミングアップの段階から、仰向け、うつ伏せ、座位、立位と時間をかけるのは、本授業を自身の身体とじっくり向き合う時間にするためである。

4. しなやかな身体づくりの実践

　伝承地では、カラリパヤットのエクササイズにより柔軟性が向上することは、先述の①自己防衛、②ヘルスケアにもつながると信じられている。

　自己防衛としては、とっさの出来事にもひらりと身をかわし、大事故を避けることのできる身体がつくられる。

　アマルチャで数十秒間キープしてみると、股関節のリンパが刺激されることで血流が良くなり、体中がポカポカと温かくなることがわかるだろう。ヘルスケアとしては、リンパの流れが促進され、免疫力の向上も期待できるのである。また身体が柔軟になることで、代謝も良くなり肥満予防にもつながる。さらに、カラリパヤットのエクササイズには、活き活きとした活気を得たり、リラックスできたりと心理的な効果もある [3]。実際、伝承地の生徒の中には、早朝の暗いうちにカラリに来てエクササイズを行い、その後学校や仕事に出かける者も多くいる。朝からハードなエクササイズをして授業中や仕事中に眠くなってしまうのではないかと疑いたくなるが、実際には、朝エクササイズをしてから学校や職場に向かうことで、脳が活性化されてその日一日を活き活きと過ごせているというから驚きである。

　このように、しなやかな身体づくりとは、単に身体が柔らかくなるだけではなく、凝り固まった心をも解きほぐし、心身ともに活き活きとした身体を手に入れることなのである。すなわち、カラリパヤットは信仰を基盤に 5 つの要素からなる、**ホリスティック**なマーシャルアーツなのである。

（高橋京子）

(2)本来プータラがあるのがカラリ内の南西方向であるため、授業を実施する場所の南西方向を探しその方向に向かって行う。

(3)高橋京子（2014）「大学体育において、インドの身体技法カラリパヤット Kalarippayattu の授業が受講生の心身に及ぼす影響」,『大学体育学』11：47-55.

ホリスティック：
ギリシャ語で全体性を意味する holos を語源とし、人間を全体的にみる見方である全人的、全体的、包括的などの意味をもつ（NPO 法人日本ホリスティック医学 協 会 http://www.holistic-medicine.or.jp/holistic/（2020年1月3日閲覧））。

理解度チェック

1 カラリパヤットでの作法やタブーについて、信仰や医学との関連から考え、発表しよう。

2 カラリパヤットを通して得られた身体の使い方と、これまでに経験したスポーツにおける身体の使い方の共通点、相違点についてまとめよう。

さらに読んでみよう おすすめ文献

● 高橋京子（2011）「舞と武の融合のかたち―南インドのマーシャルアーツ、カラリパヤット」,遠藤保子・細川江利子・高野牧子・打越みゆき編著『舞踊学の現在　芸術・民族・教育からのアプローチ』文理閣, pp.162-177.

● 高橋京子（2018）「南インドのマーシャルアーツ、カラリパヤットの実技授業に関する研究」,『立命館産業社会論集』54（1）：47-65.

第5節
サンバ
—中学校体育におけるダンス学習としてのサンバ—

・サンバの特徴的な踊り方を通して、サンバの特性、踊りの由来や表現の仕方を学ぶ（フォークダンスとしての学び）。
・サンバのリズムとダンスの密接な関係性を理解し、リズムに乗って全身で自由に踊る楽しさ、すなわち「**踊る原点**」[1] を学ぶ。（リズム系ダンスとしての学び）。

踊る原点:
「中学校期のリズム系ダンスにおいて重要な技能は、小学校期のリズムに乗って弾んで踊る「律動の体験」、すなわち「踊る原点」を基に、教師が振り付けた動きをそのまま踊るのではなく、全身で弾んで友達と関わって自由に踊ること」（文部科学省（2013）『表現運動系及びダンス指導の手引き』p. 8より筆者要約）と記されている。また村田（2002）は、リズムダンスについて「リズムに誘発され、リズムを共有して踊る楽しさは人間の根源的な『律動の快感』としており、これが『踊る原点』としてこのダンスの重要な側面」と述べている。

(1) 村田芳子（2002）『最新楽しいリズムダンス・現代的なリズムのダンス』小学館, p. 6.

アフリカン・ディアスポラ・ダンス:
近年、奴隷とその子孫は、「アフリカン・ディアスポラ」（African Diaspora：アフリカから拡散された人々、以下ADと略す）と呼ばれる。ADによって新大陸に伝承され、ネイティブやヨーロッパなどの他文化と融合し発展した舞踊は「アフリカン・ディアスポラ・ダンス」（以下、ADDと略す）と総称される。たとえば、ヒップホップダンスやタップダ

1. サンバの特性

　サンバは、カーニバルで踊られるブラジルで最もポピュラーな「国民的ダンス」である。国民の経済格差が大きい多民族国家ブラジルにおいて、サンバは貧富の差や人種の違いを超え、「国を1つにするダンス」といっても過言ではない。ブラジル人は、サッカー観戦中やホームパーティなど日常的にも気軽にサンバを踊る。それはサンバが人々の生活と共にあり、喜びや幸せを表現し、他者と容易に心を通わす手段であることに他ならない。その踊り方の特徴としては、複数のリズムを体の部位で捉えながら基本のステップを自由に踏む。これは、アフリカンダンスや**アフリカン・ディアスポラ・ダンス**の特徴的な踊り方であり [2]、リズムに誘発され、リズムを共有して踊る楽しさ、すなわち「踊る原点」といえるであろう。さらに、基本のステップを高速に踏みながら、自由なステップを組み合わせ、他者（楽器演奏者や他の踊り手）とのコミュニケーションを交えながら踊ることもサンバの大きな特徴の1つである。サンバは、リズムに誘発され「自らが踊ることを純粋に楽しむこと」、また、他者とリズムを共有し、「踊りを通してコミュニケーションを楽しむこと」が、大きな特性といえる。

図 3-5　多様性を含み持つサンバ
①路上でサンバを踊る若い女性（サルヴァドール・ペロウリーニョにて筆者撮影）、② Rioと日本で活躍する日本人サンバダンサーの工藤めぐみさん（©masayuki kataoka）、③ 2016年リオ五輪開会式のアトラクション（© 共同通信）

2. 中学生を対象としたサンバの指導

1) 中学校体育のダンス学習としてのサンバの位置付け

中学校体育のダンス学習には、「表現系ダンス」「**リズム系ダンス**」「**フォークダンス**」の3つの領域があり、サンバは「フォークダンス」領域に位置付けられると考えるのが妥当であろう。しかし、サンバの特性からは「リズム系ダンス」領域にも位置付けられると考えられる。中学校期のリズム系ダンスは「現代的なリズムのダンス」として「ロックやヒップホップなど」が記されているが、「など」と表記されていることから、これらのリズムに必ずしも限定されないと捉えることができる。リズムの種類以上に大切なことは、「リズム系ダンス」の本質を学ぶことである。よってその特性から考えて、サンバを「フォークダンス」および「リズム系ダンス」の2領域に位置付け指導することは可能である、と考える。

2) 指導上の主な留意点

①ペアやグループでの活動を中心とし、全体への発表等は希望者のみ行う。これは、サンバの特性を踏まえた学習法であり、また発表等に抵抗感のある一部の生徒にとっては、安心かつ集中して学習に取り組める可能性が高い。

②楽しくリラックスした雰囲気作り。サンバは「喜びや幸せを表現するダンス」であることを念頭に、ステップの習得より、「踊りの原点」を体験できるように促す。

3. 指導の実際

1) サンバのリズムに親しもう！

サンバは、リズムの種類によってその踊り方は多種多様である。この指導例ではリオデジャネイロのカーニバルの踊り方、**サンバ・ノ・ペ（Samba no Pé）** を紹介する。現地の子供たちは幼少期からサンバに慣れ親しんでいるため、サンバのリズ

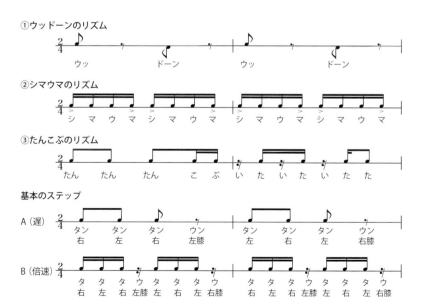

図 3-6　サンバのリズム三層構造と基本のステップ

ンスはアメリカ合衆国のADDと位置付けられ、サンバはブラジルのADDの一つといえる。

(2) 塚田健一（2016）『アフリカ音楽の正体』音楽之友社，p. 89.

(3) 文部科学省（2013）『表現運動系及びダンス指導の手引き』p. 8.

リズム系ダンス：
「平成10年告示の学習指導要領で新たに導入されたダンス領域で、ロックやサンバ、ヒップホップなどの現代的なリズムに乗って自由に踊るダンス」（文部科学省（2013）『表現運動系及びダンス指導の手引き』p. 8）。

フォークダンス：
「伝承されてきた日本の「民踊」と外国の「フォークダンス」の2つで構成されており、外国の「フォークダンス」では、世界の代表的な曲目から、曲調をとらえて、踊り方（ステップ、動き、隊形、組み方など）の難易度を考慮して様々な国や地域の踊りを取り上げて、仲間と楽しく踊ることが大切」（文部科学省（2013）『表現運動系及びダンス指導の手引き』p. 8）。

サンバ・ノ・ペ（Samba no Pé）：
Péはポルトガル語で足、noは英語のin、よって直訳すると「足のサンバ」となる。足にサンバの神様が降臨したかのような高速のステップが本来の特徴である。

表 3-7 全1〜3時数のサンバ指導案

展開の所要時間は 35 分程度を想定しているが、対象学年や進捗状況に合わせ、1〜3時数に調整し、実施する。
準備するもの：音源、音響機器、他（映像機器、地図など）

	時間	活 動 内 容	教師の働きかけ・指導上の注意点
導入	5分	・本時のねらい、学習内容、学習カードを確認する。 ・ウォーミングアップを行う。	・本時のねらいと学習内容を伝え、学習カードの課題や質問を確認させる。 ・可能であればサンバの動画を見せる。 ・ストレッチを中心とした運動を一緒に行う。
展開 35分	10分	**1 サンバのリズムに親しもう！** 1) サンバの3つのリズムを口唱歌を口ずさみながらからだの部位を使って下記の順に練習する。 ①「ウッドーン」のリズム ②「シマウマ」のリズム ③「たんこぶ」のリズム 2) 2つ以上のリズムを組み合わせて練習する。①と②、①と③、②と③、3つを同時に取る練習を行う。	・ブラジルの簡単な紹介(4)と、サンバの特性や踊りの由来等の説明をする。 ・サンバのリズムの三層構造を説明する。 ・音源〈リズム練習用〉（QRコード）を使用。 ・「ウッドーン」では、床を踏んだ足にしっかり体重を乗せ、次に逆脚の膝を上げてアクセントを取るように伝える。 ・口唱歌は、教師のリードで行い、楽しい雰囲気を心がける。 ・3つ同時の際、③「たんこぶ」は口唱歌で行う。
	15分	**2 サンバ・ノ・ペに挑戦しよう！** 1) 基本のステップ「タン・タン・タン・ウン」を、両脚を揃え、口唱歌を付けてゆっくり練習する。「ウン」で軽く膝を上げてアクセントを付ける（図3-6のA（遅））。 2) 1つ目の「タン」を、横、後ろ、前に踏み出してアクセントを付ける。 3) 臀部で「タン・タン・タン」のリズムを取ったり、肩やみぞおちで②「シマウマ」を取りながらステップを踏む。 4) 前後や斜め前後などへ移動しながらステップを踏む。 5) ステップをB（倍速）「タタタウ」で練習する。	・基本のステップ「タン・タン・タン・ウン」（図3-6のA（遅））の練習は、はじめは口唱歌や教師の手拍子で行う。「ウン」で膝を軽く上げてアクセントを付けることを伝える。 ・慣れてきたら、音源〈サンバステップ練習用〉（QRコード）の（遅）か（中）での練習を開始する。 ・1つ目の「タン」を踏み出す際、横→後ろ→前の順で難易度が上がること、また、両膝をやや曲げたまま踊るのがポイントであることを伝える。 ・ステップに慣れてきたら、臀部を左右に動かし「タン・タン・タン」とリズムを取ったり、上半身で②「シマウマ」のリズムを、ステップと同時に取るように促す。 ・ステップで前後や斜め前後に移動する際は、常時、膝をやや曲げたままの方が移動しやすいことを伝える。 ・動きの正確さにはあまりこだわらず、楽しく踊ることに重点を置くように指導する。
	10分	**3 まずはひとりで、最後は仲間と交流しながら踊ってみよう！** 1) ①〜③のリズムの組合せや、可能であれば自由なステップも組み合わせ、踊りの特徴を工夫しながら、まずはひとりで踊る。 2) ペアで、グループで、仲間と交流しながら踊ってみる。	・音源〈サンバステップ練習用〉（QRコード）の（中）〜（早）を使用。 ・踊りの特徴が生きるように工夫して踊るように伝える。 ・考えすぎず、「グルーヴ感」を大切に踊るように伝える。 ・ペアやグループの活動では、楽しく仲間と交流しながら踊れているかに重点を置く。
まとめ	10分	**本時の学習の振り返り、まとめ** ・学習カードを記入する。 ・学習の成果や課題などを発表し合う。 ・教師の評価を聞く。　など	・学習カードを記入させ、本時の目標がどのくらい達成できたか確認する。 ・学習カードの内容を発表し合う。 ・評価を伝える。　など

(4) 本書『II章11節』を参照。

(5) 林夏木（2018）「サンバの学習内容と指導法に関する研究―小・中・高等学校の現職教員を対象とした1日講習会の調査結果から―」『四国大学全学共通教育センター年報』4：51-63.

ムが聴こえてくれば自然と体でリズムを捉え、理屈なしで踊り始める。しかしそれ以外の人がサンバをはじめて学ぶ際や、踊ることそのものに恥ずかしさや抵抗感のある生徒に対しては、導入部分で、足踏みや手拍子を用いてリズムに慣れ親しむことが、効果的な学習法となるであろう(5)。

　サンバ音楽における「打楽器のリズム」は、図3-6に示す通り4分の2拍子で、①〜③の**三層構造**が一例としてあげられる(6)。この3つのリズムを①→②→③の順に、体の部位を使って、可能であれば口唱歌を口ずさみながら練習する。慣れてきたら2つのリズムを同時に①と②、①と③、②と③の3種類の組み合わせで練

習し、最後は3つのリズムを同時に取ってみる。特に②はサンバを踊る際に重要な「ノリ」を表現するリズムなので、しっかり練習しておくとよい。

2) サンバ・ノ・ペ（Samba no Pé）に挑戦しよう！

　本来は高速のテンポ（約180-200bpm）を刻むステップであるが、ここではゆっくりとしたテンポ（125-160bpm程度）で練習する。図3-6に示すとおり、最初は基本のステップ「タン・タン・タン・ウン」（図3-6のA（遅））を1小節で踏む。「タン・タン・タン」は足裏全体で床を踏み、「ウン」は膝を軽く上げる。まずは両足を揃えて練習し、慣れてきたら、1つ目の「タン」を横、後ろ、前に踏み出してアクセントを付ける。さらに、ステップに合わせ、臀部を左右に動かし「タン・タン・タン」のリズムを取りながら踊ると女性的な踊り方になり、臀部を動かさずに踊ると男性的になる。またステップを踏みながら、②「シマウマ」のリズムを肩・みぞおちの上下で軽く刻むと、ダンスにより躍動感が生まれる。最後は、サンバ・ノ・ペを踊りながら前後および斜め前後の移動や、1小節でA（遅）を2回踏む「タタタウ」（図3-6のB（倍速））に挑戦してみる。

3) まずはひとりで。最後は、仲間と交流しながら踊ってみよう！

　3の1）で行った①～③のリズムの組合せや、可能であれば自由なステップも組み合わせて、まずはひとりでリズムに乗って自由に踊ってみる。サンバの特性や踊りの由来を踏まえ、踊りの特徴がより生きるように工夫して踊ること、同時に、あまり考えすぎず「**グルーヴ感**」を大切に踊ることも大切である。その後、ペアやグループなど、仲間と交流しながら、楽しく踊ってみる。

4. ダンス学習におけるサンバの可能性

　サンバは、教師が振り付けた動きをそのまま踊るのではなく、中学校期のリズム系ダンスにおける重要な技術である「全身で弾んで友達と関わって自由に踊ること」が実践でき、かつ、ブラジルのフォークダンスとしての学びも得られる優れた教材である。喜びや幸せを表現するダンスゆえ、教師自身が楽しんで取り組めることがきわめて重要である。　　　　　　　　　　　　　　　　　　（林　夏木）

理解度チェック

1 サンバの特性をまとめよう。
2 中学生を対象としたサンバ指導の留意点を考え、発表しよう。

さらに読んでみよう おすすめ文献

●渡辺亮・飯田茂樹（2006）『音楽指導ハンドブック（21）レッツ・プレイ・サンバ』音楽之友社.
●林夏木（2018）「サンバの学習内容と指導法に関する研究―小・中・高等学校の現職教員を対象とした1日講習会の調査結果から―」『四国大学全学共通教育センター年報』4：51-63.

三層構造：
サンバのリズムの三層構造は、岡田加津子（京都市立芸術大学）により分析・採譜されたものに、『音楽指導ハンドブック（21）レッツ・プレイ・サンバ』（音楽之友社）の著者らによって、それぞれのリズムに名称と口唱歌が付けられた。これを元に、舞踊の指導上、よりわかりやすくすることを目的として、筆者が3つのリズムの順番の変更および「たぬき」のリズムを「たんこぶ」のリズムに名称変更した。順番変更の理由としては、比較的単純なリズムから複雑なリズムへの段階的な学びがスムーズな習得につながると考えた。また、「たぬき」を「たんこぶ」に変更した理由としては、「たぬ」より「たん」の方が、弾むようにリズムが取れることから、踊る時の躍動感につながると考えた。さらに、「ウッドーン」の譜例は、4分音符を8分音符と8分休符の組み合わせに変更した。これは、8分休符で膝を上げアクセントを付けやすいようにするためである。

(6) 渡辺亮・飯田茂樹（2006）『音楽指導ハンドブック（21）レッツ・プレイ・サンバ』音楽之友社, p.57.

グルーヴ感：
正確なテンポから少しずれた心地よさ、「ノリ」のこと。

第6節
カポエイラ
―幼児を対象としたカポエイラ―

学習のねらい

・カポエイラのリズムに乗って多様な身体の動きを体験する。
・仲間と共にジョゴを行う楽しさを感じ、ホーダでの一体感を味わう。

1. カポエイラの特性

　カポエイラは、アフリカ文化の影響を受けたアフロ・ブラジル文化の一種で、約350年の歴史を有するブラジル生まれの格闘技である。カポエイラにおいて特筆すべきは、その豊かな身体技法と民族音楽との見事な融合である。カポエイラは2人の芸術的な組手（以下、「ジョゴ」とする）のみならず、ビリンバウと呼ばれる一弦楽器とアフリカン太鼓や各種打楽器による演奏に加えてコール＆レスポンスの合唱が伴うという、格闘技としては類まれなる形式で行われる。そして、ゲームを行う2人を演奏者や合唱者、見学者らで囲み（この集合体を「ホーダ」と呼ぶ）、2人の動きが音楽リズムと共鳴した瞬間、見る人とする人が共に一体感を味わえる [1]。こうしたカポエイラが本来持つリズミカルな性質によって、しばしば「まるでダンスのよう」と形容されることもあり、格闘技としての駆け引きに、遊び心のあるリズミカルな動きが表出されるという点において、カポエイラは舞踊との親和性が高い。そのため、カポエイラは格闘技であるが、舞踊的な側面も併せ持つといえ、本書では「舞踊の指導例」の一つとして位置づけられている。

(1) カポエイラのホーダは、2014年にユネスコ世界無形文化遺産に登録されており、蹴りやよけ、アクロバット等を用いて即興で駆け引きを行うブラジル固有のアフロ・ブラジル身体文化として発信されるようになった（UNESCO. UNESCO in Brazil, Culture, World Heritage, Capoeira Circle, https://ich.unesco.org/en/RL/capoeira-circle-00892）。

図 3-7　カポエイラのホーダの様子（筆者撮影）

2. 幼児期の発育発達の特性を踏まえたカポエイラの指導

1) 幼児の発育発達の特徴と必要な運動

　幼児期は、筋力、瞬発力、持久力といった運動体力の向上もさることながら、多様な運動を経験することによって運動コントロール能力を高め、生涯にわたる運動の基盤を形成するのに適した時期である[(2)]。そのため、「人間の生活に必要な運動のための幅広い土台を作る時期」[(3)]であり、走る、跳ぶ、蹴る等の基礎的運動発達が中心となる。また、幼児期は遺伝的に決められた成熟による運動発達だけでなく、生育環境で受ける刺激によって、運動学習が促される[(4)]。したがって、積極的に多様な運動を経験し、基礎的運動および複雑なコントロールを要する動きへ繋がる動きのレパートリーを増やすことに留意して運動指導を行う必要がある。

2) エスニックスポーツとしてのカポエイラの学習内容と指導の留意点

　エスニックスポーツとしてのカポエイラは、競技性と儀礼性を併せ持つ両義的な運動である。そのため、近年、各流派で競技規則等が成文化される一方で、ゲーム進行中には儀礼的な振る舞いや所作、段取りが散見され、重視される。そうした儀礼的要素の習得も、カポエイラの学習内容とされる。

　カポエイラの動きは、蹴りやよけ動作、基本ステップ等の立位による動きと、手を地面について行う移動動作等があり、多様な身体の動きを経験することができる。ジョゴでは、相手の動きを見て応じるという視覚情報と自分の動きを協応させる経験となり、運動コントロール能力の向上に寄与する。

　指導の留意点として、幼児を対象としたカポエイラの学習内容は、基礎体力運動、カポエイラの基本動作、ホーダの構成要素（儀礼的要素含む）に大別される[(5)]。これらを、幼児の集中力や体力・運動能力等を考慮して、各学習内容を多様に組み合わせて実施する必要がある。幼児の場合、遊びの要素を多く取り入れながら、カポエイラのジョゴ形式に自然と導けるよう配慮が必要である。その際、カポエイラのリズミカルな性質を活かして、楽器演奏等を用いたリトミック的な運動が可能となるよう配慮することで、「楽しさ」を感じやすくすることができる。

　また、幼児は月齢による運動能力の差も大きいため、一つの活動を共に実施する場合、異年齢での活動が難しい場合もある。カポエイラは最終的にジョゴ形式で行うことを踏まえると、3〜4歳児と、5〜6歳児に分けて行うと効率的である。特に3歳児の場合、運動コントロール能力に個人差が大きく、ジョゴで相手の動きに応じて動くことが難しい場合も少なくない。その場合は、相手（あるいは指導者）の動きを真似ることから始めるとスムーズである。最後に、怪我や思わぬ事故を招かないように、安全面には十分に配慮されたい。

3. 指導の実際

　本章では、幼児を対象とした場合のカポエイラの活動展開案（3回目／全3回、表3-8参照）を紹介する[(6)]。全3回の活動のねらいは、カポエイラのリズムに乗って多様な身体の動きを体験し、仲間と共にジョゴを行う楽しさを感じ、ホーダでの一体感を味わうことである。初回は基本動作の学習に多くの時間を割くことになり、

(2) 杉原隆・河邉貴子編(2015)『幼児期における運動発達と運動遊びの指導—遊びのなかで子どもは育つ—』ミネルヴァ書房, p. 18.

(3) 杉原隆・河邉貴子編, 前掲書, p. 14.

(4) 杉原隆・河邉貴子編, 前掲書, p. 17.

(5) 細谷洋子 (2015)『アフロ・ブラジル文化カポエイラの世界』明和出版, pp. 61-64.

(6) 準備物として楽器が必需品である。カポエイラの代名詞ともいえるビリンバウという弦楽器、タンバリンの一種であるパンデイロ、アゴゴ、アフリカン太鼓のアタバキが望ましい。対象者は通常白いユニフォーム上下を着用し、裸足で実施する。

表 3-8　全 3 回中 3 回目の活動案（幼児を対象としたカポエイラ指導）

	時間	活動内容	指導上の留意点
導入	0分 5分	①「**さまざまな走り方**」（ウォーミングアップ） ・講師のマネをしながら、色々な走り方をする。前向き、横向き、後ろ向き、早歩き、膝タッチ、床タッチ等 ②「**リズムあそび**」（基本動作のための予備動作） ・リズムに合わせて床をたたく。片手、両手等も試す。頭上や体側でも手をたたく。 ③「**リズムに合わせて基本動作**」 ・基本の構え動作カデーラ（腰を低くした体勢）になり、腕の動きを確認後、合図に合わせて前後にジャンプする。	・多様なステップを飽きないように、対象者の様子を見て次の動きへ展開する。さまざまな方向を体験できるように配慮する。 ・パンデイロで合図を出し、リズミカルに誘導する。後に倒立や側転のような動きの導入となるため、安全に床に手をつけるように指導する。 ・両足を肩幅よりやや広めにし、つま先は前に向けて立ち、膝を90°近く曲げて腰を落とし、両手は前に伸ばし、背中は伸ばすように指導する。
展開1	10分 20分	④「**床に近い動き**」 ・両手両足を床に着いて進む ・トカゲの動き（両手両足を床に着き、低く前進） ・キリンの動き（片足を高く上げ、両手ともう片方の足を床に着き、床に着いた足はケンケンで前進） ・ゴリラの動き（両足を大きく開き腰を落として、横向きになり、両手を床に着きながら前進） ・カエルの動き①（床についた両手で身体を支えて両足を蹴り上げ、徐々につま先の到達点を高くする） ・カエルの動き②（床に着いた両手で身体を支えて両足を蹴り上げ、両足の裏を空中で合わせる）	・速さを競うのではないことを伝える。腕と脚の動きが協応するように適宜指導する。 ・人とぶつからないように十分に間隔をとる。 ・口頭で伝えてもわかりにくい場合は、実際に幼児の身体を補助しながら、動き方を教える。 ・着地の時につま先を怪我しないように留意しながら、段階的に高くしていく。 ・動きの習得が十分でない場合は、必ず指導者が補助をする。
展開2	25分 30分	⑤「**ジョゴで基本動作**」 ・2人組になり、向かい合って手をつなげる距離で立つ。カデーラ、ホーレイ（床に両手を着いて移動する動き）を行う。 ・2人組になり、手をつないでジンガ（基本ステップ）をする。後に、手を離してジンガを踏み、楽器のリズムに合わせて動く。 ⑥「**基本動作の反復練習**」 ・ジンガから蹴り各種を講師の動きを真似て行う。 ・メイアルアジフレンチ（半円を描く蹴り）、ココリーニャ（よけ動作）、ケシャーダ（半ひねり蹴り） ⑦「**攻防の練習：一斉練習からジョゴへ**」 ・講師の蹴りの向きに合わせて全員一斉によける。 ・講師の蹴りの向きに合わせてホーレイをする。 ・二人組になり、ジョゴで蹴りとよけをする。	・カデーラ時に肘と膝が近くなるように指導する。 ・手のひら全体を床につくように指導する。 ・ビリンバウで、遅いリズムから速いリズムへと変化をつける。音をよく聞いて動くように声をかける。 ・対象者のジンガの動きをよく見て、蹴り出しのタイミングに合わせて合図を出す。 ・蹴りの後によけ動作、移動動作等、動きを組み合わせられるように、単発の動きの反復練習後に、必ず一連の動きを行う機会を確保する。 ・よける方向を確認する。 ・相手との距離が離れすぎないように指示する。 ・他の2人組と十分に間隔をとる。
まとめ	40分 45分 55分 60分	⑧「**カポエイラの歌**」（儀礼的要素の体験） ⑨「**ホーダ**」（集会形式ゲームの実践） ・円隊形になり、円の中心でジョゴを行う。 ⑩「**カポエイラの話**」（異文化理解） 終了	・楽器のリズムに合わせて手拍子をした後、ポルトガル語のカポエイラの歌を歌う。 ・ホーダのジョゴの始め方と終わり方を説明する。 ・ブラジル現地の同世代の子供たちの様子について話す。

　　　2回目はジョゴ形式に慣れることや、ホーダ形式の儀礼的要素の学習に比重が置かれる。たとえば、儀礼的要素とは、ホーダの並び方やジョゴの入り方、カポエイラに欠かせない歌や楽器、手拍子等が含まれる。3回目は総まとめとなる。幼児を対象としたカポエイラの学習では、先述したエスニックスポーツとしてのカポエイラの特性を踏まえて、遊びをベースにしながら、全回において「楽しさ」を存分に味

わえるように配慮する必要がある。3回目では、運動の習得に密接に関連するリズムに親しむために、「導入」で「リズムあそび」を取り入れている（表3-8）。また、動物のマネっこ遊びとして、「展開1」に、両手両足を使ったダイナミックな動きや逆さになる動き、左右同じ回数行う動き、床に近い動き等を行っている（表3-8）。また、基本動作を段階的に習得できるように配慮している。たとえば「展開2」の⑤「ジョゴで基本動作」におけるジンガでは、相手との距離感がつかみにくいため、初めは手をつなぎ、相手とリズムを合わせてジンガを踏む段階を設けている（表3-8）。そうすることによって、ジンガを行う距離感やリズムを合わせる感じを得られやすくしている。慣れてきたら、両手をはなして通常のジンガを行うようにする。

　今回は、幼児を対象としているが、3歳児と5歳児では運動能力の差が大きい。そのため、たとえば「展開2」の⑦「攻防の練習：一斉練習からジョゴへ」で行う2人組のジョゴにおける蹴りとよけでは、3歳児の場合は相手の蹴りを認識して自ら動きだすまでに時間がかかることが多いため、十分に距離をとって向き合うようにする（表3-8）。そして、相手の蹴りに対してしゃがむ等のよけ動作が難しい場合は、指導者が共に手をつないで動きを一緒に行うなどの支援が必要である。また、5歳児では蹴りの方向に合わせてよけるように注意を促し、相手との距離を調整することが望ましい。いずれの場合にも、蹴りの力加減が分かりにくい幼児もいるため蹴りが相手に当たらないように、指導者以外にも複数名の支援者の協力を得ながら、複数の眼で安全管理を行う必要がある。

4. 幼児期の心身の発育発達に寄与するカポエイラの実践

　近年の子供の体力低下は幼児期の運動習慣の影響も指摘されている[7]。幼児期にカポエイラを行うことによって、下肢や上肢を用いた多様な身体の動きが体験でき、その後の運動経験への寄与も期待される。また、カポエイラの実践形式の特性上、仲間とのコミュニケーションが不可欠のため、幼児期の社会性の発達への発達刺激としても効果を発揮するだろう。こうしたカポエイラの実践を通じて、幼児自ら運動を楽しむ態度を育みたいものである。

（細谷洋子）

(7)杉原隆・河邉貴子編, 前掲書, p.94.

理解度チェック

① カポエイラの特性をまとめよう。
② 幼児を対象としたカポエイラの指導の留意点を考え、発表しよう。

さらに読んでみよう おすすめ文献

● 細谷洋子（2015）『アフロ・ブラジル文化カポエイラの世界』明和出版.
● 杉原隆・河邉貴子編（2015）『幼児期における運動発達と運動遊びの指導—遊びのなかで子どもは育つ—』ミネルヴァ書房.

第7節
秋田の盆踊り
―DVDを用いたグループ学習で各地の盆踊りの特徴の違いを味わおう―

学習のねらい

各地の民俗舞踊はさまざまな特徴を持っているが、同じ県内の異なった特色を持つ民俗舞踊を取り上げることで、その違いに気づき味わうことをねらいとする。具体的には、各グループで選択した民俗舞踊をDVDを用いて学習し、単元最後の時間に簡単な発表の場を設ける。活動を通じて、選択した民俗舞踊に関して身体を通して踊りを習得し深く味わうことができる。また、他のグループの踊りを鑑賞することで、動きや音楽の曲調が異なることを理解することができる。

1. DVDを用いた民俗舞踊の学習

DVDを用いた民俗舞踊の学習を行う場合、2つの利点がある。1点目は、DVDを利用することでどんな指導者でも指導できるようになる点である。教育現場で民俗舞踊・民族舞踊を実践的に学ぶ場合、必ずしも指導者が優れた手本をつとめられるとは限らない。中学校でダンスが必修化され、これまで指導を行ったことのない教師もダンスの指導に関わっていく必要もあり、指導者のダンスの技能に関わらず幅広く指導を行えることは重要な点であるだろう。

2点目は、気軽に参照・利用できる点である。例えば、日頃なじみがない地域の舞踊も映像を参照することで学習できるだろう。どの地域にいてもどの地域の舞踊を学習することができることは、授業内容の選択の幅を広げ、より豊かな活動計画を作成できるであろう。また、居住する地域の舞踊であっても受講者はなじみがない場合も多く、そういった場合、伝承者の協力を得なくても実践実施のスケジュールに合わせて手軽に参考にできる点で利があるといえるだろう。また、学習に合わせて特定の動きを何度も見たいときに、人に見本を示してもらう場合には難しい場合もあるが、DVDを使用すると自分の見たいタイミングで何度でも動きを再生し参考にすることができる。

このような状況を踏まえ、本節では、秋田県の大学生が、同県に伝承する盆踊りを学ぶ単元を例として、DVDを用いた民俗舞踊の実践例を提示する。

本実践では、秋田の各地域の盆踊りを各グループで自主学習し、最後に発表会を行った（表3-9）。このグループ学習の際に、DVDを用いるのだ。今回用いたのは、わらび座DAFの『DVDでまなぶ・おぼえるシリーズ』[(1)]（2003、2004、2007、2008、2009年）である。このDVDの大きな特徴は、かけ声や音楽に合わせて動きを覚えるための画面が設定させており、学習に使用しやすく作成されている点である。特に、モーションキャプチャー（第Ⅳ章参照）で舞踊動作を記録し、編集した映像で踊り方を示しているため、よく見たい身体部位の動きを、前後左右など様々な角度から何度も見ることが可能であるところが大きな特徴である。また、その舞踊の衣装や楽器だけでなく、歴史や実際の祭りの様子などに関する情報も見ること

(1) 本実践で使用したDVDは以下である。
・わらび座DAF総合制作、毛馬内盆踊り保存会監修「DVDでまなぶ・おぼえる 毛馬内の盆踊り」（2007年）
・秋田県八郎潟町教育委員会監修、横浜電子工業（株）制作「DVDでまなぶ・おぼえる 一日市盆踊り」（2003年）
・秋田県八郎潟町教育委員会監修、横浜電子工業（株）制作「DVDでまなぶ・おぼえる 願人踊」（2003年）
・円満造甚句踊り・ドンパン踊り普及保存会発行「DVDでまなぶ・おぼえる ドンパン踊り」（2004年）
・秋田県横手市監修、（株）マザーズシステム・ジャパン製作「DVDでまなぶ・おぼえる 増田盆踊り」（2008年）
・湯沢市教育委員会・岩崎盆踊り伝承委員会監修、（株）マザーズシステム・ジャパン製作「DVDでまなぶ・おぼえる 岩崎盆踊り」（2009年）
・大仙市教育委員会監修、（株）マザーズシステム・ジャパン製作「DVDでまなぶ・おぼえる 角間川盆踊り」（2007年）

表 3-9　単元計画（全 3 時間）

	1 時間目	2 時間目	3 時間目
	・ストレッチ ・既習のフォークダンスの学習：タタロチカ／コロブチカ／八木節 ・秋田の盆踊りの一斉学習：角間川盆踊り ・秋田の盆踊りをプレビュー—グループ決め ・グループごとに秋田の盆踊りの練習 ・学習カードに感想記入	・ストレッチ ・既習のフォークダンスの学習：サモアンササ／コロブチカ／八木節 ・グループごとに秋田の盆踊りの練習 ・学習カードに感想記入	・ストレッチ ・グループごとに秋田の盆踊りの練習 ・発表順決定、音響打ち合わせ ・グループごとに発表 ・鑑賞者から感想発表 ・学習カードに感想記入

ができる。このような点から、今回用いた DVD は、振付を効率的に学べるだけでなく、総合的な学習へとつながる可能性を持つものといえよう。実践学習に活用する DVD を探す際には、以上のような観点から学習者が使いやすいものであるのか、事前に吟味する必要がある。

　ところで、自主的な学習を展開する意味でも、DVD の活用は有効である。今回は、秋田県内の盆踊りや民俗芸能の特徴である「地域による多様性」について学習者に気づいてほしいという意図があり、それぞれのグループで異なった盆踊りや民俗芸能を選択、DVD で学習し、発表会で各々の選択した踊りを実演、鑑賞することで多様性に気づく単元計画とした。

　秋田県のように、身近に複数の盆踊りが伝承している地域では、教師主導の一斉指導よりも、各グループが担当を決め、最終的な発表を通して、学習者自身が気づきを深めていけるグループ学習が適していると考える。

　一斉指導で多数の学習者に対しひとりの指導者だと、学習者が動きの見本を見たいタイミングで繰り返し見本を見せることが難しいが、DVD を用いるとこれらの問題が解決する。歴史があり特徴的な動きで構成される秋田の盆踊りをすべて習得することは高難度なことなので、DVD を用いることでそれほど民俗舞踊や日本特有の動きに慣れていない指導者であっても教えやすい。

2. 秋田の盆踊りの概要

　対象とした秋田の盆踊りについて概説しておきたい。秋田には、地域によって古くから多様な盆踊りが継承されている。本実践では、毛馬内盆踊り、一日市盆踊り、願人踊り、ドンパン踊り、増田盆踊り、岩崎盆踊り、角間川盆踊りを取り上げる。それぞれの踊りの起源や特徴については以下の通り [(2)] である。

　毛馬内盆踊りは、秋田県鹿角市十和田で 8 月中旬に行われる盆踊りである（国の重要無形文化財）。笛と太鼓の囃子のみの「大の坂踊り」と無伴奏で唄のみの「甚句踊り」がある。甚句踊りの起源は室町時代の永禄の時代（1558 ～ 1570 年）の合戦で当時南部藩であった鹿角が秋田藩との戦いに勝利し、凱旋式で踊った遊興踊であったと伝えられる。衣装は家のいい着物と、身分の隔たりなく踊りを楽しめるよう手ぬぐいを頭から被り踊る。一日市盆踊りは、秋田県八郎潟町で 8 月中旬に行われる踊りであり、約 400 年の歴史を持つ（秋田県無形民俗文化財）。デンデン

(2) ここに示した秋田の盆踊りの起源や歴史については、DVD の内容から引用した。なお、DVD で示されている踊りの歴史や起源については各保存会等に問い合わせ、監修のもと、内容を確認しコンテンツ化している。
なお、本節の踊りについての文献資料としては『八郎潟町史』（教育委員会制作）などがある。市町村の教育委員会などで作られた資料を探すという手段もある。

図3-8　毛馬内盆踊り
（©毎日新聞社）

ヅク踊り、キタサカ踊り、三勝踊りがある。一日市盆踊りは、さまざまな姿・格好に扮した踊り手や飛び入りを含めた多くの踊り手が盆踊りを披露する。願人踊りは、秋田県八郎潟町で5月5日に行われる（秋田県無形民俗文化財）。願人踊りの「願人」とは、山伏、修験者のことであり、これらの人々が信仰普及のために各地を巡り歩いた踊りが250年以上前から伝わったと言われている。唄い手や音頭上げがささらで傘の柄等を叩きながら唄を唄い、その唄に合わせ踊り手が一直踊りを披露し、また途中で歌舞伎の忠臣蔵五段目をもとにした寸劇を演じ、門付けしながら各家々を回る。**ドンパン踊り**は、秋田県中仙町で8月に行われる。昭和10（1935）年、元唄であった「円満造甚句」を民謡家、黒澤三一が唄いやすくアレンジして作った。踊りは、西崎流二代目、西崎緑さんの振り付けたドンパン節、秋田国体のマスゲームでの踊り、ロック版ドンパン節等いくつか種類がある。増田盆踊りは、秋田県横手市増田町で8月のお盆に行われる。増田盆踊りの由来は古い記録が無く、はっきりしたことは分かっていないが、増田城の生贄にされた娘の供養のために嘉吉3（1443）年に踊らせた念仏踊りが原形になったと伝えられる。踊り手の衣装は、浴衣に鳥追笠を中心としてさまざまな姿がある。岩崎盆踊りは、秋田県湯沢市岩崎地区で8月のお盆に行われる。起源は江戸末期か明治初期の頃、湯沢市岩崎地区の数人のきこりが、岩崎盆踊りを教えたのが始まりと言われている。衣装は、鳥追笠に浴衣という衣装が多く見られるが、特に決まりは無く、参加者の好みの衣装で踊られている。角間川盆踊りは、秋田県大仙市角間川町で8月中旬に行われる。起源は関ヶ原の戦いで敗れ、川港を通じて角間川に移住した豪族が、先祖供養のためにと伝えたのが始まりとも言われている。しかし、明治時代に一時廃れ、大正時代に藤田庄八が江戸時代から伝わる即興踊り「二和加」と地元に伝わる「旭踊り」を融合させた新しい振り付けを考案し、現在の踊りとなったと言われている。

3.「秋田の盆踊りの学習」実践の概要

　本学習では、大学生を対象とし、3コマ（90分授業）、3時間を1単元とし、グループに分かれ選択した盆踊りを学習し最後に発表する。単元の目標は、秋田県の各地域の盆踊りの特徴の違いを味わうこと、選択したひとつの盆踊りについては踊りを習得することである。

　本単元では、秋田の盆踊りの特徴をより明確に体験するために、また、秋田の盆踊りの動きが複雑で捉えにくいので学習しやすくするために、1〜2時間目に、簡易な動きで構成される日本の民俗舞踊や世界の民俗舞踊を体験する時間を含めている。例えば、シングルサークル、パートナーチェンジのある世界のフォークダンスであれば、民族の違いによって、ステップや並び方、音楽等が異なることを理解できるだろう。また、同じ日本の手踊りであっても、異なる所作やリズム形式等を体験することで、相対的に各舞踊の特性を知り、その背景にある文化・社会への関心を高めることになるだろう。今回実践を実施したのは、シングルサークルで行うタタロチカやサモアンササ、パートナーで踊るコロブチカ、日本特有の動きであるが複雑な動きが多用されない八木節の手踊りである。学習指導要領で取り上げられている舞踊や、以前学習したフォークダンスの復習などによって、両者の相違を比較できるよう、状況にあわせて柔軟に工夫するとよいだろう。

図3-9　ドンパン踊り
（©秋田魁新報社 2017年8月17日）

グループ学習を実施する前には、共通の学習内容として、角間川盆踊りを DVD を使って一斉学習することで、DVD を用いた盆踊りの学習方法に慣れる時間を作る。また、1 時間目に毛馬内の盆踊り、一日市盆踊り、願人踊り、ドンパン踊り、増田盆踊り、岩崎盆踊りを見る時間を作り、その中から踊りたい踊りを選択することでグループを構成する。グループごとの盆踊りの学習の際には、体育館の場を分け、PC やプロジェクター、操作方法のマニュアル等を配置することで活動しやす

表 3-10　1 時間の流れ（2/3 時間目）

	時間	活動内容	指導の留意点
導入	10分	1. ストレッチ ・二人組のストレッチ	・二人組でストレッチを行うことにより、適度に負荷をかけ十分に身体を伸ばす。
	25分	2. 既習のフォークダンスを復習する ・サモアンササ（サモア諸島）：シングルサークル、座って行う踊り ・コロブチカ（ロシア）：ダブルサークル、リズミカルな音楽に合わせパートナーチェンジのある踊り ・八木節（群馬県・日本）：シングルサークル、明るい曲調の重心を低く踊る手踊り	・特色の異なるフォークダンスを踊ることにより、動きや音楽等の違いを味わう。フォークダンス特有の動きに慣れる。 ・フォークダンスに含まれたジェスチャーやシンボルについて説明する。 ・パートナーと踊る時には動きを合わせ同じタイミングや足幅で移動する等のコツを指導する。 ・パートナーチェンジを行う際には特に取り出してゆっくり教え、混乱がないようにする。 ・重心を低く踊る、手先を揃えて踊る等、日本の踊りに特有の動きについて説明する。
展開	50分	3. グループごとに秋田の盆踊りの学習を行う ・毛馬内盆踊り：民謡の謡いに合わせ、ゆっくりとした小さな動きが特徴。単純だが謡いとの対比が美しい。 ・一日市盆踊り：動きは単純な繰り返しであるが、手の所作や払う足の動き等、日本の踊りらしさが感じられる。 ・願人踊り：両腕を上下に振る動きと特徴的な足のステップで構成される踊り。単純な動きの繰り返しだがユニークで面白い踊り。 ・ドンパン踊り：花火を謡ったドンパン節に合わせた華やかな踊り。 ・増田盆踊り：両腕の高さを違えポーズを取る、片手を引き寄せてしなをつくる、一回転回る等緩急のある見せ場の多い踊り。難度高め。 ・岩崎盆踊り：緩急のある動きの変化が面白く、鶴のポーズ等歌詞を反映した動きが含まれている。二対一組で踊る踊り。 **体育館** 増田盆踊り／ドンパン踊り／岩崎盆踊り／一日市盆踊り／願人踊り／毛馬内盆踊り	・DVD の動きの学習に使用しやすい画面を出すための操作をまとめ、各班の学習の場に置く。 ・PC だけでなく、スピーカーを用いると音楽が拡張され練習しやすい。 ・PC の映像を映写機等で拡大すると動きながら映像を見ることができ練習しやすい。 〈操作略図〉　スクリーン スピーカー　PC　映写機 ・各グループを回り、PC や DVD 操作の難しい点や、動き方のコツ等の補助を行う。 ・すべてを一度に覚えようとすると難しいので、動きを覚えられる範囲に短く区切って覚えるよう指示をする。 ・巡回しながら声を掛ける。動きのポイントや難しいところは取り上げて動きの指導を行う。 「腰を落として踊ろうね」「手足を振り回さないで静かにしっとりと踊ろう」「手の先は揃えて踊ろう」「体の軸を意識して」「流れるところと止めるところの区別を気を付けて」「きめのポーズでピタッと」「着物を着ているから足は小股だよ」「曲の感じを感じながら動いてみよう」
まとめ	5分	4. 学習カードに感想記入	・学習カードに感想を記入させ活動の様子、気づき、疑問点について記入させる。 ・教師は後で学習カードに目を通し、活動の進捗状況や難しい点を確認し次時の指導に活かす。

い場を作るとよい。グループ学習時には時間数が限られているので動きの習得を中心に行うが、時間的に余裕があれば、DVDの内容に含まれている盆踊りの起源や歴史、音楽の編成、実際の祭りの様子について調べながら学習を進めていくことが望ましい。また、最後の発表時には、各盆踊りの起源や特徴をまとめたプリントを配布することで、踊りの特徴が、それぞれの起源や歴史と深く関わっていることに全員が気づけるように工夫する。

指導の工夫としては、一斉学習の際には、踊りを覚えやすいところで区切り分習法で学習し、掛け声等で動きを覚えてから音楽に合わせる等の指導をする。グループ学習の際には各グループを巡回し、学生の操作や動き等の手助けをする等留意する。

特に、動き方に関しては、ゆっくりと流れるような動きや細やかな動きが捉えにくい場合があるので、部分的に抜き出して繰り返し練習をすることを促したり、行いにくい部分を直接指導するよう心掛ける。また、練習時は画面を見ながら、あるいはリーダーの動きが見やすい隊形で動くが、発表時には対象とする盆踊りの隊形で行えるように導く。

4. 1時間の流れ（2/3時間目）

表3-10参照。

5. 郷土の歴史・文化・誇りを踊りの学習によって体験する

民俗芸能や盆踊りは、その地域の歴史や文化を体現している。何百年も前に踊り始めた踊りは当時の風俗や所作を含んでいるため、現代の踊りと比べて大きく異なることを学習者は踊ることを通して感じることができる。そして、何百年もの歴史を伝承してきた人々への尊敬の念やその地域の誇りを、自分たちが踊り、鑑賞し、その違いを味わうことで感じることができる。内容を吟味したDVDを上手に活用することで、手軽に歴史ある民俗芸能や盆踊りを学習することができる。また、DVDを活用して民俗芸能や盆踊りを学習することで、歴史や文化が十分に伝わらないのではないかという危惧はなく、自分たちのペースで能動的に調べながら踊りの体験・習得が行える。 （松本奈緒）

理解度チェック

①秋田の（もしくは自分が住んでいる地域の）盆踊りのいくつかについて、その起源や踊り方の特徴を述べなさい。

②一斉学習とグループ学習を組み合わせた授業の構成や指導方法についての留意点を述べなさい。

さらに読んでみよう　おすすめ文献

●中森孜郎（1990）『日本の子どもに日本の踊りを』大修館書店.

●松本奈緒（2010）「デジタルコンテンツを活用した秋田の盆踊りの学習―モーションキャプチャー技術を応用したDVDを用いて―」『秋田大学教育文化学部研究紀要』65：57-65.

第 **IV** 章

デジタル記録と教材

　本章のねらいは、コンピュータを用いて舞踊をデジタルデータとして記録する方法を紹介した上で、データをもとに舞踊を分析する方法、データを活用したデジタル教材の制作、デジタル教材を用いた舞踊教育について論じることにある。

　舞踊は身体と不可分であり、身体によって演じられることで私たちの眼前に現れ、何も形を残さずその場限りで消えていく。しかし人類は、それに抗うかのように絵画や写真などによって舞踊を記録しようと試みてきた。そして今日では、舞踊をデジタルデータとして記録する方法が開発された。

　舞踊をデータ化することで、保存性と再現性が飛躍的に向上する。データは劣化することなく保存・配布でき、コンピュータなどを使うことで、いつでももとの舞踊を再現できる。さらに、データをもとに舞踊動作を数値化し、身体の各部位や表情の変化などを客観的データとして示すことも可能となった。本章第1節では、舞踊をデータ化する方法と、データをもとに舞踊表現を数値化して分析する研究について論じる。続く第2節では、舞踊の学習のためにデータを活用することや、舞踊を仮想現実として体験するソフトの開発について論じる。

　データを使い、デジタル教材を開発することもできる。世界にはさまざまな民族が存在する。舞踊は多くの民族に共通して見いだせる文化であるため、異文化を学ぶための有効な手がかりとなる。本章第3節と第4節では、デジタル教材を用いた教育方法について2つの視点から考察する。1つめは、より詳しく舞踊を理解するためにデジタル教材をいかに制作し活用するのかを考えることであり、2つめは、デジタル教材を通じて異文化を理解することである。

第1節
デジタル記録と舞踊

学習のねらい

目の前で立ち現れては消えてしまう人の「動き」を記録するためのさまざまな方法が試みられてきた。近年、急速に発達したデジタル技術は、身体動作のあらゆる側面を記録、保存、共有することを可能にし、本人さえも意識していない「動き」を科学的に捉えることを可能にした。しかし、「動き」を記録する、ということと、「舞踊」を記録する、ということは必ずしも同値ではない。本節では、デジタル技術を用いることで、身体動作の何が記録できるのか、舞踊の何が記録できるのかを概観する。

1. 時空間芸術としての舞踊

芸術は、作品の側面から、大きく2つに分類できる。

まず1つは、絵画や彫刻のように、作品そのものが物理的な実体として存在する**空間芸術**である。私たちが、ミロのヴィーナスを見て思わずため息をつき、モナリザの微笑みに心惹かれるのは、実体としての作品を目の当たりにすることができるからである。空間芸術は、実体として作品が存在するからこそ、時を経ることで作品そのものの破損、劣化が免れない。ヴィーナスの腕は折れて行方がわからないし、500年前のモナリザはずいぶん色鮮やかであったとされる。空間芸術の今ある姿を記録するためのデジタル技術としては、デジタルカメラやスキャナ(立体作品の場合は3次元スキャナ)などが用いられる。私たちが、世界の美術館に所蔵された作品をデジタルライブラリーとして自宅で容易に鑑賞できるのは、このようなデジタル技術の貢献によるものである。

他方、作品が時間の流れとともに立ち現れては消えてゆく舞踊や音楽は、**時空間芸術**と呼ばれる。空間芸術が、唯一無二の存在である作品そのものである一方で、時空間芸術の特徴は、その都度、誰かがその作品を実体化しなくてはならないところにある。時空間芸術としての舞踊の記録の難しさは、ここにある。舞踊を実体化する踊り手が異なれば、舞踊の様相も異なる。あるいは同じ踊り手であっても、実体化の仕方は都度異なる。また、複数の踊り手によって構成される舞踊作品は、踊り手の組み合わせによっても異なる。

パフォーマンス研究者のシェクナーが、日本の能・狂言の上演の場を「歌、踊り、朗唱、音楽などの縒り糸が上演で編み合わされる出会いの場所」[1] と称したように、その都度誰かがどこかで実体化することでしか存在し得ない舞踊は、実体化された場そのものも包含するものであるということもできる。そのような意味では、舞踊のデジタル記録を考えることは、舞踊の何を記録するのか(いつ、誰が、どこで、誰と、どの作品を、どのように実体化したものを記録するのか)を考えることであり、これらを考えることは「舞踊の本質とは何か」を考えることでもあるといえる。

空間芸術:
彫刻、絵画、建築など、物理的(空間的)な実体として作品が存在する芸術。

時空間芸術:
舞踊、音楽、演劇など、時間の流れにしたがって立ち現れては消えてゆく芸術。

(1)リチャード・シェクナー(1998)『パフォーマンス研究―演劇と文化人類学の出会うところ』人文書院, p. 107.

2. 舞踊のデジタル記録

　音楽や舞踊を記録する手立てとして記譜法（notation）が考案されてきた。なかでも「5線記譜法」は音楽を記録するための「楽譜」として広く浸透している。舞踊にも、「動き」を記録するための「舞踊譜」が存在し、Labanotation や BeneshNotation といった記譜法が知られている（詳細は第Ⅰ章1節参照）。記譜法は、音や動きを記号化することで音楽や舞踊を、他者と共有可能な形で記録できる手法として有効であるが、記譜法によって記録できる情報は、音楽や舞踊そのものがもつ全体特性のごく一部に過ぎない。

　さて、20世紀後半に入り、多様なデジタル技術が開発されることにより、人の行動・動作を記録するための手段が飛躍的に拡大した。たとえば、画像や映像、音声の収録にもデジタル技術が導入され、デジタルカメラやデジタルビデオカメラが各家庭に普及したかと思えば、現在では、個人が所有するスマートフォンなどのモバイル端末によって、誰もが容易に人の行動・動作を記録することが可能な時代となった。

　これらのデジタル技術が、舞踊の記録にも多大な恩恵をもたらしたことは言うまでもない。おりしも1990年代頃から、デジタル技術を、歴史、文化、芸術に関わる文化遺産の計測、記録、保存に活用する**デジタル・アーカイブ**研究が注目されようになり、国内外で、人文情報学、デジタルヒューマニティーズといった新しい学問分野が立ち上がることとなった。**無形文化財**としての舞踊研究においても、この潮流の中で、デジタル技術を導入することで舞踊の新しい側面を発見、あるいは再発見しようとする試みがなされるようになった。

　以下に舞踊のデジタル記録における代表的な方法として、モーションキャプチャ、映像コーディング、視線計測について概説する。

1）モーションキャプチャ

　人の身体動作から「動き」を抽出する方法としては、モーションキャプチャを利用した三次元動作計測がもっともよく知られている（図4-1）。モーションキャプチャは、元々、映画やゲーム製作において、人間の身体動作からリアルな動作デー

デジタル・アーカイブ：
「歴史文化芸術にかかわる各種文化遺産をデジタル情報技術によって計測、記録、保存し、さらに、結果のデータを公開し広く多方面での利用と文化の継承に資すること」（八村ほか編, 2012：i）。

無形文化財：
「演劇、音楽、工芸技術その他の無形の文化的所産で我が国にとって歴史上又は芸術上価値の高いもの」（文化財保護法第2条1項）。

モーションキャプチャ：
モーションキャプチャシステムが高額な費用を要する一方で、画像処理によって身体動作を抽出することを可能にしたKinect（マイクロソフト社）は、安価かつ簡便に身体動作データを入手することを可能にし、動作計測の概念と有用性を広く一般に知らしめることに貢献した（現在は販売終了）。

身体に数点のマーカを貼付し、それを複数台の高精細カメラで撮影する。編集処理の後、単位時間ごと（たとえば1/120秒ごと）の各マーカの3次元座標が得られるため、右のようなスティックフィギュアを描画することが可能となる。たとえば、師匠と弟子の違いや、地域による民族舞踊の特徴などを定量的に比較できる。
（撮影協力：日本舞踊家・花柳乃三氏、撮影：筆者、同志社大学快風館動作解析実験室にて）

図4-1　モーションキャプチャによる舞踊の計測

タを抽出することで、キャラクタの動作にリアリティを持たせることを目的として開発された。「動き」を高精細に抽出できるモーションキャプチャは、舞踊のデジタル保存技術として、近年頻繁に利用されるようになってきている（詳細については次節参照）。

　モーションキャプチャによって得られるデータは、時間解像度、空間解像度ともに優れており、（踊り手の「わざ」としての）身体動作の物理的特徴量を高精細に把握できるという点においてきわめて有用である。しかし、研究対象とする舞踊のすべてをモーションキャプチャによって計測することは現実的ではない。なぜなら、複数の高精細カメラを必要とするモーションキャプチャシステムの設置には大変な費用がかかるからである。また、モーションキャプチャは、人の身体動作の物理的特徴量の抽出には有用性が高いものの、一連の舞踊の中で出現する振りの種類や意味づけは人が行う必要がある。そこで、次に映像を用いた行動計測手法の一つである映像コーディング（ビデオコーディング）の方法を紹介する。

2）映像コーディング

　映像コーディングとは、記録されたビデオ映像中で生成された現象の生起回数や持続時間、その内容を時系列データとして記録、抽出する方法である。映像コーディングでは、収録された映像を、まず動作単位ごとに分割（セグメンテーション）し、分割された動作単位にタグ（注釈）を付与する。そのタグを集計することにより、ある対象動作が作品中で何回出現したのか（出現頻度）、その動作に費やされる時間はどれぐらいか（持続時間）、作品中にどのような動作が出現するのか（内容）、動作と動作のつなぎ目にどの程度時間が費やされたか（振りと振りの間）といったデータを得ることが可能となる（図 4-2）。

　近年は、映像コーディングのツールは無償のものが増えてきており、中でもマックス・プランク心理言語学研究所が提供している **ELAN** は日本語版も公開されており、さまざまな分野の研究者によって広く用いられている（図 4-3）。

　映像コーディングでは、取り込んだ映像に基づいて、分析対象とする動作を人手でタグ付け作業を行う必要があるため、大変な作業量を要する。しかし、モーションキャプチャシステムが設置されたスタジオに踊り手を呼ばなくても、すでに手元にある映像からデータを取得できる点や、何より、対象とする舞踊が通常演じられ

ELAN:
マックス・プランク心理言語学研究所によるELANのHP。
https://tla.mpi.nl/tools/tla-tools/elan/

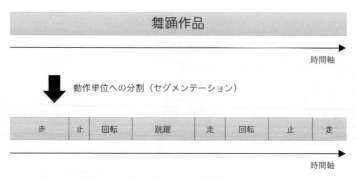

図 4-2　映像コーディングのイメージ図

このELAN画面では、日本舞踊の収録映像をもとに、1つの振りに費やされた時間、静止に費やされた時間についてタグ付けを行っている。たとえば、同じ作品であっても、舞踊家ごとにどのように「間（ま）」のとり方が異なるかを調べるための一資料として活用が期待できる。

図4-3　ELANを用いた舞踊分析作業例

間：
日本の伝統芸能において「間（ま）」は極めて重要な概念とされている。「間が動きの面白みを支配するのであるが、これは、日本の芸能独特のものであり、音譜では書き表せないところもある」（花柳, 1982, p. 135）、「外側に表現された部分と表現されない部分の関係を、単に時間的な要素としてではなく、状況全体のなかでの必然性という観点から自らの呼吸のリズムを決定することが『間』の体得ということに他ならない」（生田, 1987, p. 51）など、「間」についてはさまざまな言及がなされている。しかし、その解釈はかなり多義的であり、デジタル技術によってその一端を解明できる可能性が期待される。

舞踊分析作業例：
本画像は、同志社大学文化情報学部身体メディア研究室所属の中村百花さん（2019年3月卒業）の卒業論文「詩舞における『間』の定量的研究」に掲載された画像を本書用に加工、転載したものである。

角膜反射法：
眼球に近赤外線を照射し、その際に角膜表面にできる輝点（プルキニエ像と呼ぶ）を小型カメラで撮影し、プルキニエ像と瞳孔との位置関係によって眼球の回転角度を算出する方法。市販されている視線追尾装置の多くは角膜反射法が用いられている。アイトラッカーと呼ばれることも多い。

る場で収録された映像を用いることができる点は、大きな利点といえる。

3）視線計測

　「目力」ということばがあるように、舞台上の踊り手の目遣いは舞踊の特徴、あるいは舞踊における技術を考える上で重要である。また、舞踊作品を鑑賞する上で、「何を見ているか」を考えることは、舞踊の鑑賞行動を考える上で貴重な資料となるであろう。ここでは、視線計測において一般的に用いられている**角膜反射法**による視線追尾装置の例を挙げて、視線計測によって舞踊の何を計測できるかを紹介する。

　角膜反射法を用いた視線追尾装置は、実験協力者の頭部ないしは顔面に追尾装置を直接装着する「接触型」と、実験協力者には何も装着しない「非接触型」がある。接触型は協力者が自由に移動できるという利点があるため、踊り手自身の舞踊中の

視線計測とモーションキャプチャの同時計測の例。接触型追尾装置を装着することで、舞踊家自身の目遣いを計測することができる。たとえば、師匠と弟子の違いや、舞踊ジャンルによる違いを定量的に比較することができる。
（撮影協力：日本舞踊家・花柳双子氏、撮影：筆者、立命館大学アート・リサーチセンターにて）

図4-4　日本舞踊家の視線計測

眼球運動測定に適している。なお、接触型は、装着した装置が動作者の動きに伴ってずれやすいため、頑丈に固定しなければならず、それが動作者に少なからず負担を与えてしまうという短所がある（図4-4）。

　他方、非接触型は、卓上ディスプレイに呈示された視覚刺激（映像や画像）の「どこを見ているか」を計測することを目的としており、舞踊鑑賞者が作品映像中の何に注目しているかを確かめるための眼球運動測定に適している。実験協力者に装置を装着する必要がないため、協力者への負担が少なく、また、卓上ディスプレイに呈示された視覚刺激の「どこを見ているか」について絶対座標が得られるという利点もある。

　人の視線行動は半ば無意識に行われており、本人ですら気づいていない目遣いを定量的に抽出することで、舞踊におけるまなざしの記録が可能となる。モーションキャプチャを用いて、舞踊熟練者と未熟練者の動作を比較できるように、視線追尾装置を用いて、踊り手の熟練度と視線の関連が明らかにされることが期待されるが、舞踊における視線計測研究はまだ緒に就いたばかりである。

3. 形なき舞踊をデジタル記録するということ

　時空間芸術である舞踊の作品は、誰かが都度実体化しなくては作品として存在し得ないことは冒頭で述べた通りである。このことは、「作品を実体化する誰か」がいなくなった時点で、その作品が潰えてしまうことを意味している。

　口承を重んじる日本では、従来、人から人へと口伝により、さまざまな「わざ」が継承されてきた。舞踊も例外ではない。映像を見ながら振りうつしをすることは物理的に可能であるが、今なお、日本の伝統舞踊の「稽古」は、師匠と弟子が同じ場を共有して行われる。日本の伝統舞踊では、「型」や「間」という極めて重要な概念を、師匠と弟子が「場」を共にすることで暗黙的に継承してきたからである。近年、深刻な後継者不足により失伝の危機にある伝統芸能も少なくないが、それは、脈々と継承されてきた「わざ」が口伝に基づいていることに起因している。そこで、実体化されたわざを後世に残す手立てとしてデジタル技術の有用性に期待が寄せられるようになってきた。

　前述のように、モーションキャプチャは、踊り手の身体各部位の正確な位置情報やその時系列変化、舞台上の移動軌跡などを極めて正確に記録できるし、アイトラッカーは、半ば本人も無意識な舞踊中の目遣いを計測できる。また本節では詳しく紹介できなかったが、筋電計は、外からは観察できない力の入り具合（踊り手の身体感覚）を可視化できるし、心拍計を用いれば、踊り手のその場その場での心的状態を推し量ることができる。このように、デジタル技術が発展することにより、誰かによって実体化された舞踊をさまざまな側面から記録することができるようになった。このことが、実体なき舞踊の研究に極めて重要な貢献をもたらしたことは言うまでもない。しかし、デジタル技術が舞踊研究にもたらした多大なる恩恵とともに、舞踊の本質を考える上で留意しておかなくてはならない視点がある。それは「計測する」ことの可否、あるいは是非である。

　まず、モーションキャプチャを使って「手の角度」や、映像コーディングによって「ポーズを取っている時間」が明らかになったとするなら、それらが一体何を意

味するのか、を考えることこそが重要である。あるいは、そもそも舞踊におけるある現象を解明するために、「何を計測すること」がその解明に貢献するのか、を吟味することが不可欠である。

　他方、現在のデジタル技術をもってしてなお計測が不可能な現象もあるだろう。たとえば、モーションキャプチャは身体動作の計測には有用であるが、たとえば、日本舞踊で着物の袖や裾をどのように持ったり振ったりしているかを調べることは現時点では困難である。また、さまざまな計測機器があるからといって多くの機器を装着して、舞台上で実体化されるその場限りの舞踊が再現できるかどうかは、はなはだ疑問でもある。つまり、デジタル技術をもってしても、「計測することが困難」な現象が何であるのかを意識しておく必要があるだろう。

　そして、たとえ計測可能であったとしても、「計測することの是非」を慎重に検討するべき対象があることも忘れてはならない。たとえば、日本舞踊で、着物によって隠されているはずの脚の動きをモーションキャプチャによって計測してもよいものだろうか。口伝によって「秘すれば花」として暗黙裡に継承されてきたわざを計測することは、伝統芸能の保存に真に寄与するだろうか。「計測できること」が必ずしも舞踊に貢献をもたらすばかりではない可能性があることも肝に銘じておく必要がある。

　デジタル技術が、歴史のある瞬間に誰かが実体化した「舞踊」をとどめ、後世にその有様を「客観的」かつ「普遍的」に伝えることを可能にした意義はきわめて大きいと言って差し支えないだろう。他方、舞踊が実体化されたその場でしか現前し得ない何か、そして、その場を紡ぎだす踊り手と鑑賞者しか体験し得ない何かを記録するための方法論としてデジタル技術がどのような貢献をもたらすかについては、まだ議論が熟していない。デジタル技術で記録可能なものは、ある時点において誰かが実体化した身体動作であり、そこで記録されたものが「すべて」ではない。同じ作品を、別の誰かが、10年後に、100年後に実体化できる―。時空間芸術たる舞踊の神髄はまさにここにあるといってもよいだろう。誰かによって実体化されることでしか現前し得ない舞踊の「何を」記録することを目的としてデジタル技術を用いるかを意識しておかなければならない。

（阪田真己子）

［文献］
・八村広三郎・田中弘美編（2012）『デジタル・アーカイブの新展開』ナカニシヤ出版.
・花柳千代（1982）『実技日本舞踊の基礎』東京書籍.
・生田久美子（1987）『「わざ」から知る』東京大学出版会.

理解度チェック

1 舞踊をデジタル化することでどのようなことが可能となるかを話し合ってみよう。

2 舞踊のデジタル化によっても記録できないものがあるとすればそれはなんだろうか。本書に挙げた例以外で考えてみよう。

さらに読んでみよう　おすすめ文献

● 渡部信一編（2007）『日本の「わざ」をデジタルで伝える』大修館書店.
● 生田久美子（1987）『「わざ」から知る』東京大学出版会.

第2節
デジタル記録の活用

近年、舞踊をデジタルに記録すること、またデジタル記録の手法として、モーションキャプチャを利用することは珍しいことではなくなってきた。スポーツ、映画、ゲーム等への利用だけでなく、無形文化財、とりわけ舞踊のデジタル・アーカイブにもモーションキャプチャは1990年代より貢献してきた。舞踊のデジタル化は着実に取り組まれ、その成果も散見されるようになってきたが、舞踊の現場において、実際にはデジタル化の目的やモーションキャプチャで具体的に何ができるのかについてはあまり知られていない。ここでは、デジタル化の方法やモーションキャプチャ、デジタルデータの利用方法、その成果と限界を学ぶ。

1. 舞踊をデジタルデータ化する意義

舞踊は、ある時間と空間の中で、身体を用いて、あらゆるものを表現し得る。それは、一瞬にして現れ、一瞬にして消える、儚いものであると同時に、私たちの記憶に、永遠に残り続けるものでもある。その創作と享受との営みと並行するように、人々は絵画、舞踊譜、写真、ビデオ、モーションキャプチャなどによって舞踊を記録し、後世へ残そうとしてきた。

人から人へ、直接伝え受け継がれてきた舞踊やその踊り方には、かけてきた時間や影響した人の分だけ価値が付帯されていく。一方で、デジタルデータ化された舞踊は、時間の影響を受けることなく、つまり劣化することなく、保存と再現が可能となる。舞踊を「そのまま」残すには、特に主観が入らないという点で、デジタルデータが優れているだろう。それをどのように扱い、利用するか、活用するかにこそ、ダンサーや舞踊に関わる者、また見る人が決めることであり、委ねられていることである。

舞踊を記録、そしてその身体動作を計測し、データ化することを、デジタル化、数値化、数量化、計量化、定量化、符号化などの言葉で表す。本来は、それぞれ異なる意味であるが、本節では、デジタル（化）という言葉を用いる。身体動作をデジタルに記録する手法は，ビデオカメラ、モーションキャプチャ、アイマークカメラなどがある。またアナログに記録する手法は、床反力計、筋電計、脳波計（鑑賞者を対象）、心拍や呼吸を計測できるセンサーなどがある。モーションキャプチャ以外の手法を用いた研究については、本章第1節や他の書籍を参照されたい。

2. モーションキャプチャによる舞踊の身体動作計測

舞踊、エンターテインメント、スポーツのほか、医療や安全工学の分野などにおいて、モーションキャプチャが用いられている。舞踊を記録し、動作計測する方法の中でも、本節ではそのモーションキャプチャについて述べる。

モーションキャプチャには、機械式、磁気式、光学式、画像式、慣性式がある。

　機械式は、ポテンショメーターという角度の変化を電気的に検出し回転角を計測し得るセンサーとジャイロセンサーという角速度を検出するセンサーを各関節部分に装着する。各関節間をシャフトと呼ばれる棒とワイヤーでつなぎ、検出したデータを伝送し、身体の動きを計測する。磁気式は、各関節部分に磁気センサーを装着し、磁場に対して生じた歪みからセンサーの相対的空間座標と方位を計測する。機械式、磁気式ともに、各関節部分に装着するセンサーの大きさと重量から、被験者に対する負担は少なくない。機械式は、センサーが増えるとワイヤーの本数も増え、またシャフトがあることから動きが制限される。また、磁気式では、実験環境における磁場や磁性体の影響が無視できない。しかし、身体部位の方位の計測が可能であるというメリットがある。

　光学式は、「複数のマーカーを、関節を中心とする体表面にそれぞれ貼り付け、被験者が動作する映像を複数の高精度カメラで撮像してマーカー像を抽出し、これをもとに三角測量法の原理にしたがってマーカーの3次元位置を求める」（八村、2007。下線部は筆者加筆）。光学式モーションキャプチャを用いた実験の様子を図4-5に示す。マーカーは、球形で、約1mmから数cmのサイズがあり、表面に反射材が貼付されている。動作に伴って、マーカーの隠蔽（オクルージョン）やマーカー像の入れ替わり（スワッピング）が起きる場合がある。近年、ソフトウェアも向上し、これらは自動的に検出・補正されるようになったものの、舞踊でも複雑な

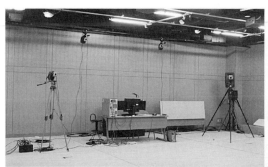
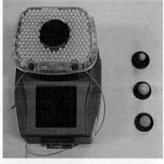

左上の写真は複数のカメラと操作するパソコンの配置の様子、右上の写真はモーションキャプチャ用のあるカメラ（Motion Analysis 社製）と反射マーカー、左下の写真はキャプチャをしている実験者、右下はキャプチャ開始直前のダンサー。

図4-5　光学式モーションキャプチャを用いた実験の様子

(1) fps（frames per second）とは、フレーム毎秒のことであり、1秒あたり画像を何回記録するかを示す単位である。fpsの値が小さいとカクカクした動きの映像になり、値が大きいとなめらかな動きの映像になる。

動きをすると、マーカーの欠落やラベル処理の失敗が起き、計測後の後処理として修正を行う必要がある。計測の時間・空間分解能は、使用するカメラの性能による。最近は、1250万画素のセンサーを搭載し、フル解像度時撮影速度は300fps（frames per second [1]）まで高めたカメラもある。なお、筆者の経験では、日本舞踊や伝統芸能の動作の場合にはフレームレート60fpsで十分であるが、ロックダンス、ブレイクダンスをキャプチャした場合には、180fpsを要したことがある。光学式の場合、関節部分の3次元位置情報を正確に計測するというメリットがある一方、ボディスーツを着用し、可能な限りマーカーが隠れないように踊ることが求められる。衣装を着用した上で舞踊を記録できないことが、デメリットとして挙げられるだろう。

画像式は、複数のカメラで撮影された二次元映像から、背景と対象を画像処理により切り出し、切り出された対象のシルエットを基にモデルを作成、それをトラッキングすることで、対象の動きを推定する。マーカーの位置情報を直接計測できる光学式に比べ、絶対位置の精度は劣る。また、解析の内容によっては、ある程度の高画質な画像が求められ、特別なソフトウェアおよび画像処理技術を要する。しかし、ボディスーツを着用し、マーカーを貼付する必要はないため、屋外や水中での動きを計測し解析できるほか、動物や人形など人間以外の動きを計測することも可能である。

慣性式は、角速度計および加速度計からなる小型センサーを各身体部位に装着し、得られた角度や速度から計算して位置や姿勢を求める。画像式と同様に、光学式に比べて絶対位置の精度や正確性が劣る。そのため、細かい動作の記録を主眼とする場合には、必ずしも十分とはいえない。しかし、計測に広範囲な場所を要しない、屋外でも計測可能であるなど、実験環境としての自由度は高い。また、衣装を着用した状態でも計測できるというメリットがある。また、比較的安価であり、手軽に利用できる。

3. モーションデータの活用

モーションキャプチャによって得られたモーションキャプチャデータ（モーションデータ）は、舞踊の特徴や熟練度を測るような定量的解析に用いられたり、お稽古やレッスン、教育や指導の補完のためのコンテンツ作成のために用いられたり、CG（Computer Graphics）アニメーションの作成に利用されたり、新しい芸術に応用されたり、さまざまな目的で活用されている。

舞踊動作の特徴に関する研究では、空間的特徴と時間的特徴の両方を定量的に数値化する手法が提案されており、ある地区の歴史が記された文書を使用しながら、民俗舞踊のモーションデータを解析し、盆踊りの分布を詳細に示すことに成功している [2]。また、行政区域の割り当てが民俗舞踊に影響を与えている可能性から、その地域の盆踊りの特徴的あるポーズと江戸時代の文献にみられるポーズとの関連性が示されている [3] [4]。

舞踊動作の特徴および熟練者の特徴に関する研究では、ロックダンスにおける「カッコよさ」の評価について、モーションデータより得られた物理的要因と、鑑賞者のアンケートより得られた感性的要因からそれを説明し、ビートに均一に合わ

(2) Takeshi Miura et al. (2015) Motion Characteristics of Bon Odori Dances in Areas along Ushu Kaido Road in Akita Domain, The Computers and the Humanities Symposium 2015, pp. 269-276.

(3) Takeshi Miura et al. (2016) Quantitative Analysis of Folk Customs and Motion Characteristics of Bon Odori Dances in Akita Prefecture, The Computers and the Humanities Symposium 2016, pp. 171-176.

(4) Takeshi Miura et al. (2016) Conditions of Bon Odori Dances Belonging to Akita Prefecture's Nanshu-Odori System in the Era of Sugae Masumi, SIG Technical Reports, 2016-CH-110(3): 1-6.

せることが「カッコいい」ではないことが示されている[5]。ヒップホップダンスにおける「頭の使い方」「身体の開き」「動きのキレ」を、モーションデータより得られた物理的特徴に替えて説明し、ダンス初心者と経験者の違いを示した研究もある[6]。そして、観客の存在の有無でダンサーの心理状態と身体動作に変化が現れるのかを調べた研究[7]では、観客がいる時の方がダンサーのポジティブな感情もネガティブな感情も高まることが分かり、さらに、観客がいる時の方が、ダンサーの動作の速度、加速度、身体の開きの値が大きくなる傾向にあることが分かっている。

　日本舞踊の熟練者の特徴に関する研究[8]では、熟練者が学習者に伝えたい正しい動き方である良い動作と、このように動いてはいけないという意味での悪い動作を踊り分け、それらをモーションキャプチャで記録している。そして、得られたモーションデータをスティックフィギュアと呼ばれる線のCGアニメーションで熟練者に提示し（図4-6）、重要とされる身体部位や体の使い方などが指摘されている。それを参考に、膝と腰動作の定量的解析を行い、良い動作例は腰動作が伸びていること、膝動作は極端に屈曲しないことが確認された。同じく日本舞踊の熟練者らによる、女踊りにおける振り向く動作をモーションキャプチャで記録し、スティックフィギュアを作成、そのCGアニメーションに対して、鑑賞者に男性らしさと女性らしさの印象評価を行った研究がある[9]。最も経験歴の長い男性熟練者による振り向く動作が最も女性らしいと評価され、その身体動作を定量的に解析した結果、首の回旋角度に有意差はないにもかかわらず、両肩の傾き、肩の位置、腰の位置が異なることが示された。

　モーションデータを用いて、クラシックバレエ（バレエ）の振付をWeb環境下で創作し、3DCGアニメーションによってシミュレーションするシステムが開発されている[10]。バレエのモーションデータが体系的に符号化され、動作連結の自動制御、自動振付機能、蓄積・再利用機能などがシステムに備わっており、振付を効率的に創作し得るだけでなく、バレエの上級者であればその振付を実際に使用でき

(5) 宮本圭太・阪田真己子（2009）「Lockingダンスにおける質評価指標の定量化」『情報処理学会研究報告』2009-CH-82（4）：1-8.

(6) 長谷川聡ほか（2014）「ストリートダンス未経験者教師間のピアエデュケーションシステム」『第76回全国大会講演論文集』2014（1）：599-601.

(7) 鹿内菜穂（2014）「ダンスの身体表現における感情認知とインタラクションに関する研究」（立命館大学　博士学位論文）

(8) 鹿内菜穂ほか（2012）「日本舞踊の身体動作における技の評価と定量化への試み」『情報処理学会研究報告』2012-CH-94（6）：1-7.

(9) 鹿内菜穂ほか（2016）「見返りすぎない美人：日本舞踊における振り向く動作の特徴と女性らしさの印象」『第21回公開シンポジウム「人文科学とデータベース」発表論文集』pp.49-55.

(10) 曽我麻佐子ほか（2004）「3DCGによるバレエ振付のための体系的符号化と創作支援システム」『芸術科学会論文誌』3（1）：96-107.

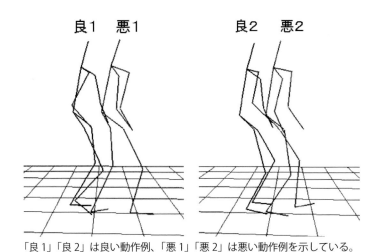

良1　悪1　　良2　悪2

「良1」「良2」は良い動作例、「悪1」「悪2」は悪い動作例を示している。

図4-6　モーションデータを用いてスティックフィギュアで表した例

奥のスクリーンにバーチャルダンサーが映り、手前に実際の
ダンサーがおり、コラボレーションを試みている。
（出典：八村広三郎（2015）「無形文化財のデジタル・アーカイブ―
立命館大学における15年の歩み―」『情報処理学会研究報告』
2015-CH-108（1）：5）

図4-7　ダンスコラボレーションシステムの実験の様子

(11) 海野敏ほか（2017）「振付シミュレーションシステムを用いた現代舞踊の実演指導」『じんもんこん2017論文集』：185-190.

(12) 八村広三郎（2015）「無形文化財のデジタル・アーカイブ―立命館大学における15年の歩み―」『情報処理学会研究報告』2015-CH-108（1）：1-8.

(13) 鶴田清也（2014）「感性表現を伴う身体動作を対象とした実時間動作認識によるインタラクティブシステムに関する研究」（立命館大学　博士学位論文）

(14) 柴田傑ほか（2012）「身体動作の3次元計測によるリアルタイム舞踊学習支援システム」『日本バーチャルリアリティ学会論文誌』17（4）：353-360.

る実用性も確かめられている。また、同じくモーションデータより3DCGアニメーションを作成し、連続しているダンスの動きから、ダンスの動作を分割し、その分割された動作を自由に組み合わせていく振付のシミュレーションシステムも開発されている[11]。そのシステムで作成された振付を実際にプロのダンサーが踊ったり、学生へ振り移しを行ったり、今後も芸術活動への応用が期待されている。

　モーションデータとバーチャルリアリティー（VR：Virtual Reality）の技術を活用し、人とバーチャルダンサーとのコラボレーションをめざした研究もある[12][13]。これは、立体映像を提示し、あたかもその場所にいるかのような感覚を与える没入型仮想環境（IVE：Immersive Virtual Environment）を用いて、実際のダンサー（ライブダンサー）とバーチャルダンサーとのコラボレーションを実現するものである（図4-7）。また、リアルタイム学習支援システムも提案されている[14]。ダンスの学習者の動作をリアルタイムにCGアニメーションで提示し、あらかじめモーションキャプチャで計測した熟練者の動作も学習者の動きの速さに合わせながらCGアニメーションで再現し、それらを重ねて表示することができるものである。いずれも、創作支援、学習支援に画期的なシステムであり、一部の舞踊研究者や理工学・情報学研究者には知られているものの、現場での活用までには至っておらず、これからのシステム導入に期待したい。

4.　デジタル記録の課題

　モーションキャプチャは、システムによっては非常に高価であり、またシステムに関する知識や準備のための人的資源を要するが、舞踊の記録、保存、再現、分析に一定の有用性をもっている。客観的なデータの計測と算出、スティックフィギュアのCGアニメーションによる表示は、自身の動きの分析や加齢に伴う変化の観察、他人との比較に有効である。さらに、3DCGアニメーションの表示や生成は、新たな振付やそのためのイメージを喚起させ、創作活動に寄与し得る。

モーションキャプチャが代表するように、デジタル記録の技術は飛躍的に進化したが、本節の「2. モーションキャプチャによる舞踊の身体動作計測」で示したように、それぞれ一長一短である。そして、舞踊は、表現者の身体そしてその動作が源であるが、必ずしもそれだけですべてを表現できるものではない。衣装とその動き、顔の表情、目線、視線、舞台の状況、観客との関係など、これらを総合的に記録し、保存、再現、分析することが課題とされる。

また、舞踊をデジタル化する研究成果は、少しずつ蓄積されてきた。そこで、これまで各研究者や技術者がデジタル化してきた舞踊のデータを、どのように管理するか、どこまで公開できるか、共有できるものか、どのような基準を設けるべきかなどについて、検討が必要であると感じている。著作権の問題がある一方で、教育利用にはある程度の公開が求められる。エンターテインメント業界からの要望も耳にする。特に、舞踊のモーションデータの公開と共有の方法に関する問題について、これから議論は避けられない。

（鹿内菜穂）

[引用文献]
・八村広三郎（2007）「伝統舞踊のデジタル化」『映像情報メディア学会誌』61（11）：1557-1561.

[参考文献]
・ナックイメージテクノロジー（2019）「MOTION CAPTURE　モーションキャプチャー」https://www.nacinc.jp/analysis/motion-capture/mac3d-system/（2019年4月1日閲覧）

理解度チェック

① 舞踊の動きを計測し得るモーションキャプチャにはどのような種類があるか、各特徴を挙げながら説明してみよう。

② 舞踊のモーションデータはどのように利用されているかについて振り返ってみよう。

さらに読んでみよう おすすめ文献

●八村広三郎・田中弘美編（2012）『デジタル・アーカイブの新展開』ナカニシヤ出版.
●赤間亮・鈴木桂子・八村広三郎・矢野桂司・湯浅俊彦編（2014）『文化情報学ガイドブック』勉誠出版.

第3節
デジタル教材の制作

学習のねらい

筆者は、小学校高学年を対象とした授業「総合的な学習」で利用可能なデジタル教材（以下、教材と略す）を制作した。内容は2人の主人公がアフリカのガーナ共和国（以下、ガーナと略す）を旅行し、文化、社会、舞踊を知り、国際理解や交流、そしてその協力のあり方などに関して学んでいく、というものである。ここでは、どのような考え方をもとに教材を制作すれば子供たちがガーナの文化に興味を持ち、国際理解のあり方を学んでもらえるのか、さらに、創意工夫したことは何か、教材を教育的にどのように活用すればよいのか、などについて学ぶ。

1. アフリカの舞踊の伝承・保存・記録

(1) ここでいうアフリカとはサハラ砂漠以南の地域をさす。この地域の人々は、元来文字に記すよりも舞踊などによってコミュニケーションをとることが多い。

アフリカ**(1)** の人々は、いろいろな機会に人と集い踊る。どんな時に踊るのかといえば、さまざまな祭りや人生の節目、さらに日々の憩いや楽しみのために踊る。祭りの例としてガーナのホモウォ（Homowo）祭り**(2)** の一部を見てみよう。町の沿道には多くの人々が詰めかけ、神輿を担いだ一団が町中を練り歩き立ち止まっては踊り神に飢餓にならないように祈るのである。祭りは、舞踊なくしては成り立たない。人生の節目では、子供の誕生や結婚式、さらに葬式でも踊る。日本の葬式からは想像しにくいが、故人**(3)** が人生を全うしてめでたいから踊るのである。その動作は、海の波、鳥の動き、農作業などをもとにした比較的短い動作を何度も繰り返し、時には即興的な動作も交える。我踊るゆえに我あり、といえるかもしれない。このような舞踊は、地域社会において口頭伝承されてきたが、今日では特に都市部を中心に欧米文化の偏重などによって以前より踊られなくなっている。

(2) グレーター・アクラ州に住んでいるガ（Ga）人の祭りで、8月初旬から9月末（または10月末）にかけて行われ、雨と五穀豊穣の神アタナニョンモ（Ataa-Naa Nyonmo）神に（文中で記載したように）飢餓にならないように祈願する。町の沿道には、魚、ソーセージ、ポップコーンなどの屋台が並ぶ。

こうしたなかで、新しい動きも出ている。国家的には国立舞踊団（詳細は第Ⅱ章

(3) 故人が大人の場合は踊るが、子供の場合は踊らない。

図4-8　ホモウォ祭り（2017年 遠藤撮影）

第10節）が結成され、個人的にはプロの舞踊家が誕生してさまざまな機会に舞踊を披露し、技術的にはモーションキャプチャを利用してデジタル記録し半永久的に舞踊を保存することができるようになった。民族の知恵や個性を担ってきた舞踊を伝承・保存・記録することは重要ではないだろうか。そこで、筆者はガーナで現地調査を行いながら、ガーナの舞踊家を日本に招聘しモーションキャプチャを利用して舞踊をデジタル記録した。また、日本ではアフリカの教材が少ないことを踏まえてデジタル記録を利用して舞踊の教材を制作しようと考えた。

ここでは、教材「どこカナ？　なにカナ？　そうだったのか！　ガーナ共和国〜社会・文化・芸術と国際理解〜」[4] を例に、どのような考え方をもとに教材を制作すれば子供たちがガーナの文化に興味を持ち、国際理解のあり方を学んでもらえるのか、さらに、創意工夫したことは何か、教材を教育的にどのように活用すればいいのか、について検討する。

2. 教材の概要

教材は、小学校高学年の授業「総合的な学習」を想定して制作した。高学年を対象にしたのは、西岡（2007）が指摘するようにこの時期に培われた世界認識は、国際理解の基礎となる世界的地域イメージや人権意識を左右する重要な時期だからである。教材の操作は、タイトル画面（図4-9）をクリックすると、図4-10が表示され、左のアイコンをクリックすると希望の画面が表示される。こうすることによって、子供が自分に適した速さで前に進み、戻って内容を確認することができるようにした。

教材の内容は、2人の主人公である小学6年生の太郎 [5]（図4-10左）と太郎の従妹で大学3年生のアマ [6]（図4-10右、両親はガーナ人と日本人）が、ガーナを旅行するという設定にし、ガーナの社会、文化、舞踊を知り、国際理解、交流、協力をいろいろな面から考えよう、というものである。教材の構成要素は図4-11、

(4) 教材は、筆者のほかに望月茂徳、小林巧実が制作し、公益財団法人ソフトウエア情報研究センター主催2016年度第32回学習デジタル教材コンクールにおいて優良賞を受賞した。教材の詳細は、遠藤保子、相原進、高橋京子（2018）「アフリカの舞踊に関するデジタル・アーカイブと教育的活用」『立命館産業社会論集』53（4）：69-84.を参照。

(5) 太郎は、対象学年から親近感を持つように同年齢とし、ガーナについてはあまり知らないという設定にした。キャラクターは、無料のイラストを利用した。

(6) アマは、両親と何度もガーナに行ったことがあるため、いろいろなことを知っているという設定にした（キャラクター：同上）。

図4-9　教材のタイトル画面

図4-10　教材内容の表示例

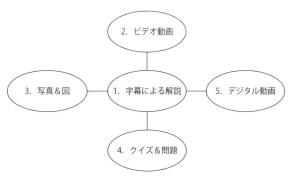

図4-11　教材の構成要素

第1章　どんな国カナ：ガーナの社会： クワメ・ンクルマ記念公園、野口英世、クイズ	**第4章　おっカナびっくり透けるトン：ガーナの3D舞踊** デジタル記録法、問題
第2章　どんな暮らしカナ：ガーナの文化 衣服、料理、食事、カカオ、クイズ	**第5章　楽器をカナでる：ガーナの音楽** 歌い方、太鼓、太鼓言葉、クイズ
第3章　カナリの迫力：ガーナの舞踊 結婚式と葬式、さまざまな舞踊、問題	**第6章　どうしようカナ：ガーナとの国際理解** 国際理解・交流の活動、問題

図 4-12　目次と主な内容（キーワード）

(7) 各章の写真に関しては、以下のようになる。
第1章：クワメ・ンクルマ記念公園（2011年，遠藤撮影）
第2章：ガーナの食事（2009年，遠藤撮影）
第3章：ガーナの舞踊（2009年，遠藤撮影）
第4章：スティックフィギュア（2012年，相原作図）
第5章：ガーナの楽器（2011年，遠藤撮影）
第6章：小学校でのガーナの舞踊紹介（2011年，相原撮影）

目次[7]と主な内容（キーワード）は図 4-12 に示したとおりである。本教材の各章の頁数は 10 頁（スライド枚数）、動画の所要時間は 1 分を目安にし、倫理的手順を踏んで制作した。

3. 教材の詳細

　教材の目的は、次の 3 点に絞った。①ガーナの社会、文化、芸術を見る、聞く、感じる、②社会、文化、芸術との関わりを知る、行う、味わう、③国際理解、交流、協力の在り方を学ぶ、考える、実践しようとする心を養う、というものである。

　では、「どうしてアフリカの舞踊なの？」「アフリカでもなぜガーナに絞ったの？」と疑問に思われる方が多いかもしれない。次に、その疑問に答えていこう。

　まず、なぜアフリカなのだろうか。それは小学校の地理学習において記述分量で最も軽視されているのがアフリカであり、プラスイメージが少なく途上国に対する正しい理解が妨げられているからである。次に、なぜ舞踊なのかといえば、身体をリズミカルに動かす喜び、人と集い踊る楽しさ、踊り続けると自分が自分でなくなるような恍惚感（詳細は第 I 章第 4 節）を感じるなどプラスイメージがあるからである。最後に、なぜガーナなのかといえば、アフリカで初めて独立し、「チョコレートといえばガーナ」というほど知名度が高く、千円札にデザインされている野口英世が黄熱病の研究をした国であることから、子供にとって興味深く、馴染み易く、親しみ易いのではないか、と考えたからである。

　ところで、ガーナを知るにはどのような舞踊を取り上げればよいのだろうか。まず、ガーナの文化で重要と思われる宗教的舞踊と娯楽的舞踊を取り上げた。さらに、民族と地域に偏らないように配慮しながら代表的な舞踊を選択し、それらの中から典型的な複数の「短い動作」を選び記録した。ところで、そのように述べると「え、短い動作だけで十分なの？」と思われるかもしれない。実は、それには大きな理由がある。松本（1985）は、民族と芸術の核心となるところとして「"ひと流れの動き"に各表現の特質が出現する」と述べ、片岡（1991）も「舞踊現象の核には動き、イメージ、リズムの融合した『感じのあるひとながれの動き』が鼓動を響かせている」と指摘している。これらの指摘を踏まえて、短い動きの中には舞踊の核となる

動きのエッセンスがあり、その核が分かれば各舞踊の中心的な意味が理解できるだろうと考えたのである。

次に、教材の制作で工夫した点を挙げてみよう。まず、主人公のキャラクターの表情を状況によって変化させ、主人公が「そうだったのか！」と話すことによって重要なポイントを明確にした。さらに、マルチアングルで舞踊を再生することによって特徴をより理解しやすくした。また、国際理解にはテレビやインターネットなどで知るだけではなく、実際に触れ、聞き、感じることも重要である。そのため、教材制作メンバーが行っている活動を紹介し、国際理解、交流、協力を多面的に考えてもらえるように工夫した。国際協力といえば、灌漑施設、農業技術、医療整備など人の生存に関する側面を思い浮かべがちだが、舞踊などの生きがい、つまり生活に関する側面への協力（たとえば、舞踊のデジタル保存、記録の協力）も考える契機になることを念頭に置いた。

4. 舞踊のデジタル記録と教育的活用

舞踊のデジタル記録を利用して教材にする場合、以下の点が重要であろう。まずは、マルチアングルから再生し舞踊の特徴をより分かりやすく見せること、舞踊とその背景（社会、文化、自然）との関わりを説明すること、クイズなど楽しみながら学ぶことを追求すること、実際に踊るように促すこと、などである。

そして、教材を教育的に活用する場合、本田（1991）や原田（2005）が指摘しているように、舞踊運動の快感を体験すること、即興による舞踊の楽しさを味わうこと、そして体験しながら、舞踊の伝統的な知恵を学ぶこと、が必要になるだろう。

また、教材を利用した指導計画（案）としては、①ガーナに興味を持つ段階、②ガーナと日本の関係を知る段階、③自分たちが実践し考える段階、を想定して各段階に適した教材の章を利用すればよいのではないか、と考えている。

さて、このように工夫して制作した教材ではあるが、教材だけでアフリカの舞踊そのものを教えることはできるだろうか？　結論から言えば、それは難しいと言わざるを得ない。舞踊そのものを見て、感じ、触れることはとても重要である。しかし、日本からアフリカへ行くことは容易ではないし、今日の日本においては、それに触れる機会は少ない。したがって、教材はアフリカの舞踊の世界を知る手段の1つと考え、将来的には舞踊そのものに触れることが重要である。

（遠藤保子、相原進、高橋京子、林夏木）

[参考・引用文献]
・西岡尚也（2007）『子どもたちへの開発教育—世界のリアルをどう教えるか—』ナカニシア出版.
・松本千代栄（1985）『こどもと教師とでひらく表現の世界』大修館書店, p.ⅱ.
・片岡康子（1991）「舞踊の意味と価値」, 舞踊教育研究会編『舞踊学講義』大修館書店, pp. 2-11.
・本田郁子（1991）「民族舞踊・民俗芸能の教材化の可能性を探る」『女子体育』33（8）: 68-71.
・原田奈名子（2005）「評価の視点から授業を構築する」『体育科教育』53（7）: 28-31.

理解度チェック

1 ガーナの舞踊を教材として取り上げる理由を説明してみよう。
2 教材を見ておもしろいと思ったことや印象に残ったことを話し合ってみよう。

さらに読んでみよう おすすめ文献
●遠藤保子・相原進・高橋京子編著（2014）『無形文化財の伝承・記録・教育〜アフリカの舞踊を事例として〜』文理閣.

第4節
デジタル教材の活用
─デジタル教材『キネクト君と踊ろう！』[(1)] の概要と実践授業の報告─

学習のねらい

ここでは、筆者が「Kinect」（以下、「キネクト」と記す）を用いて制作したデジタル教材『キネクト君と踊ろう！』（以下、「本デジタル教材」と記す）の概要を紹介し、本デジタル教材を使った小学校での実践授業を事例とし、教育における舞踊とデジタル教材の活用方法を学ぶ。

(1) 本デジタル教材の実践は、一般社団法人日本教育情報化振興会主催の「ICT夢コンテスト2017」で「新人賞」を受賞している。

(2) 本書第Ⅱ章第9節を参照。

(3) デジタル教材の制作および実践授業で使用したハードは以下のとおりである。
・ASUS X551CA NB（Kinectが安定動作するスペックならどのようなパソコンでも可）
・マイクロソフト Kinect for Windows センサー L6M-00020
・Kinect for Windows SDK v1.8（キネクトを動作させるための基本プログラム。マイクロソフトが無料配布）
・MikuMikuMoving V1.2.7.2（キネクトによる動作収録に使用。制作者：Mogg。https://sites.google.com/site/mikumikumoving/ 2020年2月現在）
　モデル・木の人形の制作者：omomasu（http://seiga.nicovideo.jp/seiga/im2391643　2020年2月現在）

(4) 首都アディスアベバから南西へ330kmのところにあるカファは、2010年にUNESCOにより生態圏保護区に認定されており、アラビカコーヒーの原木が見つかっていることからアラビカコーヒーの原産地として名高い。

1. 本デジタル教材の概要

　キネクトはマイクロソフトが開発・販売した入力装置であり、これを用いて人間の動きをコンピュータに読み取らせることにより、動きをデジタル記録にしたり、3DCGのモデルを動かしたりできる。

　ここで紹介するデジタル教材は、エチオピア連邦共和国（以下、「エチオピア」と略す）の舞踊をもとに作成した。エチオピアには80以上の民族が存在し、それぞれの民族に固有の舞踊が継承されている [(2)]。そのため舞踊において、肩、首、腰、尻、足などに民族特有の動きを観察できる。例えば、髪が女性の美しさに関わっている民族では、女性の舞踊に髪を振り回すような動きがあり、生活の中で足を上げることの多い民族では、舞踊においても足を上げる動きがある。このようにエチオピアの舞踊には、民族の価値観や生活様式が反映されているので、できるだけ現地の人の動きを手本にして学習させることが望ましい。しかし、学校と遠く離れた現地からゲストティーチャーを招聘するには、手続きや予算などの困難を伴う。

　そこで、筆者はエチオピアでフィールドワークを実施し、現地の人々の動きをキネクトで収録し、教材化を試みた。キネクトを選んだ理由は、必要な機材はノートパソコンとキネクト本体のみのため、持ち運びが容易であり、電源さえ確保できれば舞踊の動きを収録できるからである [(3)]。

　本デジタル教材は、2015年9月23日にエチオピアの南部諸民族州カファ県の中心地ボンガ [(4)] にある「Kaffa Coffee Land Hotel」でカファの男児と女児にカファの代表的な舞踊「シュリベ」を踊ってもらい、キネクトを使って3DCGに加工し

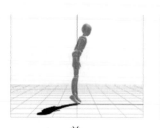

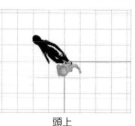

| 前 | 横 | 頭上 |

図 4-13　マルチアングルの「キネクト君」

たものである。加工した映像（木の人形）には、「キネクト君」と名前をつけた。（図4-13）さらに、キネクトの加工映像に合わせて、現地で収録した歌を再生できるようにした（再生時間1分30秒）。実践授業では、3DCGの映像と、ビデオカメラで撮影した「シュリベ」を教材にして、実際に踊ることを通じてカファの民族舞踊[5]について学んだ。

2. 実践授業の報告

　以上のような本デジタル教材とカファの民族舞踊の特徴から、次のような本時の目標を設定した。

1)本時の目標

　本デジタル教材を活用してカファの民族舞踊に興味・関心をもつ。

2)活動の展開

　2017年2月7日の5時間目に5年生49名を対象として、本デジタル教材を使って、「総合的な学習の時間」のなかで、「キネクト君と踊ろう！」と称した授業をS市K小学校の体育館で実施した。授業者は筆者である[6]。表4-1に子供たちの活動の展開と実際を示した。

3)授業の様子

　最初に「どこにあるのかな？」「どうやって行くの？」「首都は？」……のようにクイズ形式でエチオピアの情報を学習した後、カファの民族舞踊の学習を行った。
　まず、全員で「シュリベ」の記録映像を見ながら踊った。この時は、「ジャンプばかりで跳ぶのがきつい」といった感想が多かった。次に、3DCGにした「キネクト君」の「シュリベ」をマルチアングルで見ながら、動きを真似して踊った。すると、「横から見たのと前から見たので違った」「違う角度から見ると予想と違った」など多くの児童が「違う」という言葉で、自分の気づきを表現していた。さらに、5名の代表者を選び、1人ずつ「キネクト君」と一緒に踊ってもらった。この時、代表者の動きもキネクトで撮影しリアルタイムでステージ上のスクリーンに映し出し、見ている児童が「キネクト君」と代表者の動きを両方見られるようにした[7]（図4-14）。最後の代表者の動きは、リアルタイムに映し出して、見比べた後、さらに正面、横、上からのマルチアングルで再生し、同様に再生した「キネクト君」の動きと並べて見比べる工夫を行った。その結果、「キネクト君は跳んで腰を動かしている」「キネクト君は膝が曲がっていない」「キネクト君は頭が揺れていない」「キネクト君は、『く』の形に似ている」「踊っている人はキネクト君より動きがかたい」などキネクト君と代表者の動きの違いが具体的に指摘できた。
　このような気づきを全員で共有した後、授業者のタンバリンに合わせて、各自で踊りの練習を行った。それから再び「キネクト君」と踊った。学習のまとめでは、カファの子供が踊っている記録映像をスクリーンに映し、現地の子供と一緒に踊るつもりで映像を見るように促した。最後に、授業の感想を記入させ、本時の振り返りを行った。

(5)カファ民族の舞踊は、基本的に男性は片足ずつ跳躍しながらリズムをとり、女性は両足を地面につけたまま跳躍しリズムをとる。女性はできるだけ足が地面から離れない方が良い動きとされる。この足の跳躍は、尻を突き出すような動きへと連動していく。カファの祝祭では、人びとが2～3時間続けて踊る。そのため、激しく速く動くことよりも、できるだけ長く跳躍を続けられること、長く舞踊に参加できることが求められる。

(6)本実践は、授業者（1名）と装置の設営および装置の操作担当者（1名）で行った。また、機材の用意と準備は、学校の先生方にご協力いただいた。

(7)学校でのキネクトを使った授業については「体を動かせば心も動く　今日の授業（17日）影メディアで表現」『教育 ひらけ"進新針"路』（朝日新聞・朝刊 2016年7月17日28面）を参考にした。

表 4-1　活動の展開と実際

区分	時間	主な学習活動と学習者の意識	指導上の留意点
導入	15分	(1)授業内容の説明 (2)アフリカ、エチオピア、カファはどんな所かな。 ・アフリカは日本の80倍もあるよ。 ・エチオピアは日本の3倍だ。 ・飛行機で行くと日本から約13時間かかる。 ・カファはコーヒーで有名な所なんだ。	・授業者の紹介や本時の内容を伝え、興味をもたせる。 ・クイズ形式で質問することで、児童が答えやすくし、アフリカや、エチオピア、カファのことを教える。 ・日本と対比しながら紹介して、分かりやすくする。
展開	25分	(3)「キネクト君と踊ろう！」 ①全員で記録映像を見ながら踊る。 ・ジャンプばっかりだ。　・跳ぶのがきつい。 ・簡単だった。 ②全員で「キネクト君」を見ながら踊る。 ・絵を書くときの人形に似てる。　・おもしろい。 ・キネクト君と踊るとよく分かる。 ・横から見るのと前から見るのでは動きが違う。 ・違う角度から見ると予想と違った。 ③代表者に「キネクト君」と一緒に踊ってもらう。 ・少し緊張した。　・恥ずかしかったけど楽しかった。 ・コンピュータはすごい。 ・今の技術でこんなことができるんだ。 ④代表者の1人の映像を再生する。同様に再生したキネクト君の踊りと見比べて、児童に気づいたこと、分かったことを発表してもらう。 ・跳んで腰を動かしている。　・膝が曲がっていない。 ・頭が揺れていない。　・「く」の形に似ていた。 ・踊っている人はキネクト君より動きがかたい。 ・だんぜんキネクト君のほうがダンスがうまい。 ⑤気づいたことや分かったことを意識しながら自由に踊りの練習をする。 ⑥全員でもう一度「キネクト君」と一緒に踊る。 ⑦全員でもう一度記録映像と一緒に踊る。	・キネクト君を紹介する。児童がキネクトに興味をもつように説明する。 ・児童が動いた振動でプロジェクターが止まらないように設置を工夫する（舞台上に設置するなど）。 ・児童が踊りに興味・関心をもつようにマルチアングルの3DCG映像を使い援助する。 ・事前に各クラス男女1名（計5名）代表の児童を決めさせる。 ・児童が動きの特徴に気づきやすくなるように、映像の見せ方を工夫する。 ・児童に自由に発言させる。 ・発表の内容から分かった動きの特徴を児童全員で共有する。 ・授業者がカファのリズムでタンバリンを叩き、踊りの練習をさせる。 ・映像の男児（カリブ）と女児（マヒレット）の踊りを真似るのではなく、一緒に踊るつもりで映像を見るように促す。
まとめ	5分	(4)感想を記入する。 ・キネクト君と踊って楽しかった。 ・キネクト君でカファの踊りの特徴が良く分かった。 ・いろいろな工夫があった。 ・また、機会があったらやりたい。	・感想を記入させ、今日の学習を振り返らせる。

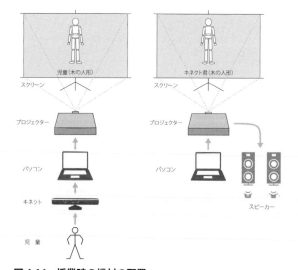

図 4-14　授業時の機材の配置

3.　実践授業の成果

　以上のような授業から、児童が本デジタル教材を活用してカファの民族舞踊を学習した結果、自分や友達の動きとキネクト君の動きの違いに気づくことができていたことが分かった。この成果は、3DCG映像をマルチアングルで提示したことにあったと考察できる。まとめの感想には、「キネクト君で、カファの動きの特徴がよく分かった」「簡単そうに見えるけど難しい」などの記述が見られ、カファの動きの特徴を理解していたことが読み取れた。さらに、「ダンスの動画を見たとき簡単できつくないだろうと思っていましたが、本当にきつくて、足がパンパンでした」など、カファ

の動きを自分の体感に基づいて理解したことも分かった。また「シュリベをみんなで踊ったときはけっこうきつくて、でもとても楽しかったです」のように、「跳ぶ」だけに見えていたものが、楽しいものに変わっていったことも読み取れた。さらに、映像と自身との体験を比べて、自分たちと同じ歳の子供が2分間以上も跳び続けられたことに驚きを示す感想もあり、カファの子供の身体に着目して自分たちとの違いに気づけたことは貴重である。

　このように本デジタル教材を使った学習によって、児童が「跳ぶ」だけではなく、「どんな体で跳ぶのか」に目を向けることができ、カファの人々の動きと身体に気づくことができた。このような学びにより、民族舞踊への理解を深められると期待できる。

4. まとめ

　現地で収録した動きをマルチアングルの3DCGで再現できたことは、児童に、現地の人の動きに近い手本を提示できる手段となり、本デジタル教材が学習に有効であったことが分かった。エチオピアの民族舞踊には、上半身、下半身を前後左右に大きく動かすものがあり、2D映像ではその動きが伝わりにくい。また、上半身、下半身を別々に動かしながら踊る場合や体の一部分だけを巧みに動かして踊ったりする場合も2D映像ではその激しさや、力強さ、微妙な動きなどが分かりにくい。そのため、ダンサーがエチオピアの民族舞踊を舞台で上演する時でも、自転しながら踊る、座って踊る、舞台に背をつけて踊るなど様々な角度から観客が動きを見られるように工夫をしている。キネクトを用いることで、正面から、上から、横からなど見る方向を変えられるため、エチオピアの民族舞踊の動きの提示に適していたといえるだろう。また、学校現場での活用において、キネクトは手軽に使える（大きさ、設置場所、準備時間など）、値段が安い、操作が簡単といった点で有効であったといえる[8]。

（野田章子・相原進）

[参考・引用文献]
・遠藤保子（2010）「スポーツ人類学と開発教育―モーションキャプチャを利用したアフリカの舞踊教材―」『スポーツ人類學研究』12：1-25.
・遠藤保子（2013）「アフリカの舞踊とグローバル教育に関する基礎的研究」『学術研究』29：1-16.
・Mogg「MIKUMIKUMOVING」（https://sites.google.com/site/mikumikumoving/2020年2月28日閲覧）

(8) キネクトの最新版は「Xbox One Kinect センサー」であるが、2020年3月の時点では、フリーソフトの『MikuMikuMoving』は『Kinect v1.8』までしか対応していない。機材とソフトについては、最新の動向を踏まえ、操作の容易さや値段などを勘案しながら用いるのが望ましい。

理解度チェック

1 デジタル教材を用いて授業する場合、授業者が配慮すべきことは何かを話し合ってみよう。

2 ここで紹介した以外の教育における舞踊とデジタル教材の活用方法を話し合い、発表しよう。

さらに読んでみよう おすすめ文献

●渡部信一 編（2007）『日本の「わざ」をデジタルで伝える』大修館書店.
●紅林秀治・小林健太・高山大輝・江口啓・兼宗進（2013）「KINECTセンサーを用いた簡易動作分析システムの開発」『日本産業技術教育学会誌』55（3）：213-220.

おわりに

　仲間と共に世界（欧米以外）の多様な舞踊に関する書物が出版できたらいいなあ、と、私は研究室の机に頬杖を突きながら何度も夢見ていた。そして今、その夢がかなった！　感無量である。夢ではないわよね、と思わず頬をつねったこともある。

　実際に本書を手に取ってみると、これまでの思い出が走馬灯のように浮かんでは消え、消えては浮かんでくる。編集者と共に本書の構成をどのように考えればいいのか、執筆者によって微妙に異なる言語表現をどのように調整するのか、さまざまな視点で撮影された映像をどのように統一感をもたせるのか、など何度も検討を重ねた。今は、その編集の過程で悩んだこと、辛かったこと、苦労したことがすべて楽しい思い出に代わり、目頭がジーンと熱くなる。

　思い返せば、私がナイジェリア（西アフリカ）の舞踊を研究するために現地へ赴いたのは1980年。目を閉じると現地の光景が、まるで昨日のことのように鮮やかに蘇ってくる。赤、黄、青の色鮮やかな衣装を身に着けた人々が、うっとりとした表情で上体をスイングし脚を小刻みに巧みに動かす。人々は、農作業や波や動物の動きなどを模倣しながら、神にさまざまな祈りを込めたり、人と集って楽しむために踊る。灼熱の太陽、太鼓の強烈な炸裂音、身体が奏でるダイナミックなリズム。それらが一体となって観る人を圧倒する。私は、このような舞踊の虜になって現地へ赴いたのだが、その当時は「野蛮」で治安の悪いアフリカへ行く意味あるの？女一人で地の果てまで行くのよ、何かあったら大変だわ、と周囲は冷ややかだったし、アフリカでフィールドワークを行う舞踊研究者（日本人）は、ほとんどいなかった。

　しかし現在は、違う。世界のさまざまな地域でフィールドワークをする舞踊研究者がなんと多くなったことか！　また、当時と比較すれば周囲の冷ややかさは薄れてきていると思う。では、なぜそうなったのだろうか？　その答えは、例えば舞踊研究者が世界の舞踊に興味関心を抱くようになったから、フライト料金がリーズナブルになったから、フィールドワークをするための研究助成金制度の充実により経済的な基盤が良くなったから、などを指摘できるだろう。私はさらに、後近代という時代が関係しているのではないかと思っている。スポーツ史研究者の稲垣正浩は、後近代におけるスポーツ文化の特質の一つにエスニシティへの回帰を指摘している。これは、「近代」という時代を通して排除された民族スポーツが注目を集めており、西洋以外の異民族はすべて「野蛮」だという近代の価値観に基づく呪縛からの解放を意味している、という。こう考えると、後近代という時代が、舞踊研究者をして世界の文化や社会に目を向けさせ、また周囲の冷ややかさを薄れさせた、ともいえよう。

　さて、当初予定していた地域が執筆者の都合で抜けてしまったり、もともと研究がなされていない地域もあったため、世界といっても限られた地域になったことは残念である。だが、本書を通して多様な舞踊に触れていただき、その意味を知り、面白さや楽しさを味わっていただけたら幸いである。最後に、本書の出版に際してさまざまな研究機関や個人のご協力をいただき、労をとっていただいた。この場を借りて感謝を申し上げる。

2020年　春

監修者　遠藤保子

■著者一覧

◆監　修
遠藤保子　　立命館大学産業社会学部

◆編　集
弓削田綾乃　和洋女子大学家政学部
高橋京子　　フェリス女学院大学文学部
瀬戸邦弘　　鳥取大学教育支援・国際交流推進機構教育センター
相原　進　　京都大学大学院アジア・アフリカ地域研究研究科博士課程、四天王寺大学

◆執　筆（掲載順）
弓削田綾乃　前掲 ……………………………… まえがき、第Ⅰ章第1節、第Ⅱ章第1節、第Ⅱ章コラム5
貫　成人　　専修大学文学部 ……………………… 第Ⅰ章第2節
一柳智子　　郡山女子大学短期大学部 ………………… 第Ⅰ章第3節、第Ⅱ章第4節
三井悦子　　椙山女学園大学 ……………………… 第Ⅰ章第4節
酒向治子　　岡山大学教育学部 …………………… 第Ⅰ章第5節
砂連尾 理　　立教大学現代心理学部 ………………… 第Ⅰ章第6節
瀬戸邦弘　　前掲 ………………………………… 第Ⅱ章第2節、第Ⅱ章コラム6
蔡　美京　　埼玉女子短期大学 …………………… 第Ⅱ章第3節
岩澤孝子　　北海道教育大学岩見沢校 ………………… 第Ⅱ章第5節、第Ⅱ章コラム1
百瀬　響　　北海道教育大学岩見沢校 ………………… 第Ⅱ章コラム1
横尾咲子　　NPO法人手をつなぐメキシコと日本 …… 第Ⅱ章コラム2
高橋京子　　前掲 ………………………………… 第Ⅱ章第7節、第Ⅱ章コラム3、第Ⅲ章第5節、第Ⅳ章第3節
亀谷真知子　東京外国語大学 ……………………… 第Ⅱ章第6節
米山知子　　関西学院大学(日本学術振興会特別研究員RPD)　第Ⅱ章第8節
相原　進　　前掲 ………………………………… 第Ⅱ章第9節、第Ⅱ章第10節、第Ⅳ章第3節、第Ⅳ章第4節
遠藤保子　　前掲 ………………………………… 第Ⅱ章第10節、第Ⅳ章第3節、おわりに
神戸　周　　東京学芸大学 ………………………… 第Ⅱ章第11節
岡田　桂　　立命館大学産業社会学部 ………………… 第Ⅱ章コラム4
原田奈名子　大谷大学 …………………………… 第Ⅲ章第1節
平田利矢子　東京女子体育大学 …………………… 第Ⅲ章第2節
松本奈緒　　秋田大学教育文化学部 ………………… 第Ⅲ章第3節
林　夏木　　四国大学短期大学部 ………………… 第Ⅲ章第4節、第Ⅲ章第6節、第Ⅳ章第3節
細谷洋子　　東洋大学ライフデザイン学部 …………… 第Ⅲ章第7節
阪田真己子　同志社大学文化情報学部 ………………… 第Ⅳ章第1節
鹿内菜穂　　亜細亜大学経営学部 ………………… 第Ⅳ章第2節
野田章子　　長崎短期大学 ………………………… 第Ⅳ章第4節

●映像編集
各項執筆者 ＆ 相原　進　　前掲

●メディアページ制作
相原　進　　前掲

映像で学ぶ舞踊学 —多様な民族と文化・社会・教育から考える—
©Endo Yasuko, Yugeta Ayano, Takahashi Kyoko, Seto Kunihiro, & Aihara Susumu, 2020
NDC769/viii, 199p/26cm

初版第1刷発行──2020年3月31日

監修者─────遠藤保子
編著者─────弓削田綾乃・高橋京子・瀬戸邦弘・相原　進
発行者─────鈴木一行
発行所─────株式会社 大修館書店
　　　　　　　〒113-8541　東京都文京区湯島2-1-1
　　　　　　　電話 03-3868-2651（販売部）　03-3868-2299（編集部）
　　　　　　　振替 00190-7-40504
　　　　　　　［出版情報］https://www.taishukan.co.jp

装　幀─────島内泰弘（島内泰弘デザイン室）
組　版─────たら工房（加藤智）
印刷所─────三松堂
製本所─────難波製本

ISBN978-4-469-26883-6　　　　　Printed in Japan